D1628912

BIBLIOTHECA
SCRIPTORVM GRAECORVM ET ROMANORVM
TEVBNERIANA

BACCHYLIDIS
CARMINA CVM FRAGMENTIS

POST

BRVNONEM SNELL

EDIDIT

HERVICVS MAEHLER

STVTGARDIAE ET LIPSIAE
IN AEDIBVS B.G.TEVBNERI MCMXCII

Die Deutsche Bibliothek – CIP-Einheitsaufnahme

Bacchylides:
[Carmina]
Bacchylidis carmina : cum fragmentis /
post Brunonem Snell ed. Hervicus Maehler. –
Ed. stereotypa ed. 10. (1970). –
Stutgardiae ; Lipsiae : Teubner, 1992
(Bibliotheca scriptorum Graecorum et Romanorum Teubneriana)
ISBN 3-8154-1115-7
NE: Maehler, Herwig [Hrsg.]

Printed in Germany
Druck und Bindung: Chemnitzer Verlag und Druck GmbH, Werk Zwickau

Editionem octavam nunc divenditam ut retractarem atque renovarem proposuit B. Snell qui etiam quae ipse ad textum Bacchylidis in exemplari suo adnotaverat mecum communicavit et ut huic editioni insererem permisit.

Ipse inspexi et papyros **AOP** Londinienses et duo papyri **A** fragmenta Florentina (v. p. VII sq.) et papyros Berolinenses 16139 et 16140. in papyro **A** locos quosdam ubi etiamtum de lectionibus dubitabam meum in usum denuo contulit Hanna Philipp cum Museum Britannicum adiret. cum compluribus locis ea quae ipse perspexisse arbitrarer a lectionibus priorum editorum differrent, pauca in Bacchylidis textu, plura in apparatu quem vocant critico corrigenda immutanda accuratius constituenda esse videbantur.

Augetur haec editio tribus fragmentis quorum unum quod pars est papyri **C** nuper edidit E. Lobel in vol. Pap. Ox. 32 pp. 160 sqq. (v. p. 79), alterum quod in papyrorum collectione Florentina invenerat et ab eadem manu atque Pap. Ox. 2365 scriptum esse agnoverat V. Bartoletti, mihi ut hic primum publici iuris facerem benigne concessit M. Manfredi (v. p. 119), tertium quod papyri **D** pars est ipse inveni (P. Berol. 21209, v. p. XIV). praeterea recepi in hanc editionem potiora scholiorum in papyris **B** et **M** servatorum fragmenta (v. p. 122 sq.).

Praefationem prioris editionis doctam et utilissimam quam B. Snell conscripserat immutare nolui perpaucis locis exceptis.

Restat ut gratias agam maximas Brunoni Snell praeceptori et amico humanissimo qui sua mecum communicavit et consilio me in Bacchylide edendo adiuvit. bibliopolae quoque gratias ago qui ut haec editio haud paucis locis retractaretur emendaretur augeretur liberaliter concessit.

Berolini, 15. VI. 1968   Herwig Maehler

PRAEFATIO

DE PAPYRO A

Bacchylidis epinicia et dithyrambi continentur clarissimis illis duobus voluminibus quae in sepulcro quodam vici, qui Meir vocatur, prope Al-Kussîyah siti inventa[1]) anno 1896 in Museum Britannicum pervenerunt.[2]) Fridericus Kenyon, editor princeps, ex ducentis fragmentis ita composuit papyros ut apparent in ectypo quod una cum editione prima publici iuris factum est sub fine anni 1897. in parvulis fragmentis collocandis post Kenyonem haud pauca perfecit Fr. Blass[3]), et postquam nonnullis frustulis J. M. Edmonds (ClRev. 37, 1923, 148) locos adsignavit, omnia fere quae in restituenda papyro perfici poterant facta esse videbantur, sed mira quadam fortuna duo nova fragmenta ad has papyros pertinentia, cum plus quadra-

---

1) E. A. Wallis Budge, By Nile and Tigris 2, 345–355.

2) H. J. M. Milne, Catalogue of the Literary Papyri in the British Museum 1927, nr. 46. Inv. Nr. 733.

3) Cf. quae ipse disserit in editione sua Bacchylidis secunda p. IIIsq. et quae apparent ex indice p. 133 huius editionis affixo.

ginta annos in taberna Aegyptiaca latuissent, in lucem
prodierunt, quae Medea Norsa papyrologa Florentina
doctissima invenit agnovit publici iuris fecit[1]); duo autem
fragmenta ab editoribus nondum recte inserta ad carmen
14 B pertinere perspexit E. Lobel, cum papyrum **L** huius
epinici versus continentem detexisset. restant nunc duo
fragmenta minima (fr. 14 et 16a K.) quae Blass ad initium
carminis 1 traxit, sed quae inde removenda esse docuit
P. Maas, qua de causa hac in editione apparent post c. 21
(= fr. a et b) in pag. 72.

Sunt igitur nunc quidem duae partes magnae, quarum
altera paginas 37 complectitur, si quidem recte initii ambitum definivit Blass et lacunas carminis 12 subtiliter ad
calculos vocavimus, altera 10. quae illa continentur,
omnia sunt carmina epinicia, quorum unum volumen antiquitus fuisse, non plura ut apud Pindarum Simonidemve,
perquam probabile est. veteres enim scriptores, ubi ex
his carminibus afferunt, simplici formula utuntur *Βακχυλίδου Ἐπινίκων.* contra legimus *ἐν Ἰσθμιονίκαις Πινδάρου, Σιμωνίδης ἐν Πεντάθλοις.* in Pindaro praecipuam
differentiam faciebat locus ludorum, in Simonide genus; at
in Bacchylidis carminibus neque loci neque generis ad ordinem constituendum ulla ratio habetur. sed acute et
sollerter Kenyon monstravit et primum carmen quod nunc
est cum ratione quadam primum locum tenere (patriae
enim insulae Cei poeta antiquitates omnes eo carmine diligenter persecutus est), et ultimum quod nunc est non
immerito in eum locum esse detrusum; solum enim victoriam celebrat non sacris ludis qui vocabantur partam,
sed Petraeis Thessalicis adhuc plane ignotis. fuerint igitur
14 carmina. nova papyro autem a Lobelio reperta (pap. **L**,
v. p. XIV) apparet in fine papyri Londiniensis non minus
duas columnas perisse; celebrabatur autem hoc quoque
epinicio victoria quaedam minoribus ludis parta. e fragmentis autem, quae ex epiniciis Bacchylidis nominatim
afferuntur, unum restat (fr. 1), quod respuitur numeris

---

1) Annali della R. Scuola Normale Superiore di Pisa, 1941,
155—163; cf. Herm. 76, 1941, 208; C. Galavotti, Riv. filol. cl. 20,
1942, 34; PSI. 12, 1278 ed. A. Setti.

horum carminum, quos quidem cognitos habemus, sed
potuit locum habere in c. 12 aliqua epodo aut in carmine
14 A vel B aut in carmine deperdito. haec autem carmina
continebantur uno volumine, versuum non minus mille
trecentorum. Pindari libri tres priores — quartus enim extrema parte truncatus est — usque ad singula milia ses-
cenos plus minus extenduntur; sed etiam mille trecentos
uni volumini satis superque fuisse e Birtii libro notissimo
facile cognosces. iam videamus alteram papyrum ab
eadem manu scriptam et una cum illa repertam, in qua
dithyrambos Bacchylidis nobis conservatos esse et e Ser-
vio statim apparebat, qui e carmine 17 locum affert, et
postea confirmabatur sillybo qui adfixus papyro O (Oxyrh.
1091) hanc inscriptionem exhibuit: *Βακχυλίδον Διθύραμ-
βοι*; manu priore autem in eo scriptum erat ut Edmonds
(ClRev. 36, 1922, 160) sagacissime enucleavit: *Ἀντηνορίδαι
ἢ Ἑλένης ἀπαίτησις* quo probatur hunc dithyrambum
primum fuisse in horum carminum volumine neque alium
antecedentem perisse. sequuntur autem Antenoridas alii
quinque dithyrambi idemque in morem tragoediarum
nomina mythica habentes: [*Ἡρακλῆς*], *Ἤίθεοι ἢ Θησεύς,
Θησεύς, Ἰώ, Ἴδας.* patet hanc materiam ordine quodam
temperari litterarum earum certe, a quibus tituli initia
capiunt. alia dithyramborum fragmenta (c. 22—28) conti-
neri pap. B et C infra p. XIV et L ostendam. pauca ex eo
genere praeterea afferuntur (fr. 7—9), quae certis dithyrambis attribui non possunt.

DE SCRIPTORIBVS PAP. A

Elegantissime et luculentissime scripti sunt epinici et
dithyrambi litteris magnis, latis paginis, in quibus singulis
triceni quini quaternive versus esse solent, sed nunquam
minus sunt 32, neque plus 36. aetas esse videbatur editori
Britanno extrema Ptolemaica, circa annum 50 a. Chr. n.
contra dixerunt Grenfell et Hunt, qui scripturam vel
primo vel alteri post Chr. n. saeculo assignaverunt[1]), et

1) Oxyrh. Pap. 1, 53 adn.

nunc quidem viri docti consentire videntur hanc papyrum
scriptam esse saeculo II p. Chr. n.[1])

Quae ratio intercederet inter primam librarii scripturam (A) et primam manum sui ipsius correctricem (A[1]),
quae inter primum librarium et alteras manus correc-
trices (A[2], A[3], A[4]), diligentissime Jebb exsecutus est in
editionis praef. 127 sqq.

Librarius A saepissime, cum litteras exemplaris, quod
ei ante oculos erat, depingeret[2]), sententiam nil curans, in
voces delapsus est, quae litterarum atque soni similitudine
cum recto coniungebantur (veluti 5, 23 φοιβωι pro φόβῳ,
117 ἄγγελον pro Ἀγέλαον, 11, 94 κατὰ καρδίαν pro κατ᾿
Ἀρκαδίαν, 13, 87 νεκρός pro νεβρός), saepius et in rudem
quandam congeriem litterarum similium (9, 12 παρμε-
μορωι συν pro ἐπ᾿ Ἀρχεμόρῳ τὸν). artis metricae non
minus aut immemorem aut imperitum eum fuisse quam
sententiae plurimis exemplis comprobatur (5, 121 ὤλεσεν
pro ὤλεσε, 13, 62 παύροισι pro παύροις, aliis). nominum
exitus casuum, verborum formas saepius perturbavit, poetarum aut dialectorum quicquid proprium erat, aut ad con-
suetam formam redegit aut falso loco immisit. non solum
litteras, sed et syllabas vocesque aut omissas aut falso repe-
titas esse videmus. versus íntegros illius securitate neglec-
tos postea adscripsit A[3] (11, 106. 18, 55–57. 19, 22) et A[4]
(18, 16. 11, 23). exstant et duae certe lacunae, nullius
postea suppletae correctoris diligentia (13, 84 et 18, 48).

Peccata inter scribendum admissa multa ipse sustulit
(A[1]), plura intacta reliquit, sed pauca ipse in peius detor-
sit (18, 53. 11, 28? 5, 56?).

---

1) H. J. M. Milne, Catalogue l. l. 'Probably first century'.
B. Laum, Das Alexandrinische Akzentuationssystem 34. 41. 58; v.
infra p. XI adn. 1. Joseph Giessler, Prosodische Zeichen in d.
antiken Handschriften griechischer Lyriker, Diss. Giessen 1923,
3, 1. Schubart, Griech. Palaeogr. 1925, p. 127 'zweite Hälfte des
2. Jahrhs'. Medea Norsa, La scrittura letteraria greca 1939, p. 21.

2) Neque tamen, quod Laum affirmat l. l. p. 46, dictatum erat
id quod scripsit librarius, nam permulti illi errores qui male
legendo orti sunt (e. g. ΜΑΘΕ pro ΗΛΘΕ 9, 41 et sim.) dictando
fieri non poterant, illi autem qui male audiendo orti esse videntur eo explanantur, quod qui textum exscribit secum verba quae
legit repetere solet (cf. T. C. Skeat, Proc. Br. Ac. 42, 179 ff.).

Ea quae perfecerat hic scriptor primus, homo ut apparet ineruditus, bibliopola corrigenda curavit, qui mos erat illis temporibus[1]), a correctoribus doctioribus (A^2 et A^3). sed neuter rem tractavit aut constantia recensendi aut diligentia excutiendi. A^2 litteras omissas hic illic addidit, graviores errores removit paucos, indices carminum 2. 19. 20 adiecit. aliud exemplar non inspexisse videtur, nam etiam titulos carminum e textu ipso invenire potuit (c. 2 τῶι αὑτῶι e v. 4; c. 19 Ἀθηναίοις e v. 10; etiam c. 20 Λακεδαιμονίοις e carmine ipso haustum esse puto). itaque nihil auctoritatis habet A^2, quamquam haud pauca coniectura correxit. A^3 multo plus habet auctoritatis, quamvis et ipse fortuna potius inveniendi quam ratione conferendi sit ductus. cum alia recte exsecutus est, titulos plurimos adiecit neglecto carmine 5, versus omissos supplevit, adiutus hic certe alterius horum carminum libri copiis. sed A^3 quoque nonnunquam falsa ex suo exemplari in textum inseruit removens ea quae A recte scripserat (cf. 5, 179. 5, 70. 19, 9. 13, 152. 3, 47); multa autem reliquit, quae facillime emendare potuit. A^4 duobus locis, ut supra commemoravi, quae a ceteris omissa erant postea supplevit (11, 23. 18, 16).

Errores minores quos in apparatu critico omnes afferre nolui hos commemoro: confunduntur *EI* et *I*: 5, 158 οἰκτείροντα; 5, 184 Φερένεικος (sed -νικ- 5, 37); 10, 10 ἐκείνησεν; 12, 6 Αἰγείνας (cf. 10, 35); 13, 112 ὠρείνατο; 13, 149 θεῖνα (ex Aristarchi doctrina); 17, 91 νειν; 17, 107 δεινῆντο: διν- A^2? (sed 17, 18 δίνασεν); 19, 3 et 35 Πειερίδες; 19, 15 ἵππειον: ἵππιον A^3?; 5, 56 ἐριψιπύλαν: ἐρειψ- A^1?; 8, 27 Ἀλφιοῦ: -ειοῦ A^3; 10, 19. 14, 20. 17, 36. 20, 8 Ποσιδάν (sed cf. 17, 59. 79); 10, 55 μιγν[; 11, 68 ἤριπτον; 11, 120 ἐπί: ἐπεί A^3; 18, 25 Σκίρωνα; 18, 36 στίχειν; cf. 1, 165 ὑγείας: ὑγιείας A^2. iota

1) Quem morem egregie illustravit B. Laum libro supra laudato (p. X adn. 1). idemque recte contendit (p. 41), cum correctorem alterum (A^3) saeculo II p. Chr. n. scripsisse inter omnes constet, primam manum attribui non posse, ut voluit Kenyon, primo saeculo ante Chr. n.: immo vero parvo tempore intermisso A^2 et A^3 ea quae scripserat A (A^1) correxerunt. sed fortasse non bibliopola, sed is qui hoc exemplar sibi emerat, id correxit. nam ut scriptorum notabiliorum exemplaria a bibliopolis conferebantur et corrigebantur (Strab. 13, 1, 54), ita libros ignotiores ii, qui illis uti volebant, ipsi contulerunt et correxerunt (Strab. 17, 1, 5).

adscriptum aut omittitur aut falso additur: 9, 51 ὤκισσαν;
13, 64 καλύψη: -ψηι A¹; 13, 90 θρώσκουσα; 13, 166 θνάσκοντες;
16, 24 Δαϊανείρα: -ραι A¹; 17, 1 κυανόπρωρα: -πρωιρα A¹; 17, 22
κυβερνᾶς: -νᾱις A²; 17, 28 ἔλθη; 5, 126 Κουρῆισι: -ῆσι A¹; 10, 12
εἴηι. aliae litterae omittuntur: 1, 175 εὐμαρεῖ: -εῖν A²; 5, 16
αἰνεῖ: -εῖν A²; 17, 110 βοῶπι: -ιν A³?; 11, 66 Ἀκροσίωι: Ἀκρισίωι;
17, 49 ὑπεράφνον: -άφανον A³; 17, 116 δόλις: δόλιος A²?; 17, 120
φοντίσσι: φροντ. A¹?; 17, 124 γνοις et ἀγλόθρονοι: γυίοις et ἀγλαό-;
18, 34 στρατάν: -τιάν A¹. alii errores leves hi sunt: 5, 24 μεγά-
λαις: -ας A²; 11, 110 τετετεῦχον: τε τεῦχον A¹?; 17, 26 τα|ταλαν-
τον: τάλαντον A¹?; 17, 57 ει ει δε: εἰ δέ A¹?; 5, 164 κρή: χρή A²;
3, 98 ἀηοονος: ἀηδόνος A¹?; 5, 69 ἐνχεσπάλου: ἐγχ- A³; 9, 2 πεισίν-
βροτον: πεισίμβρο. A³; 9, 33 μελανφύλλου: μελαμφ. A³?; 19, 15 ὅτ'
ἵππ.: ὅθ' ἵππ. A³. alios errores scriptoris contulit Jebb p. 128sq.

Spiritus accentusque iam prima manus multos appin-
xit, tum alios aliae, ut sit quaedam eorum frequentia, etsi
minime omnia vocabula eis instructa sunt.[1])

Interpunctum autem est non sine diligentia, puncto
scilicet simplici in summo versu vel supra versum posito.
in imo versu punctum positum 15, 47. 9, 83. complectitur
hoc signum totam varietatem interpungendi. interrogandi
nulla nota.

Inscriptiones carminum a correctoribus, ut supra commemoravi, suppletae ad laevam partem primorum versuum singulorum carminum minoribus litteris adscriptae
sunt. solus primus dithyrambus (c. 15) titulum non in
sinistro sed in superiore margine habet. omissa est inscriptio c. 5; perdita in c. 1. 8. 10. 13. 16; ab A² suppleta in
c. 2. 19. 20; ab A³ in c. 3(?). 4(?). 6. 7. 9. 11. 12. 14. 15. 17.
18. in c. 7 titulum posuit A³ loco erasae scripturae trium
versuum; pro τῶι αὐτῶι igitur ibi fuit Λάχωνι Κείωι
σταδιεῖ Ὀλύμπια scriptum ut videtur ab A².

Reliquum est ut notas ad carminum, systematum,
stropharum divisionem significandam adhibitas indicem.
tradit Hephaestio in libello περὶ σημείων (p. 73 Consbr.)
post strophas antistrophasque poni paragraphum, post
epodos, id est post integrum systema, coronidem, in fine
autem totius carminis ex systematis compositi asteriscum.
in libro autem nostro ratio quidem eadem agnoscitur, sed
neglegenter adhibita. paragraphus saepius deest quam est

---

1) De ratione accentuum etc. nunc cf. Laum l. l.

posita (hoc 24 locis, illud 40, quibus debebat adscribi),
coronidis autem nota plerumque in hanc formam simplicem redacta est:)–, etsi interdum appicti alii quoque
ductus supra infraque pertinentes, quibus aliquanto magis
reminiscimur formae ab Hephaestione traditae: ⌐ vel ꒷.
coronidis nota, unum si excipis locum (9, 26), nunquam
omittitur. eadem coronidis nota vel simplex vel aucta
in extremis quoque plerisque carminibus appicta est; sed
iuxta simplicem bis, post carmina 6 et 8, asteriscus quoque apparet. quae carmina monostrophica sunt, cui generi
Hephaestio asteriscum denegat, coronidem concedit.

In adscribendis his signis saepius errari videmus: coronis pro paragrapho posita est 5, 175, paragraphus pro
coronide 10, 28. 13, 99. paragraphus iniuria versui 3, 63
postposita est, quae debebat sequi v. 64. carminis 1 versibus et 161 et 162 subscribitur coronis, recte illud, falso
hoc, coronidem videmus versibus 55 et 56 c. 10 appictam
hoc recte, illud falso.

DE PAPYRO B (c. 22–23)

Hanc papyrum (Ox. Pap. 23, 2368) scholia ad 'dithyrambos' continentem (v. p. L ad c. 23) ab eadem manu
s. II p. Chr. n. scriptam esse dicit Lobel atque commen-
tarium in Alcaeum Ox. Pap. 21, 2306.

DE PAPYRO C (c. 24–28)

Lobel 13 fragmenta Ox. Pap. 23, 2364 edens huc traxit
etiam pap. Ashmole inv. 20 (= Pind. fr. 343 Sn. = c. 25
huius editionis) et Ox. Pap. 661 fr. 2 (v. Ox. Pap. 20
p. 168). hoc fragmentum coniunxit cum fr. 3 col. 2 et
cum fr. 4 (Ox. Pap. 23 p. 37sq.); ipse autem addidi in margine superiore fr. 9, quod suo loco nunc insertum esse
apparet e tabula VII Ox. Pap. 23. fragmentum 2 (v. c. 24)
eosdem versus continuisse atque pap. Berol. 16 139
(= Pind. fr. 336 Sn.) vidit Lobel. accedunt nunc tria

fragmenta ab eadem manu scripta atque Ox. Pap. 2364
quae nuper edidit Lobel in vol. Ox. Pap. 32 pp. 160sqq.
('addendum to 2364'). haec omnia nunc Bacchylidi tribuenda esse potius quam Pindaro Lobel (Ox. Pap. 23 p. 38)
recte observavit, inter dithyrambos inserenda esse et
metris et fabulis doceri videtur. papyrum scriptam esse
s. II p. Chr. n. putat Lobel.

DE PAPYRO D (c. 24)

Huius papyri in vico qui Socnopaei insula antiquitus
vocabatur effossae duo fragmenta Berolini asservantur
quorum unum (inv. 16139) a C. M. Bowra editum est
(Pind. fr. 342), alterum hic primum editur (inv. 21 209).
quam papyrum non Pindari carmen sed Bacchylidis
continere demonstravit Lobel (cf. supra de pap. C). scripta
est Traiano vel Hadriano imperatore.

DE PAPYRO H (fr. 1 A et B)

Scripta est haec papyrus (Ox. Pap. 23, 2366) in pagina
aversa documenti s. II (?) p. Chr. n. cum fr. 31 non sine
dubitatione eam coniunxit E. Lobel editor princeps.

DE PAPYRO L (c. 14 A et B)

Hanc papyrum Oxyrhynchi repertam Edgar Lobel epi-
nicos Bacchylidis continere vidit cum duo fragmenta pa-
pyri Londiniensis (fr. 11 et 22 K.) in ea appareant. Edgar
Lobel meum in usum papyrum transcripsit Oxonii in
Collegio Reginae et ipse eam edidit in volumine papyrorum
Oxyrhynchicarum 23, 2363. scripta est ca. a. 200 p. Chr. n.

DE PAPYRO M (scholia ad c. 3–5)

In 33 fragmentis miserrime laceratis sagaciter Lobel
agnovit scholia epinicorum Bacchylidis (Ox. Pap. 23,

2367), quae scripta sunt s. II p. Chr. n. – quomodo cohaereant cum commentario Didymi (v. test. 10 p. 132)
nescimus, cuius doctrina amplissima hic certe non apparet.

DE PAPYRO O (c. 17)

Carmini 17 edendo non nihil subsidiorum accessit ex
papyro Oxyrhynchi inventa (Ox. Pap. 8, 1091), qua continentur vers. 47–78, 91–92. columnae summae adhaeret
σίλλυβος de quo supra (p. IX) diximus. etiam haec pap.
nunc asservatur in Museo Britannico[1]); scripta est s. II
p. Chr. n. haud tam pulchra scriptura; accentus etc. addidit manus altera, quae nonnulla correxit. artissime hanc
pap. O cum A cohaerere et ex eodem fonte fluxisse atque
illam eo probatur, quod v. 63 in pap. O omissus in pap. A
falso loco post v. 61 insertus est; accedit quod eadem corruptela χεῖρας πέτασσε in utraque papyro invenitur (corri-
gitur autem ab O[1], qui scribit χεῖρα), et aliae corruptelae
leviores (cf. p. 61sq.) ad archetypum post Alexandrinorum tempora scriptum redire videntur. in v. 62 verbum
ἐκ, quod omisit A, suppletur ab O, in v. 67 recte O habet
ἄμεμπτον, A falso αμεπτον; nonnullae lacunae nova charta
opportunissime explentur. duobus locis, si minima transire
licet, varietas quaedam lectionis intercedit: 70 πανταρκέα
O, πανδερκέα A; 76 ὄρνυσο O, ὄρνυσ᾽ O[1], ὄρνυ᾽ A. versuum colometria eadem fere instituitur ab utroque teste,
nisi quod et versui 51 in O falso continuatur μῆτιν, a quo
incipit versus 52 in libro A, et versui 59 Ποσειδᾶνι non
recte totum adhaeret in O, cum in A Ποσει|δᾶνι diripiatur.

DE PAPYRO P (fr. 20–20 C)

Papyrus carmina Bacchylidis continens (Ox. Pap. 11,
1361 et 17, 2081 (e)), saeculi primi, non minus quam
10 columnas amplectitur non inter se cohaerentes. nunc

---

1) H. J. M. Milne, Catalogue of the Literary Papyri in the Br.
Mus. nr. 47. Inv. Nr. 2056.

asservatur in Museo Britannico.[1]) ipse contuli et partim
coniunxi fragmenta. aliis fragmentis Lobel locum assi-
gnavit adiutus papyro Q (v. infra). in marginibus nonnulla
scholia sunt, in quibus Ptolemaeus (cf. test. 10) commemoratur. fragmenta minora hic non affero. papyrum 'encomiis' Bacchylidis attribuit A. Körte, quamquam talis
liber ab auctoribus antiquis nusquam commemoratur;
quae opinio novis fragmentis papyro Q conservatis certe
non probatur.

DE PAPYRO Q (fr. 20 D—F)

Pap. Oxyrh. 23, 2362 eadem carmina continuisse atque
papyrum P Lobel vidit editor princeps, idemque (p. 19)
hanc papyrum et papyrum U ab eadem manu scriptas
esse putat ca. a. 200 p. Chr. n.

DE PAPYRO T (fr. 4)

Pap. Oxyrh. 3, 426 nunc conservatur in bibliotheca uni-
versitatis Victoriae Torontonensis in Canada[2]); quam
scriptam esse saec. III Grenfell et Hunt primi editores
affirmant. usus sum imagine lucis ope facta, qua continentur v. 1—21; denuo contulit F. M. Heichelheim[3]); lec-
tiones diligentissime imaginibus usus descripsit W. S.
Barrett.[4])

DE PAPYRO U (fr. 19)

Pap. Oxyrh. 23, 2361 a Lobelio edita fragmentum ab
Hephaestione traditum continet, quod ad librum 'Erotico-
rum' editores trahere solent. scripta est ca. a. 200 p. Chr. n.
(v. supra ad pap. Q).

---

1) H. J. M. Milne, Catalogue nr. 48. Inv. Nr. 2443.
2) Cf. Pap. Oxyrh. 5, 317.
3) Symbol. Osl. 30, 1953, 74.
4) Herm. 82, 1954, 421sqq.

DE PAPYRIS CONIECTVRA BACCHYLIDI ATTRIBVTIS

Fr. 60 et 61, Pap. Soc. Ital. 10, 1181. scriptura saeculi secundi exeuntis vel tertii videtur esse.

Fr. 62, Pap. Oxyrh. 6, 860, scripta ca. annum 100 p. Chr. n. sec. G.-H.

Fr. 63, Pap. Oxyrh. 4, 673, tertii saec. p. Chr. n. esse suspicantur G.-H. asservabatur in Universitate Lovanensi, sed eam anno 1914 incendio periisse J. Bingen per litteras certiorem me facit.

Fr. 64, Pap. Berol. 16140, scripturam praebens primi vel secundi saeculi primum edita est anno 1935 a C. M. Bowra in editione Pindari (fr. 341); Bacchylidi hoc carmen ipse attribui (Herm. 75, 1940, 177), denuo edidit Ernestus Diehl, Anthol. lyr.[2] suppl. p. 49 sqq.

Fr. 65, Pap. Oxyrh. 23, 2365 scripta saeculo tertio p. Chr. n. ut dicit Lobel. eiusdem papyri fragmentum in collectione Florentina invenit V. Bartoletti (Pap. Soc. Ital. med. inv. 2011).

Fr. 66, Pap. Oxyrh. 24, 2395 saeculi ut vid. tertii ineuntis. Lobel editor princeps accentum verbi παῖδα (v. 11) 'Laconicum' esse observavit, sed ipse monuit ἄγεσθαι (v. 12) notam usitatam praebere, litteram ʽϑʼ autem conservatam neque in ʽσʼ mutatam dialecto Alcmanis non respondere. H. Lloyd-Jones Bacchylidi hanc papyrum non sine veritatis specie vindicavit conferens fr. 44.

DE BACCHYLIDIS STVDIIS QVAE INVENIVNTVR APVD SCRIPTORES VETERES

Temporibus Romanorum Bacchylidem multis hominibus inter manus fuisse iam XII illis papyris quas modo descripsi satis demonstratur[1]); sed permirum est carmina Bacchylidis a grammaticis fere solis et anthologia-

---

1) Cf. testim. 9 a–d (infra p. 132).

PRAEFATIO

rum auctoribus afferri (cf. indicem auctorum p. 135sqq.).
Hegesianax imitatus est c. 17 (Hygin. astron. 2, 5, cf.
Wilamowitz, Reden u. Vorträge⁴ 1, 157, 1), Straboni carmina ipsa nota fuisse veri simile est (fr. 49), sed et Plut-
archum et Clementem Alexandrinum ex anthologiis ea
sumpsisse quae ex Bacchylide afferunt Wilamowitzius
recte contendit.¹) attamen dubitari non potest, quin multi
carmina Bacchylidis legerint: receptus est ab Alexandrinis
in ordinem novem lyricorum (cf. p. 132 test. 9), commentariis exstructus est a Didymo et Ptolemaeo (v. test. 10),
imitando effictus est cum ab epigrammatum auctoribus
aetatis Alexandrinae²) tum ab Horatio³), multos certe
delectavit usque ad Iulianum imperatorem (v. fr. 38).

DE DIALECTO⁴)

Ā doricum. nonnunquam litteram η retinuisse videtur B. cum
altera littera a vicina esset (ἀδμήτα 5, 167 sed ἄδματοι 11, 84;
φήμα sed φαμί; κυβερνήτας etc.), sed saepissime haec regula viola-
tur (Ἀθάνα, προφάτας, σελάνα, αἰχματάς, ἀλάτας). post consonam
ζ B. semper η scribit (ἐπίζηλος, πολύζηλος, πολυζήλωτος alia, sed
ζαλωτός Pind.). in verbis μῆλον (ovis), στῆθος, ἥβα, εἰρήνα (?)
litt. η non ex ā orta est; παρηΐς vox ionica videtur esse; παιήων
(16, 8; 25, 3) Homero consuetum etiam apud Pind. fr. 140ᵇ, 63
invenitur; ἐν κλισίηισιν 13, 135 (∼ 48 ἐφίησι!) imitatio Homeri
est. ἀληθείας 5, 187 corrigendum est, cum ubique aliis locis α
scribatur. nonnunquam B. ipse nulla ratione perspicua formas
variasse videtur: ἐπισκήπτων — σκᾶπτρον, παραπλῆγι (11, 45) —
πλᾶξεν, πλάξιππος, ἠλύκταζον — ἆγον etc. notandum est cum in

1) Textgeschichte d. gr. Lyriker 7.
2) V. ad 5, 40. 155. 10, 22.
3) Cf. fr. 8a et quae affert Brandt, Festschr. Vahlen 297. Ver-
gilius in georgicis 4, 363 sqq. fortasse respicit 17, 100 sqq. (Norden,
S. Ber. Berl. 1934, 638), in Aeneide autem (6, 305 sqq. et 5,
290 sqq.) 5, 63 sqq. et 5, 71 sqq. (cf. E. Paratore, Wien. St. 69,
1956, 289—296); de Hygino cf. Jebb 228.
4) Cf. J. Schoene, Leipz. Stud. 1899, 180—309. Jebb 79—92.
Wilam. Pind. 100. Körte RE Suppl. IV 66, 35. — De dialecto
Bacchylidis grammatici antiqui et byzantini nihil dignum me-
moratu afferunt, cf. Cornu Copiae Aldi p. 243 b et 258 a; Greg.
Corinth. de Dor. § 177, p. 373 Schaefer; Gramm. Leidensis ad
calcem Greg. Corinth. Schaef. de Dor. § 12, p. 635; Reitzenstein,
Gesch. d. gr. Etymol. 367.

fr. 19 (τὴν φίλην) tum in encomio quod est de Marpessa (fr. 20 A)
pro a impuro semper η apparere: v. 11 μούνην, 17 Μαρπήσσης,
15 et 25 κόρη, 4 καθημένη, 25 ἥρπασεν, sed 20 ἀνάγκαι correctum
ex ἀνάγκηι, quod restituendum est; in v. 12 non κεφαλ[ᾶι, sed
κεφαλ[ῆι supplevi. semel pro a puro η ponitur: καλλικρηδέμνου
v. 28, quod, si confers 10 κατάρατον, 14 χαλκομίτραν, 19 κρατερά,
28 θεᾶς, fortasse corrigendum est (φοινικοκραδέμνοις 13, 222; incertum 11, 98 et fr. 20 B, 11). qua de causa his in carminibus (et
fortasse in fr. 20 G: χλιδῇ[?, ἤ σε?) formae atticae appareant
equidem diiudicare non possum. hyperdorismus extat hic: δίνασεν 17, 18, cf. Eur. Or. 1458 et Pind. P. 11, 38 ἐδινάθην (-ήθην
v. l.), Isthm. 5, 6 ὠκυδινάτοις, sed δίνηντο 17, 107 et ἱπποδίνητος
5, 2. – 11, 39 Ἄρτεμις [Ἡμ]έρα suppl. Bl., [Ἀμ]έρα Purser; ἥμερος
etiam dorice, non ἅμερος, quamquam hoc apud Pind. et Aeschyl.
traditur (Kühner-Blass 1, 125; 640; Solmsen, Rh. Mus. 63, 1908,
337, 1).

T doricum pro Σ in universum non receptum est; itaque
σύ, non τύ, ut saepe apud Pindarum (nisi quod dativi enclitica
forma τοι est, quam ionica quoque dialectus habet, et ὀρθοτονου-
μένη semel dorice τίν 18, 14), sed φατί scriptum est 27, 36; in
verborum tertia plurali plerumque -σι(ν), ut φασίν, ἴσχουσι, οἰκεῦσι, et in eadem singulari ἐφίησι. sed antecedente σ (ξ) tertia
pluralis in -οντι exit: πτάσσοντι 5, 22, καρύξοντι 13, 231 (sed -ουσιν
est necessario 10, 45 αὔξουσιν τὸ . . .); item si elidenda erat vocalis, quam elisionem respuebat -ουσι(ν): σεύοντ' 18, 10, βρίθοντ'
fr. 4, 79, nisi intelligendum est σεύοντ(αι) et βρίθοντ(αι).

Infinitivus doricus in -εν ante vocalem: ἐρύκεν (hoc accentu)
17, 41, ἴσχεν 17, 88, φυλάσσεν 19, 25, ante consonam: θῦεν 16,
18; – sed cf. e. g. ζώειν 1, 167, λαγχάνειν 4, 20, λέγειν 3, 67. 5, 164,
et semper a verbis in -έω εὐμαρεῖν 1, 175, ὑμνεῖν 5, 33. 9, 6. φαμί
habet φάμεν 3, 65, non φάναι.

Aeolica: εὐκλέϊξας 6, 16, παιάνιξαν 17, 129, δοίαξε 11, 87, φατίξωσιν (v. l. -ζωσιν) 24, 9; sed ὤικισσαν 9, 51 propter κ antecedens
(cf. Bechtel, Gr. Dial. 1, 91), et ἀγκομίσσαι 3, 89; non plus semel
Μοῖσα 5, 4, item semel λαχοῖσαν 19, 13; ἔμμεν, ἔμμεναι (18, 14)
iuxta εἶμεν (10, 48); ἔλλαθι 11, 8 (Bechtel 1, 38); ἄμμι 17, 25;
κλεεννός iuxta κλεινός; Κρεμμνών 18, 24; θερσιεπής 13, 199; fort.
huc trahendum δίνητο 17, 107 = δινέοντο (-ῆντο falso pap.).
ἀναξιβρέντας 17, 66 non recte inter aeolismos numerari solet (cf.
Schwyzer, Gr. Gr. 1, 500 et 839).

Homerica: formae coniunctivi λάχησι 19, 3 et θάλπησι
fr. 20 B, 7; genitivi in -οιο passim; dativus κλισίηισιν 13, 135.

Digamma certe non scriptum est a B. neque pronuntiatum,
nam et saepissime neglegitur et falso ponitur. cum autem num-
quam hac littera ad consonam accedente syllaba producatur
(Maas, Resp. 1, 19), sed solum hiatus evitetur, infra de ea loquar,
cum de hiatu verba faciam.

Apocope saepius in verbis compositis invenitur: ἀμπαύσας 5, 7, ἄμπαυσεν fr. 20 D, 11, ἀντείνων 11, 100. fr. 17, 4, πάρφρονος 11, 103, etc. – semel in praepositione πὰρ χειρός 14, 10.

Formae praepositionum longiores hae leguntur: ὑπαί 13, 139, παρα⟨ί⟩ 13, 150, διαί fr. 20 B, 24?

Dissimulatio: τανίσφυρος 3, 60. 5, 59; τανίφυλλος 11, 55; cf. Specht, KZ. 59, 35, 1.

'Verborum denominativorum in -όω exeuntium apud Pindarum et B. aoristum tantummodo et futurum usurpari' monet A. Turyn, Eos 27 (1924) 110, 'cetera tempora nusquam occurrere exceptis Pind. O. 1, 113 κορυφοῦται, O. 9, 78 ταξιοῦσθαι, O. 12, 9 τετύφλωνται, I. 5, 56 τετύφλωται, Bacch. 13, 177 ἀμαυροῦ[ται' (de usu Homerico cf. K. Meister, Hom. Kunstspr. 86). itaque putat Turyn neque ὀ[ρθοῖ 14,18 neque τελε[ιοῦσαι 3, 26 suppleri posse, hoc quidem recte, sed ὀ[ρθοῖ ad exemplum Archilochi (58, 2 D.) defendi potest.

Syntactica (cf. Mrose, Diss. Lps. 1902): σφέτερος ad unum hominem refertur 3, 36, νίν ad pluralem 1, 76. 9, 15; βρύειν 3, 15 in eodem fere ordine verborum modo dativum ('florere aliqua re') modo genitivum ('repletum esse') habet adhaerentem. usum temporum observans notes imperfectum his locis: 9, 15 sqq. 11, 110 sqq. 15, 38. 17, 51. singulare ἐπ' ἀνθρώποισιν 7, 9 = inter homines. asyndeton accipiendum videtur esse 27, 35 sq. (sed cf. ad l.).

DE PROSODIA

De hiatu. oratio non hiat cum vocalis ante vocalem corripitur. saepe καί (1, 183. 5, 31. 8, 18. 26. 11, 12. 113. 13, 221. 14 B, 7. 15, 62. 18, 38. 53. 19, 33. fr. 20 A, 6) et -εται (-αται) 3, 44 (suppl). 87. 4, 5. 16, 6. fr. 4, 34. accedunt haec: 11, 118 ἄλσος τέ τοῖ ἱμερόεν 16, 1 μοῖ ἀθάνατον (dactyloepitr. _◡'◡'_). 16, 21 παρθένωι Ἀθάναι (_◡'◡'◡_). ‚17, 96 βαρεῖαν ἐπιδέγμενοι ἀνάγκαν (_◡'◡'◡_). 17, 115 τόν ποτέ οἳ ἐν γάμωι (_◡◡'◡'_). 14 B, 6 μηλοτ'ρόφου ἐν γυάλοις (dactyloepitr. _◡'◡'_). dubium est 17, 42 ἀμβρότου (Wil. -βρότοι' pap. ἄμβροτον Maas) ἐρανννόν Ἀοῦς (_◡'◡'◡_). 16, 20 ὀβριμοδερκεῖ ἄζυγα (~ 8 παιηόνων). quae correptio plerumque his locis metri invenitur: _'◡'◡_, _◡'◡'_, _◡'◡'◡, ◡'◡'◡_ (Maas, Resp. 1, 16, 1; cf. et A. Turyn, Eos 25, 100). hiatus singularis (Kühner-Blass 1, 196) est 19, 15 τί ἦν, quod corruptum videtur esse. notandi sunt hiatus qui occurrunt ante nomina propria Ἱέρων (3, 64. 92), Ἕβρος (16, 5), Ἰσθμός (2, 7; sed sine hiatu 8, 18).

Digamma (v. p. XIX): pron. dat. οἱ (< Ϝοι) semper ita ponitur, ut hiatus fiat (velut 1, 119 καί οἱ λίπεν). eodem modo ἄναξ vim litterae Ϝ profert 9, 45 πολυζήλωτε ἄναξ et fr. 4, 20 ὦ ἄνα, non autem 3, 76 et 5, 84. ἕκατι quasi cum Ϝ adhibetur 1, 116, sine Ϝ 5, 33. 6, 11. 7, 4. 11, 9. invenitur (Ϝ)ιοβλεφάρων 9, 3, (Ϝ)ιόπλοκον 9, 72, (Ϝ)ιοστέφανον 3, 2; sed ἰόπλοκοι 17, 37, ἰοστεφάνου 13, 122, ἰοστεφάνων 5, 3; (Ϝ)οπί 17, 129, sed ὀπί 1, 77; εὖ (Ϝ)ερδ- quater,

PRAEFATIO

sed ἔργον. falsum digamma est 5, 75 (ϝ)ιόν = sagittam, nam ϝιός
fuit et ϝιόν 'virus', sed ἰός 'sagitta' ea consona caruit. adde (ϝ)ιαν-
θείς 17, 131.

Muta cum liquida coniuncta syllaba antecedens produci-
tur plerumque apud B. (ca. 250 locis); ca. 74 locos numeravi quibus 'positio' non efficitur, quorum sunt ca. 45 in initio verbi,
13 autem post augmentum, reduplicationem, praepositiones etc.
(e. g. ἔκλαγον, πεπρωμέναν, ἀελλοδρόμον etc.); restant hi 15 loci,
ubi in mediis verbis syllaba ante 'mutam cum liquida' non pro-
ducitur: 1. nomina propria Ἰφίκλον 5, 128. [Κύπριν 9, 72.] Ἀμφιτρυωνιάδας 5, 85. 16, 15. 25, 25. Ἀμφιτρίταν 17, 111. 2. ὑγροῖσι
17, 108. ἔδρας fr. 15, 1. πάτραν 11, 30. ἀριστοπάτρα 11, 106. πατρώ-
ιαν 13, 74. πατρός 17, 63. μίτραισιν 13, 196. ἀφνεοῦ 17, 34. ἀραχνᾶν
fr. 4, 70 (?). semper illam producendi vim praestant βλ, γλ, γμ,
δμ, δν, θλ, θμ, κμ, τμ, τν, φλ, – itaque signum productionis inter
has litteras omittere potui, sed non solum lectores γραμματι-
κωτέρους metra perspicere posse volui (cf. Maas, Metrik § 124).

Vocales vel longae vel breves: pro numerorum necessitate B. μόνος adhibet et μοῦνος, νόσος et νοῦσος, κόρα et κούρα,
ξένος et ξεῖνος, ἴσος et ἴσον, κᾱλός et κᾰλός (non nisi hoc loco
apud lyricos); εὐθᾱλές 9, 5, εὐθᾰλέα 14 B, 8, πανθᾱλέων 13, 69 sed
πανθᾰλής 13, 229; κυάνεον (? cf. p. XXVII 2 e) 13, 64 sed κύαν- in
compositionibus; ἱερός et ἱρός (2, 2, ubi [ι]ϵΡΑΝ exhibet pap., quod
non correxi); εὐνᾱής et 1, 75 et 9, 42 litteram α longam habere
videtur (cf. Barrett, Hermes 84, 1956, 249, 3), brevem autem
ᾱ]ένᾰος fr. 20 E, 16; notes χρύσεος, μινύθει 3, 90 et μίνυθεν (μι-
νυνθα pap.) 5, 151 (Maas, Metrik § 134); παῐηόνων 16, 8?, παιάνιξαν 17, 129, Ἀθαναίων 17, 92, Βοιωτίοισιν fr. 21, 4; Μίνῶϊ 17, 8,
sed Μίνῶι 17, 68; Ἀμυθᾱονίδας fr. 4, 51, sed Προκάωνα 25, 29;
scriba 25, 11 ΘΗΡΟΔΑ[ΙΚΤΑΝ notat, sed -δᾱῐκταν legendum
videtur esse (~ v. 29?) ut μηλοδᾱῐκταν 9, 6 (non constat de Pind.
fr. 140a, 56).

Ultima syllaba producta (cf. Maas, Resp. 1, 18. 2, 19, 2):
5, 189 ἀπωσάμενοῦ, ‖ εἴ τις; 10, 10 νασιῶτιν ἐκίνησεν; 11, 114 πόλιν
Ἀχαιοῖς; 17, 100 δόμοῦ· ἔμολεν. – 17, 90 δόρυ· σόει (cf. δορυσ-
σόος); 13, 96 τε ῥοδ-; fr. 4, 54 ἀπὸ ῥίζας; 16, 34 ἐπὶ ῥοδόεντι
(sed καλλίροας et ἀκαμαντορόας); 3, 64 μεγαλύνητε Ἱέρων; 5, 113
συνεχέως.

Contractio (cf. Maas, Metrik² § 120 Nachtr.): 17, 39 Κνωσίων; in nomine proprio, quod in versu heroo adhiberi non potest, haec contractio fortasse usu recepta erat (cf. Radermacher,
Philol. 84, 257 sq., Schwyzer, Gr. Gr. 244 sq., Jurenka, Jahresberr.
250 Suppl. 379 sqq.). – 3, 22 ἀγλαΐζέτω, ὁ γὰρ κτέ.

Finis periodi post praepositionem: 5, 74 sq. ἐξ‖εῖλετο (cf.
p. XXXI et ed. Pind. p. 321; Maas, Resp. 1, 14. 2, 18; Wil. GV.
434; Barrett, Herm. 84, 1956, 250, 5); post τε καί 7, 1? (cf.
Barrett l. l. 250c; ed. Pind. p. 321).

DE POETIS QVOS BACCHYLIDES IMITATVS EST

Bacchylidem eo a Pindaro differre, quod non tam sententias novas invenerit quam acceptas mutaverit, a viris doctis statim intellegebatur. plurima nimirum hausit ex Homero, ut multis exemplis collectis ante omnes docuit H. Buss (Diss. Gießen 1913; alia exempla contulit E. Eberhard in recensione illius operis BphilW. 1914, 1220 sqq.). Hesiodi verba, quae quidem in carminibus nobis servatis non apparent (fr. 202 Rz., e *Χίρωνος ὑποθήκαις*?), afferuntur 5, 191. Alcmanis fr. 1, 37 eandem sententiam profert atque 5, 50 et fr. 11, 2. Admeti *λόγοι* afferri videntur 3, 76–82 (Lavagnini, Riv. fil. istr. cl. 65, 1937, 272). argumenta versuum 1, 159–184 et 10, 39–51 e Solone accuratissime pendere demonstravit Romagnoli, Stud. ital. fil. cl. 7, 1899, 161 (cf. notas ad hos vv.). Sapphus imitationem ad 9, 27 et fr. 20 B, 23, Alcaei (?) ad 5, 22 adnotavi. Mimnermi verbis (fr. 7 D.) Bacchylides usus est 3, 83. Stesichori fr. 17, 3 D. Bacchylidem 11, 53 imitatum esse et 11, 57 mirum in modum cum Phrynichi fr. 9 N.[2] consentire docuit D. S. Robertson, Cl. Rev. 65, 1951, 16. quae e Simonidis avunculi carminibus prompserit confert W. Schmid (Christ-Schmid, Gesch. d. gr. Literatur I[7] 1929, 531, 8). de Bacchylide Pindari imitatore cf. Wil. Pind. 141. 313. 316. 336. quomodo Anacreontis versibus usus sit, docet B. Gentili, Bacchilide 1958, 119 sqq.

DE METRIS BACCHYLIDIS[1])

Plurima Bacchylidis carmina condita sunt versibus qui dactyloepitriti plerumque nominantur. adhibetur enim hoc metrum in omnibus Epiniciis secundo, quarto, sexto exceptis, quae breviora post ipsam victoriam ex tempore composita sunt; carminis tertii autem epodi dactyloepitritos, strophae versus aeolicos exhibent. in Dithyrambis non nisi in Antenoridis (c. 15) et in carminibus 24–28, si

---

1) Multa me hoc in capite debere Ernesto Kapp grato animo atque laeto confiteor.

re vera dithyrambi sunt, dactyloepitriti inveniuntur, sed et in Paeane (fr. 4) et in Encomiis (fr. 20 B, C, D, E) et in multis fragmentis minoribus hi numeri usurpantur. carmina dactyloepitritica triadibus (stropha, antistropha, epodo) constare solent, sed et carmina 7 et 8 epodis caruisse videntur, quamquam de iis cum mutila sint nihil certi dici potest, et strophae breviores Encomiorum 20 B et C (et D?) nulla epodo excipiuntur. sunt autem epodi etiam in aliis carminibus (2. 16. 17. 19).

In singulis carminibus B. semper iisdem metris utitur uno quod commemoravi c. 3 (anni 468) excepto, ubi stropha iambica et aeolica, epodus dactyloepitritos profert.

De metris a B. adhibitis grammatici antiqui praeter ea quae ad fragmenta commemorantur haec afferunt:

Caes. Bass. gramm. 6, 261, 10 K.: *priore commate* (sc. _ _ _ ∪∪_∪) *Callimachus in epigrammatibus* (sic!) *usus est* (fr. 401 Pf. e Hephaest. p. 58, 20. 64, 5 Consbr.) *et Bacchylides in carminibus et alii.* (Callimachus l. l. pherecrateo κατὰ στίχον usus est; apud Bacchylidem utrum ad pherecrateum usitatum velut 2,14 an ad 13, 3, ubi inter dactyloepitritos hoc comma invenitur, an ad versus quosdam perditos alludatur incertum est.)

Serv. gramm. 4, 459, 19 K. de trochaeis: *bacchylideum constat dimetro hypercatalectico, ut est hoc: floribus corona flexitur* (i. e. _∪_∪_∪_∪_, cf. c. 17 ep. 9).

Trichas de IX metr. (Hephaest. p. 399, 5 Consbr.) versu pessime composito fr. 16 imitari conatur, quod affert Hephaestio.

A. DACTYLOEPITRITI

Ad dactyloepitritos describendos signis utor a Maasio (BphilW. 1911, 327; Metrik § 55) propositis:

$$e = \_ \cup \_$$
$$E = \_\cup \_\underline{\cup}\_\cup\_ \ (= e \underline{\cup} e)$$
$$D = \_\cup\cup\_\cup\cup\_$$
$$d^1 = \_\cup\cup\_$$
$$d^2 = \cup\cup\_$$

Quibus signis certe non explanatur origo horum versuum, sed pro certo habeo non solum commode, sed etiam

recte hoc modo describi, quam huius metri rationem esse
Bacchylidis temporibus poetae putaverint (cf. Wil. GV.
418). nam dactyloepitriti Bacchylidis ita compositi sunt,
ut membra D et E et e (vel etiam d^1 et d^2) coniungantur
singulis syllabis longis (vel etiam brevibus) plerumque
interpositis ('anceps interpositum'). anceps interpositum
breve haud raro invenitur hoc loco: ... ᴗe(×)|, raro alibi
nisi in c. 3 et 13; notanda sunt loca singularia 8, 12; 15, 45;
25, 16 (?); 27, 44 (?).[1] quo clarius ratio dactyloepitritorum Bacchylideorum perspiciatur, systemata carminum
hic repetuntur; sed hic non ancipitia, ut factum est in
schematis singulis carminibus praemissis, sed caesurae
notantur (uncis inclusi numeros eorum versuum, in quibus caesurae elisionibus obscurantur):

1 $\Sigma T P$ d²⌣D×e‖³D̈⌣⌣D⌣‖⁵D⌣⌣:E‖⁷⌣EE‖‖

   $E\Pi$ D|⌣D⌣‖³e⌣D⌣D⌣:E×|⁶D:⌣:E⌣e⌣‖‖

3 $E\Pi$ ×D:⌣:E‖³E:⌣:E‖⁵E×:e:E‖‖

5 $\Sigma T P$ ⌣D:E⌣‖³⌣D:⌣:D×e|⁵D:⌣:D‖

      ⁷E⌣:E‖⁹⌣D⌣e⌣:D‖¹¹⌣D:E‖
      ¹³⌣D:⌣:D:E‖‖

   $E\Pi$ ⌣d¹E×|D|³⌣D:×e⌣|E⌣|⁵D:⌣:e⌣:E‖
      ⁷⌣D×|E×|⁹D|E×e⌣‖‖

7   D|ᴗe‖⌣e⌣E|³⌣Dᴗe....|⁶⌣D×e|⁷⌣E⌣e‖
      ⁸D⌣e|⁹⌣E⌣E⌣D⌣|¹¹e⌣D⌣‖‖

8   ⌣D|⌣D⌣|³E‖⁴D⌣E‖⁶E⌣E|⁸⌣e⌣D⌣‖
      ¹⁰⌣e⌣D⌣‖¹¹⌣e⌣D⌣|¹²ᴗᴗe×D⌣|¹³e e‖
      ¹⁴⌣e⌣|¹⁵D|¹⁶⌣e⌣‖‖

---

1) Cf. W. S. Barrett, Herm. 84, 1956, 249 sq., qui 7, 1 post τε καί
finem periodi statuit (v. supra p. XXI) et 15, 45 pro θεοῖς δ' legi
posse θεοῖσιν δ' observat.

9　ΣTP　e$\_\overset{-27}{\mathrm{D}}\vdots\_E||^3\_D\_e\_|$
　　　^{4}e$\_$D$\_|$E$||^6\_$D$\_|$E$|^8\_$E$\_|$E$\_$e$\_|||$

　　$E\Pi$　$\_$e$\_$D$|$e$\_$D$\_$e$|^3\_$E$\_|$E$|^5\overset{-49}{\mathrm{D}}\vdots\_E|$
　　　^{7}E$\_$E$\_|||$

10　ΣTP　$\_$D$|\_$e$\_|$E$\times|^3\overset{(-31)}{\mathrm{D}}\vdots\_D\cup|^5E\_||^6e\_Dd^2|$
　　　^{7}E$\_\vdots$E$\overset{(-35.45)}{\times}|^9E\_e\times|^{10}e\,E\times$e$\_|||$

　　$E\Pi$　e$\_$D$||^2\_$E$\_||^3\_$E$\_$e$\_||^4$D$\_$e$\_|$D$||$
　　　$^6\_$D$\_|$E$\_$E$\_|||$

11　ΣTP　$\_\overset{15.85}{\mathrm{D}}:\_\vdots$E$\_||^3\_\overset{(-17).87}{\mathrm{D}}\vdots$E$\_||^5D|\_D\vdots$e$\_d^1|$
　　　$^8\_$D$|^9\_$D$\times$e$\_||^{10}\_\overset{-10}{\mathrm{D}}\vdots\_D|^{12}\_\overset{-54}{\mathrm{D}}\vdots\times$e$\_||$
　　　$^{13}\_\overset{97}{\mathrm{D}}:\_\vdots$E$\_|||$

　　$E\Pi$　$\_$D$|\_$D$|\cup$e$\_|^3$D$|^4\_\overset{-116}{\mathrm{D}}\vdots$E$\_||^6\_\overset{-34}{\mathrm{D}}\vdots\_\overset{-119?}{\mathrm{E}}\vdots$
　　　$\_$D$\times$e$|^9\_$D$|\_$D$||^{11}$E$\_$e$\times|^{12}\overset{-124}{\mathrm{D}}\vdots\_\overset{-41}{\mathrm{D}}\vdots$E$\_|||$

12　ΣTP　$\_$e$\_$D$\_$e$\_|^3$D$|\_$D$\cup$e$|^5\_$D$\_|$E$\_||$
　　　$^7\_$E$\_\overset{?}{\mathrm{e}}|||$
　　$E\Pi$　$\_$D$|\_$D$\_||^3$e$\_$D$|\_$e$\_$?$|^5$e$]\_$D$\_|[^{6-10}]|||$

13　ΣTP　$\_\overset{-46.(112.)133}{\mathrm{D}}\vdots\times$e$\_||^3\_\_\_\_\cup\cup\_\times|E\_||^5\_D\_||$
　　　$^6\overset{-183}{\mathrm{E}}\vdots\_\overset{-52.106}{\mathrm{D}}\vdots\times$e$\_||^9\_D\_||^{10}D\times|\overset{-56}{\mathrm{D}}\vdots\_E\_|||$

　　$E\Pi$　$\_$D$\times$e$|\_$D$\times$e$\_|^4$e$\_$D$\_$E$||^6\_$D$:\times\vdots\overset{(162)}{\mathrm{E}}\times$e$||$
　　　$^8\overset{(131)}{\mathrm{D}}\vdots\times\vdots$E$\_|||$

14　ΣTP　e$\_$D$\_$e$\_||^3$E$\_$E$\cup||^5\_$D$\_$E$\_$E$|||$
　　$E\Pi$　$\_$D$|\_$D$\_|^3$e$\_$d^{1}e$\_$D$\_|^5$D$|$
　　　$^6\_$E$\_$D$\_|^8$E$\cup[$e$\_]|||$

14 A　$E\Pi$　$?\ldots$E$|\_$e$\_?|||$

14 B　ΣTP　E$\_$D$\_$e$|^3\_$D$\_|$E$\_|^5\_$e$\_$D$|\_$D$|$
　　　$^7\_$D$\_$E$|^9$D$\_$E$|\ldots$

15 ΣTP $\_D|\_D\times e||^3\times e\_D|\_E|^5E\_e\_|$

$\overset{(-6)}{D}\_{:}D||^7E\_e\_|||$

$E\Pi$ $\_e\_D|^2\_E\_|e\_D|^4\_D\_\overset{(-60)}{:}E\_D|$

$^7\_E\_|||$

24 ΣTP $\_D?...|^2e\_\_...$

$E\Pi$ $...|^{-7}e\_\_...|^{-6}\_e\_[D?]|^{-5}\_\_\cup...|$

$\overset{?}{}$

$^{-4}\_e\_\_...|^{-3}e\_\_...|^{-2}e\_D\_?|$

$^{-1}\_e\_...|||$

25 $^{1?}...D\_?|^{2?}...e\_?|^{3?}...\cup\cup D\_?|^{4?}...e|^{5?}...e?|$

$^{6?}...|^{7?}...D\_?|^{8?}...\cup D\_|...|^{11?}...\cup\_\underset{-}{?}|$

$^{12?}...\cup\_\cup\cup\_\_[...|^{14?}...\cup\cup\_|^{15?}...\cup\_\_|^{16?}...\cup\_|$

$^{17?}...D|^{18}...|||$

27 $^1\cup\_[\ ]^2\_\_[....|^{-10}\_e\_D|^{-9}\_D|^{-8}E\_e\_||$

$^{-7}\_D|^{-6}\_\_[...|^{-5}\_\_\cup[...|^{-4}e[...|^{-3}\_\_\cup[...|$

$^{-2}\_\cup\cup\_[...|^{-1}e[...|||$

28 $\Sigma TP?$ $^1...D|^{2?}...\_D?|^{3?}...D?|^{4?}...D[\_|^{5?}...E?|$

$^{6?}...D|^{7?}...D[\_|^{8?}...]e...[|||?$

$E\Pi?$ $...|^{-3?}...D|^{-2}...E...?|^{-1}...D E[\_|||?$

fr. 1 $e\_D|E\_$

fr. 4 ΣTP $\_E\_D\_|^3E\_e||^4D\_|^5E\_e||^6E\_|$

$^7D|^8\_E|^9\overset{?}{D}|\_e\_|^{10}E\_|||$

$E\Pi$ $D{:}\_{:}e\_D||^3D|^4\_E\_e\_|^5E\_|$

$^6D\_E[\_]|^8\_D[\ ^9]D[\ ^{10}]E[|||$

fr. 13 $]|\_ED|\_e\_|[$

fr. 20 B $\_D\times e\times|^2\overset{-14}{D}{:}\times e\_|^3D\times e\_|^4E\_e|||$

fr. 20 C $\_D\_E\_[e\_]|^2e\_D\_e\_|^5D|^6\_E\_|[|||$

fr. 20 D $e\_\_\cup\cup\_[...|^2\_e\_\_[...|^3\_D[...|$

$^4\underset{-}{?}D\_|d^1?[...|^5e\_D[|^6D\_d^1?\_D\cup|'$

$^8E\_e\_?|||$

fr. 20 E $^{1?}...]Dd^2?|^{2?}\_?]D\_|^{3?}D?|^{4?}e\_D?|...$

$^8...]D[\ ^9]e\_|||?$

fr. 23 $eD|D\_?||e\_\_\cup\cup\_...$

fr. 24 $\_E||\_E\_|E||e\_D\_|E\_$

fr. 25 $\_e\_D|\_e\_||^2\_e\_D|E\_e$

fr. 30   E $\_$ | D $\_$

fr. 34 $\_$ e $\_$ D | e = fr. 25, 2 ?

fr. 55   E $\_$ | E $\_$ | D

fr. 65 $\_$ D ? | ^{2} $\_$ D [...? | ... | ^{4} e $\_$ $\_$ ∪ [... | ^{5} $\_$ e $\_$ [... |
          ^{6}] $\_$ e [^{7}] e $\_$ $\_$ [... | ^{8} E | ...
          $^{9-10}$ ... ⊗ ? ^{11} ( ) D | ^{12} $\_$ D $\_$ | ^{13} ( ) E | ^{14} D $\_$?

Quibus e schematis inter alia haec de dactyloepitritis Bacchylidis colligi possunt:

1. Perraro membra d^1 et d^2 apud B. inveniuntur:

a) 5 ep. 1: ||| $\_$ d^1 E × |

b) 11 str. 7: | De $\_$ d^1 |

c) 14 ep. 3: | e $\_$ d^1 e $\_$ D $\_$ |

     quo apparet membrum d^1 hoc modo cum ceteris con-
     iungi ... e) $\_$ d^1 (e ..., i. e .... $\_$ ∪ $\_$) $\_$ $\_$ ∪ ∪ $\_$ ($\_$ ∪ $\_$ ...

d) 1 str. 1: ||| d^2 $\_$ D × e ||

e) fr. 4 str. 10: | d^2 ∼ | e ? (| $\overset{70\,?}{\underset{\smile}{\smile}}$ ∪ $\_$ $\_$ $\_$ ∪ $\_$ $\_$ |||)

f) 10 str. 6: || e $\_$ D d^2 |

g) 25, 29:   D d^2 $\_$ | ? cf. fr. 20 D, 6 ? et fr. 20 E, 7 ?

     membrum d^2 igitur aut in initio periodi (|| d^2 $\_$ $\_$ $\_$ ...)
     aut post membrum D poni posse videtur (cf. Maas,
     Metrik § 55; Wil. GV. 433).

2. Duo brevia pro longo et longum pro duobus brevibus
his locis extant:

a) ∪∪ e = ∪∪∪ $\_$ 8 str. 12, in initio periodi ?

b) $\_$ $\_$ D × = $\_$ $\_$ $\_$ $\_$ ∪∪ $\_$ × 13 str. 3 (cf. supra p. XXIII
     verba Caes. Bass. et Pind. Nem. 8 str. 1).

c) $\underset{\smile}{\_}$ ∪ $\_$ 3, 83 in initio periodi.

d) $\_$ ∪ $\underset{\smile}{\_}$ 3, 40 in nomine proprio barbaro.

e) fort. $\underset{\smile}{\_}$ ∪ $\_$ 13, 64 (sed. cf. p. XXI).

3. Strophae Bacchylidis in ... E ($\_$) ||| exeunt (Zuntz
ap. Maas, Metrik^2 p. 35 ad § 55; Barrett, Herm. 82, 437 sq.).
solum c. 7 in ... D $\_$ ||| et c. 8 in ... D $\_$ e $\_$ ||| exire
videntur, qua re in dubium vocari putes, an ordo stropharum recte restitutus sit, praesertim cum c. 7 et 8 sola
dactyloepitritica sint epodis carentia (cf. p. XXIII); sed

cum c. 7 anno a. Chr. n. 452 factum novissimum sit omnium, ne huius quidem carminis clausulam reieci (cf. Pind. Nem. 11 str. epod. eiusdem fere temporis).

4. In carminibus vetustioribus Bacchylidis ita dactyloepitriti compositi sunt, ut in singulis periodis membrum D plerumque membro e (vel E) excipiatur, atque ita ut singulae periodi compositae esse videantur e partibus hexametri (vel *Πηληϊάδεω Ἀχιλῆος*, cf. *Ἐρασμονίδη Χαρίλαε*, vel *ἄνδρα μοι ἔννεπε Μοῦσα* vel *μῆνιν ἄειδε θεά*, cf. *ἀλλά μ' ὁ λυσιμελής*) quae colis ex iambis vel trochaeis ortis claudantur (cf. 'encomiologicum' *χαίρετ' ἀελλοπόδων θύγατρες ἵππων*); quod apparet e versibus brevibus carminis vetustissimi (cf. p. LIII), fr. 20 B:

$$\_ D \times e \times | \qquad \tfrac{1}{2} \ hexam \ tr \ |$$
$$D \vdots \times e \_ | \qquad \tfrac{1}{2} \ hexam \ tr \ |$$
$$D \times e \_ | E \_ e ||| \ \tfrac{1}{2} \ hexam \ tr \ | \ 3 \ tr \ |||^{1})$$

In c. 13 (anni 485?) epodus eandem fere rationem numerorum exhibet; stropha eo variatur, quod post membrum E versus 6 non finis periodi est et quod membrum D sub finem strophae triplicatur:

$$\varSigma TP \quad \_ D \vdots \times e \_ ||$$
$$-- D \times | E \_ ||$$
$$^5 \_ D \_ || E \_$$
$$^7 D \times e \_ ||$$
$$D \_ ||^9 D \times D \_ E \_ |||$$

$$E\varPi \quad \_ D \times e |$$
$$\_ D \times e \_ |$$
$$^4 e \_ D \_ E ||$$
$$\_ D \times E \times e ||$$
$$^8 D \times E \_ |||$$

Accedunt in c. 11 quod eiusdem fere temporis videtur esse hae varietates: e__d¹ et __D:

$$\varSigma TP \quad \_ D \_ \vdots E \_ ||$$
$$\_ D \vdots E \_ ||$$

---

1) Dactyloepitritos ex Archilochi asynartetis originem duxisse fusius exposui Griech. Metr.³ (1962) 41 sq.

$$D \mid \_ D \vdots e \_ d^1 \mid$$
$$\_ D \mid \_ D \times e \_ \| $$
$$\_ D \vdots \_ D \mid \_ D \vdots \times e \_ \|$$
$$\_ D \_ \vdots E \_ \| \|$$

$E\Pi \quad \_ D \mid \_ D \mid \cup e \_ \mid$
$$D \mid \_ D E \_ \|$$
$$\overset{?}{\_ D \vdots \_ E} \|$$
$$\_ D \times e \mid$$
$$\_ D \mid D \| E \_ e \times \mid$$
$$D \vdots \_ D \vdots E \_ \| \|$$

His exemplis dactyloepitritos ortos esse docetur e compositione partis dactylicae et trochaeorum vel iamborum; postea autem forma $(\_) D \times e$ vel $(\_) D \times E$ ita mutata est, ut vel membrum e antecederet membro D, vel membrum D bis vel ter poneretur, vel periodus alio loco clauderetur etc., et ex his varietatibus species usitata huius metri crescebat.

Lex Maasiana (cf. P. Maas, Philol. 63, 297, Metrik § 48): post 'anceps interpositum' longum (e'‿'e, D'‿'e etc.) finem verbi non admitti a Bacchylide neque post membrum 'e' quod est in initio neque ante idem quod est in fine periodi contendebat P. Maas; quod commode hoc modo illustrari potest: $\| (\times) \_ \cup \_ \overset{\frown}{\_} \ldots$ et $\ldots \_ \overset{\frown}{\_} \cup \_ (\times) \|$. sed W. S. Barrett, Herm. 84, 1956, 251 accuratissime denuo omnia exempla investigans ostendit evitare Bacchylidem et in fine et in initio periodorum elementa 'e×' finibus verborum a contextu separata. singillatim autem Barrett haec docet:

a) $\ldots \times \mid e \times \|$: nullum exemplum;

b) $\ldots \_ \mid e \|$: aliquot exempla;
   $\ldots \cup \mid e \|$: haud pauca exempla;

c) $\| \times e \_ \mid \ldots$: multa exempla;
   $\| \times e \cup \mid \ldots$: nullum exemplum certum;

d) $\| e \times \mid \ldots$: perpauca exempla (9, 25 Αὐτομήδει νῦν γε; 10,6 παντὶ χ]ώρωι ξ[υν]όν; 14,17 καιρὸς] ἀνδρῶν ἔργματι);

e) in 'dimetris' ($\|(\times)e\times e(\times)\|$) nunquam finis verbi post anceps medium est.[1])

W. Henseleit discipulus meus observavit hoc zeugma: c. 11 str. 7 ... $\_\_\frown\_\cup\cup\_|$ et similia invenit in Pindaro.

Periodorum divisio. post 'anceps interpositum' longum, cum plus uno metro abest et ab initio et a fine periodi, finis verbi non modo non spernitur a Bacchylide, sed in media periodo longiore aut post aut ante 'anceps interpositum' caesura (vel si mavis diaeresis) appetitur ($\|\|(\times)\_\cup\_\times\_\cup\_\vdots\times\vdots\_\cup\_\times\_\cup\_(\times)\|\|$ vel $\|\|(\times)D\vdots$ $\times\vdots D(\times)\|\|$ vel sim.; cf. schemata dactyloepitritorum in p. XXIVsq. et Maas, Philol. 63, 301). etiam hac re dactyloepitriti Bacchylidis differunt a Pindari, qui periodos longiores nulla caesura intermissa praefert.

Hoc modo cum periodi Bacchylidis plerumque ῥυθμικῶς divisae sint, nonnumquam dubium est, ubi finis periodi statuendus sit. nam etiamsi per totum carmen eodem loco stropharum et antistropharum finis verbi inveniatur, saepe diiudicari non potest, utrum caesura an finis periodi extet. est autem finis periodi certus a) cum est hiatus, b) cum brevis in longo ponitur, c) cum duo 'ancipitia interposita' se excipiunt (cf. e. g. 8, 9), d) cum nisi finis periodi statueretur, periodi longiores evenirent. neque enim periodi Bacchylidis mensuram sex metrorum excedere solent; invenies quidem unam periodum septem metrorum in dactyloepitritis, ut in textu eos seiunxi, sc. c. 1, ep. 3—5, sed dubia est, nam obstat in c. 1 periodo breviori versus 182 mutilatus.

Divisionem rhythmicam periodorum quam modo commemoravi in ultimis Bacchylidis carminibus 1 (465?) et 7 (452) non tam diligenter quam in plurimis ceteris confectam esse facile intellegi potest e schematis numerorum p. XXIVsq. allatis. etiam hac re Bacchylidem senem vestigiis ingredi Pindari probatur; nam Pindarus periodos longiores nulla caesura media dirimi voluit, Bacchylides

---

1) Cf. J. Irigoin, Recherches sur les mètres de la lyrique, Paris 1953, 48 sq. L. E. Parker, Bull. Inst. Class. Stud. London 5, 1958, 13 sqq.

PRAEFATIO

autem operam dedit, ut cola breviora, quae etiam in anti-
quioribus dactyloepitritis inveniuntur, perspicua essent,
eademque de causa legem Maasianam non neglexit, ne vel
in initio vel in exitu colorum breviorum membrum 'e×'
claudicaret. – eos versus, quorum in caesuris elisiones inveniuntur, in schemasin p. XXIVsq. uncis notavi. 5, 74
finis periodi est inter praepositionem et verbum ἔξ‖εἵλετο
(cf. Maas, Gnomon 9, 168 B et supra p. XXI).

    Colometria. Vidimus poetam periodos numerum
trium metrorum superantes eisdem locis metrorum voci-
bus finitis dividere solere, quibus etiam periodorum dis-
crimen fieri posset, et demonstravit Maas dissertatione
diligentissima (Philol. 63, 297) colistas Alexandrinos ita
versus seiunxisse, ut quam saepissime finis verbi in fine
versus esset; quo factum est ut redderent quae vellet
poeta subintellegi discrimina. quae divisio versuum non
modo magna cum diligentia sed etiam cum consilio et ratione a grammaticis antiquis confecta optime papyris nos-
tris servata est (cf. etiam quae disserui p. XXXVsq. de
colometria carminis 17). errores pauci facile corriguntur
(cf. app. crit. ad carmina 1. 5. 9. 10. 13). eo autem ratio
grammaticorum antiquorum differt a nostra, quod non
semper ad numeros syllabarum, sed interdum ad caesuras
versus diviserunt; itaque in carm. 1 str. 1 modo post syllabam septimam modo post octavam seiungitur, in carm. 5
versus 13, 35, 115 non eodem modo dividuntur atque
versus respondentes (cf. etiam p. XXXIV de colometria
c. 18 et p. 93 et 95 ad fr. 20A, 8 et 38 et Pind. dith. 2),
neque habemus cur haec vituperemus.[1]) – de colometria
c. 24 in pap. **D** perturbata v. p. LI.

B. DACTYLOIAMBICA

    Similes atque affines dactyloepitritis sunt versus car-
minis 19 et fortasse c. 20 (Maas, Metrik § 56b). de carmine 20 quidem miserrime lacerato diiudicari non potest
(Wil. GV. 384); in c. 19 hemiepe (D = ‿∪∪‿∪∪‿) con-

---

1) Alia profert W. J. W. Koster, Traité de métrique grecque², 1953, 296.

nectuntur cum membris quae iambica videntur atque no-
minentur (Wil. GV. 393), quamquam ancipitia non inveniuntur neque metra seiungi possunt (cf. de his 'iambis'
ad c. 17 p. XXXIVsq.). hoc modo oriuntur versus aeolicorum similiores quam dactyloepitritici. itaque horum versuum ratio fortasse a Bacchylide ipso inventa multo minus
perspicua est quam dactyloepitritorum, praesertim cum
coniungantur cum versibus aeolicam originem prae se fe-
rentibus atque unus saltem versus vere aeolicus exstet
(15 phalaeceus). inusitatos hos numeros esse B. ipse initio
carminis 19 significare videtur.

C. METRA AEOLICA

Metrorum Aeolicorum hae formae in c. 2. 3. 4. 6. (16.)
18. fr. 5. 11. 12. 20A inveniuntur:

A. glyconei

   ⏓× _⏑⏑_⏑_ *18,1–15*
   ⏑_ _⏑⏑_⏑_ *6,6 (+ hipp). 2,13 (+ pher)*
   ⏑⏑⏑ _⏑⏑_⏑_ *2,4 (+ pher). 4,1 (+ hipp).*
                       4,7 (+ chodim ba). fr. 5,1 et 2? fr. 11,7
   ⏑⏑⏑ _⏑⏑_⏑_ ⎱
   ⏓⏑ _⏑⏑_⏑_ ⎰ *fr. 11,3. fr. 12*
   __ _⏑⏑_⏑_ *fr. 5,3. fr. 20A, 5 (+ gl ia)*
   fortasse huc trahendum *chodim*
   ⏑⏑⏑ _⏑_⏑⏑_ *4,9*

B. glyconei aucti

   a) additur in fine vel una syllaba (hipponacteum) vel
      baccheus (phalaeceus) vel iambus vel choriambus vel
      lecythium (i.e. glyconeus decurtatus) vel dimetrum
      choriambobaccheum (aristophaneum)

⏑⏑⏑ _⏑⏑_⏑__	{ *4,2 (post gl).* *cf. 18,1*
_⏑ _⏑⏑_⏑_ _	{ *4,10. 6,7 (post gl).* *cf. 18,9*
_× _⏑⏑_⏑_ ⏑ __	*18,2.4.15*
_× _⏑⏑_⏑_ ⏑ _⏑_	*18,12. (19,15)*
__ _⏑⏑_⏑_ × _⏑_	*fr. 20A, 4 et 6*

_◡ _◡◡_◡_ _◡◡_   *fr. 11,2*
_× _◡◡_◡_ _×_◡_◡_   *18,6.13*
◡◡◡ _◡◡_⟨◡⟩_ + *chodim ba*   *4,7*

b) hendecasyllabi (= oo *hipp*) et versus similes (3,3 sq.)

◡__◡ _◡◡_◡__ *(chodim ba = ba* ∧*hipp)*
×_◡◡ _◡◡_◡__ *3,2 (*∧*hipp*^{d}*)*
×_◡◡ _◡◡_◡_◡⋮
_◡_ × _◡◡_◡__ *3,3sq. (*∧*gl*^{d} *+ ia* ∧*hipp)*
◡_◡_ _◡◡_◡__ *2,1 (ia cho ba = ◡_ hipp)*

initium hendecasyllaborum a Bacch. ad modum dimetrorum choriambicorum (cf. Wil. GV. 210 sqq. Maas, Metrik § 54) formatum esse coniceres, nisi exempla 'baseos' quattuor ancipitium in dimetris recentiora esse viderentur. metra Sapphica et Alcaica ita variat B., ut basin trium syllabarum admittat (◡◡× ... vel ×◡◡ ...), ut glyconeos in initio non modo iambo sed etiam duobus elementis vel trochaeo, in fine vel choriambo vel lecythio vel dimetro augeat, ut glyconeos non duo sed unum elementum praebentes (i. e. lecythia) admittat.

c) aliae formae

◡_◡◡ _◡◡_◡_ _◡_   *4,4 (◡_ gl cr)*
2 tr + _◡ _◡◡_◡_   *fr. 11,1 (2 tr gl)*

huc non traxi versum a Sappho in libro septimo adhibitum:

ia + ◡_ _◡◡_◡_◡__ *6,1 (ia gl ba) cf. fr. 19*

cum caesuris probetur eum inter ionicos (v. p. XXXVIII) a Bacchylide numerari.

C. glyconei decurtati

a) pherecratei

_◡ _◡◡__   *2,5 (post gl)*
__ _◡◡__   *2,14 (post gl)*
              cf. *13,3* inter *dactyloepitr.*

b) telesillea *(*∧*gl)*

_ _◡◡_◡_   *16,1 ep. 6*
◡◡ _◡◡_◡_   *16 ep. 8. fr. 11,6*

c) reiziana *(⋀pher)*   ∪ _∪∪__   *6,4*
                       ∪∪ _∪∪__   *16,12*
                       _ ∪∪∪__   *16,9*
                       ∪∪ _∪__   *6,8*

d) lecythia   _∪ _∪_∪_   *6,5. 26,6?*
                 _× _∪_∪_   *18,7. 14 (post gl)*

Hoc conspectu apparet Bacchylidem metris aeolicis ita usum esse, ut glyconeos paulum variaret; coniunguntur autem versus aeolici cum iambis (2. 3. fr. 11. 20 A), cum trochaeis (fr. 11), cum dactylis (4. 16), cum ionicis (6. fr. 20 A).

In c. 18 syllabas primas glyconei quam maxime variare studuit B.; itaque initium inusitatum ∪∪_ (cf. Maas, Metrik § 41) induxit v. 1; duo glyconei ita plerumque coniunguntur, ut prima syllaba secundi ad verba primi trahatur, sed semel in v. 2, ter in v. 3 dihaeresis inter glyconeos est, in v. 4 glyconeus solus ponitur. cola ita divisa sunt in pap., ut quam saepissime finis verbi sit in fine versus; itaque post syllabam decimam versus seiuncti sunt in v. 1. 2, post nonam (vel octavam) in v. 3 etc. (cf. p. XXXI; Wil. GV. 263; Maas, Metrik § 59).

D. IAMBI

Iambis B. usus est in nonnullis carminibus levioribus, scilicet hyporchemasin et eroticis (fr. 14. 18. 19); in hyporchemasin autem etiam cretici (fr. 15. 16), in eroticis trochaei (fr. 17. cf. fr. 21) occurrunt. in omnibus fere carminibus 'aeolicis' singula metra iambica, cretica, choriambica, bacchea inveniuntur (v. supra p. XXXIIsq.). in fr. 19 ionicis spondeus (φεύγεις) iocose carmen concludit (cf. Wil. GV. 384, 1) vel potius baccheus anaclomenon catalecticum excipit (cf. p. XXXVIII).

Ex iambis ortum est metrum carminis 17, et Wilamowitz (GV. 299, cf. etiam Maas, Resp. 2, 6) operam dat, ut omne carmen in iambos dissolvat, sed facere non potest non modo quin textum nonnullis locis commutet, sed etiam quin alia metra inducat, sc. dochmios (⊻⊙_∪_) et

XXXIV

trochaeos; at quae cum concedas nulla lege statui potest
qui versus sint iambi, qui trochaei, qui dochmii, et omnia
libidini tradita sunt. itaque Bacchylidem ipsum conscium
sibi fuisse hoc metrum ex iambis ortum esse non puto
(cf. quae in p. XXIIIsq. et XXXII dixi de dactyloepitritis
et dactyloiambis) et cum nobis non origo versuum in-
vestiganda sed ratio Bacchylidis describenda sit, vix alia
de his versibus dici posse crediderim atque quae Paulus
Maas (Metrik § 56, Resp. 2, 16) et de carmine nostro disserit et de Pind. Ol. 2 (Ἀναξιφόρμιγγες ....): „Grundsatz
scheint, daß die longa in Gruppen von 1 und 2, die brevia
in Gruppen von 1 und 3 zusammentreten, ancipitia nur
am Periodenanfang erscheinen." sunt autem ancipitia
etiam in media periodo (102 nom. prop.), duo brevia in
str. 10. 11, tria longa (v. 94?), quattuor brevia ep. 4
(v. 116), quattuor longa (v. 102?).

Wilamowitz (GV. 299) et Maas (Resp. 2, 6 et 14) cum
quam maxime poterant ad cola iambica versus dividere
studerent colometriam traditam reiecerunt; ipse divisionem versuum quae est in duabus papyris uno loco excepto
(v. 95) servavi (cf. p. 57sq. app. crit.). nam colometria
diligenter observata facillime puto textum Alexandrinorum recuperari posse; cum enim sanatae sint novem corruptelae levissimae in indice corruptelarum (p. 58) nullo
asterisco notatae, quae nondum in exemplari Alexan-
drino fuisse videntur, numerorum licentiae restant, quas
certa ratione admissas esse apparet. inveniuntur enim
elementa 'ancipitia' (‿̆) et metra decurtata omnia aut
in fine aut initio versuum (excepto solo nom. prop. v. 102):

a) ‿ in initio versus: str. 1. 8. 18. 20. 21; v. 38 κώλυμμα
pro _ _ ‿.

b) ‿̆ in initio versus: str. 12. 17.

c) (‿)_‿_ in initio versus: str. 21; ep. 6.

d) ‿ in fine versus: str. 4. 14. 17. 19. 23. ep. 4. 8. 17.
v. 91 ἀήτᾱ pro ‿_‿.

e) ‿̆ in fine versus: v. 74 τάδε pro ‿‿‿; v. 97 δελφῖνες
ἐναλι- pro _ _‿‿‿.

Quod cum casu factum esse vix credas, grammaticum illum carmen nostrum κωλίζοντα licentias metri bene observavisse mihi quidem certum videtur esse. eo autem colometria papyrorum differt a ratione nostra (vel potius Bacchylidis, nisi fallimur), quod non 'periodi Boeckhianae', sed cola breviora ('fine verbi' neglecto) respiciuntur; nos enim non in fine versus, sed in fine periodi modo elementum anceps admittimus, in initio versus autem id solum anceps, quod est aut in initio periodi aut in initio 'iambi', similique modo metra decurtata non omnibus locis vel in fine vel in initio versus admittenda esse censemus. itaque nonnulli loci nobis emendandi sunt (quos in p. 58 asterisco ornavi), quamquam grammatici Alexandrini in iis non offendebant. quae omnia si recte disputavimus dubitari non potest quin neque verba neque colometria carminis 17 a scribis, qui textum Alexandrinorum nobis tradiderunt, gravibus corruptelis depravata sint. cum autem grammaticos Alexandrinos licentias metricas potius removisse quam inseruisse verisimile sit, illis ipsis locis, quibus licentiae ab Alexandrinis admissae sint, certe tradita verba ab Alexandrinis referri putes. itaque qui loci in editione male respondent, maiorem auctoritatem habent quam qui bene respondent, nam his locis nullo modo enucleari potest, quid Alexandrini correxerint, ut metrum sanarent. ipse autem his rebus commotus sum, ut et verba et colometriam Alexandrinorum restituere mihi proponerem et quattuor modo locis supra indicatis textum vetustiorem recuperare conarer.

E. DACTYLI

Singuli dactyli inveniuntur inter metra aeolica carminis 4 (v. 3 et 5). fusius agendum est de dactylis Herculis dithyrambi (c. 16).

Clare perspiciuntur dactyli vel catalectici vel acatalectici:

str. 2	$\_\cup\cup\_\cup\cup\_\cup\cup\_\|$	*4 da* ∧∧
6	$\_\cup\cup\_\cup\cup\_\cup\cup\_\cup\cup\_\_\|$	*5 da* ∧
ep. 1/2 et 9/10	$\_\cup\cup\_\cup\cup\_\cup\cup\_\cup\cup\_\cup\cup\_\_\|$	*6 da* ∧

quibus dactylis adiunguntur trochaei vel iambi:

str. 3/4/5

‿‿‿‿‿‿‿‿‿‿‿‿   ‿‿‿‿‿‿‿| *5 da* ʌʌ + *2 tro*
‿‿‿‿‿‿‿‿‿‿   ×‿‿| *4 da* ʌʌ + *ba*

eidemque dactyli cum aliis metris coniuncti inveniuntur
'scandentes' i. e. more poetarum Siculorum velut Stesichori duabus syllabis brevibus antepositis:

str. 7/8

‿‿‿‿‿‿‿‿‿‿‿‿‿‿‿‿‿‿‿‿‿‿‿‿|| ‿‿ *5 da* ʌʌ + *cho ia*

ep. 3

‿‿‿‿‿‿   ‿‿| ‿‿ *2 da* ʌʌ + *cr*

ep. 4/5

‿‿‿‿‿‿‿‿‿‿‿‿‿‿|‿‿‿‿‿‿|| ‿‿ *5 da* ʌʌ + ‿‿*cr sp*

at non modo initium, sed etiam finis dactylorum more
Siculorum offertur, cum in dactylis acatalecticis ultimum elementum breve appareat longum:

ep. 7 ‿‿‿‿‿‿‿‿‿‿‿| ‿‿*3 da*‿‿

(est quidem hic versus idem atque anapaestus q. d. Meso-
medis, cf. Turyn, Gnomon 1931, 518; tamen non dubito
quin hic inter dactylos sit numerandus).

    Huc trahi potest etiam

str. 1 ‿‿‿‿‿‿‿|| ‿ *2 da*‿‿ (cf. ep. 11);

sed cum hic versus non solum in fine periodi, sed etiam
ante colum simile

ep. 6 ‿‿‿‿‿‿‿ ‿‿‿‿‿|

et ante dactylos ponatur

ep. 8 ‿‿‿‿‿‿‿ + *6 da*ʌ|

potius inter glyconeos eum numero ('telesilleum', cf.
p. XXXIII), praesertim cum etiam alia membra brevia
huic carmini inserta sint (cf. Wil. GV. 403 et 404, 1):

str. 12 ‿‿‿‿‿|‿‿‿‿‿|||	*adon pher (reiz)*
ep. 11 ‿‿‿‿‿|‿‿‿‿‿‿|||	*adon gl (teles)*
str. 9 ‿‿‿‿‿||	*cr*‿‿*sp*
10 ‿‿‿‿|	*adon*
11 ‿‿‿‿‿‿|	‿‿*cr sp* (cf. ep. 5)

XXXVII

Aliter de his versibus egit Maas, Resp. 13, 2.

Eidem dactyli in fr. 60 et 61 inveniri videntur, sed nil certi in versibus tam misere mutilatis enucleari potest.

F. IONICI

Ionicos fr. 20 A agnovit P. Maas (de colometria v. p. XXXI):

⏑⏑—— ⏑⏑——	2 ion
⏑⏑—⏑ —⏑—— |	anacl |
⏑⏑—— ⏑⏑—|	ion ion∧ |

Similes ionicos B. adhibuisse in fr. 19 nova papyro nunc apparet, cuius ἐπιφθεγματικόν hos versus praebet:

⏑⏑—⏑—⏑ ——|	anacl |
⏑⏑—⏑—⏑ —⏑——|||	anacl∧ ba |||

ubi baccheus est pro ionico catalectico; praecedunt versus mutili inter quos ionici agnoscuntur.

Alii ionici anaclomeni videntur esse

6,1 ⏑—⏑—⏑——\|⏑⏑—⏑—⏑——\|\| *ia ba* \| *anacl* \|\|

quem versum in Sapphus libro septimo inter metra aeolica numerandum esse verisimile est (cf. p. XXXIII)

⏑—⏑— ⏑——⏑⏑—⏑— ⏑—— *ia gl ba*

sed obstant apud Bacchylidem caesurae.

DE SINGVLIS CARMINIBVS

Libri Bacchylidis novem videntur fuisse:

εἰς θεούς:	Hymni	= fr. 1A–3
	Paeanes	= fr. 4–6
	Dithyrambi	= c. 15–28, fr. 7–10
	Prosodia	= fr. 11–13
	Parthenia	v. p. 89
	Hyporchemata	= fr. 14–16
εἰς ἀνθρώπους:	Encomia (?)	= fr. 20A–21
	Epinici	= c. 1–14B, fr. 1
	Erotica	= fr. 17–19

Epigrammata nusquam uno libro collecta erant.

PRAEFATIO

A. *ΕΠΙΝΙΚΟΙ*

1. Inscriptio cum priorum carminis paginarum maxima parte periit; eadem autem victoria et hoc et altero carmine canitur, cui inscriptum est τῷ αὐτῷ. non dubium quin Ἀργεῖος (1, 142. 2, 4sqq.) nomen victoris sit, patris Παν-θείδης (1, 147. 2, 14), patria Ceos. nempe Argii victorias etiam lapidis Cei inscriptione testatas habemus, ubi inter ludorum sacrorum victorias a Ceis civibus reportatas recensetur Ἀργείου Πανθείδεω victoria Isthmiaca παίδων, Nemeaea ἀγενείων[1]). illa his carminibus celebratur (1, 6. 156. 2, 7), fuitque in indice Isthmiacarum ipso poeta teste (2, 9sq.) septuagesima vel septuagesima prima. putandus autem est Argius, qui καρτερόχειρ (1, 141 cf. et 2, 4) et ποσσὶν ἐλαφρός (1, 145) dicitur, aut pancratio aut, quod probabilius videtur esse, pugilatu vicisse, quod certaminis genus a Ceis praeter cursum maxime exerceri solitum esse testatur Bacchylides 6, 7. videtur carmen non minus octo systematum fuisse, e quibus ultima duo fere integra supersunt, reliquorum fragmenta tantum. etenim si primo loco inter epinicia collocatum est, primae strophae initium idem etiam paginae fuit, sicut nunc est strophae paenultimae. habent systemata versus vicenos ternos, paginae fere tricenos quaternos quinosve; itaque binae paginae systematis ternis explentur, desuntque ante primam Kenyonis aut duae aut quattuor. sed fragmenta quae exstant in duas paginas cogi nullo modo possunt; relinquitur igitur ut quattuor fuerint, partim, sicut videmus, fabulosis narrationibus refertae, quae pars fuit carminis media, partim exordium et victoriae Isthmiacae laudes continentes, quae ne ipsa quidem prorsus perierunt. enarrantur autem in vv. 111sqq. natales Euxantii, Minois Cretis Dexitheaeque Ceae nymphae filii; cuius fabulae initium, quod erat in col. 2 et 3, et e fragmentis et ex aliorum scriptorum narrationibus hoc fuisse probatur[2]): Macelo filia

1) IG XII 5, 608. Dittenberger, Syll.³ 1057. A. Körte, Herm. 53, 114. Severyns p. 99 (cum imagine lapidis).

2) Cf. Jebb, ed. p. 443; K. Chr. Storck, Die ältesten Sagen der Insel Keos, Diss. Gießen 1912; J. Jockl, Wien. Stud. 37, 142.

Damonis, principis Telchinum[1]), cum sorore (cuius nomen in]σαγόρα exisse videtur, cf. v. 49 et 72) vel etiam cum sororibus (cf. Schol. ad Ov. Ibidis v. 475) a patre depulsa est (quod apparet e vv. 78sqq.); Iuppiter et alius deus (vel Neptunus, cf. Pind. pae. 4, 39, vel Apollo, cf. Nonnum 18, 35) insulam Ceum visitantes a ceteris incolis offenduntur; Macelo autem deos hospitaliter recipit (vv. 71–83, cf. Schol. ad Ov. Ibid. et Nonn. l. l.); itaque dei, qui iniuria succensi omnes Ceos perdunt, Macelo et eius filiam, cuius nomen est Dexithea (i.e. quae deos recepit), servant (cf. Pind. pae. 4, 39. Callim. Cydipp. fr. 75, 64 Pf.). agitur autem bis in hac fabula (51sqq. 138sqq.) de novo oppido ad litus maris condendo, Coreso, si conicere licet, quod idem etiam victoris patria fuerit. acute enim observavit Nicolaus Festa, a κόραις (sic enim Bacchylides nymphas appellat, vv. 48. 117) nomen Κόρησος derivatum esse videri; epitheton autem oppido novo tributum βαθνδείελος (139sq.), ab ipso poeta quodammodo explicatum, cum dicat alio loco (55) ὑπό τ᾿ a]ὐγαῖς ἀελίον, in unum hoc inter quattuor Cei oppida convenit. alia quaestio est, sitne ἀρχαία πόλις (52) a Nymphis tum relicta Iulis intellegenda an antiquum quoddam oppidum, quod nullum postmodo fuit.

Ultimum systema totum sententiis generalibus datum est, quibus et divitiarum studium perstringitur et mediocris vitae sors laudatur et virtutis praemia sempiterna monstrantur; recte igitur videtur princeps editor ipsius victoris fortunas paullo tenuiores fuisse conicere. sententias ipsas autem (quod vidit Romagnoli) e versibus Solonis contulit poeta (cf. p. XXII). – hoc carmen ultimis annis poetae attribuendum esse probatur inscriptione Cea, quam supra commemoravi; nam hac in tabula victorum Isthmiacorum et Nemeaeorum nomen Argii apparet ante nomen Lachonis (v. ad c. 6), qui puer anno 452 Olympiae vicit; vicit autem Argius adulescens (ἀγένειος) ante Lachonem puerum Nemeis, quo maiorem natu eum fuisse

---

1) Huc spectare quantum Bacchylidis sit in versibus Tzetzae (fr. 52) conicit Wil. ms. (cf. et. Blass, Jebb), idemque huc trahit fr. 43.

probatur quam Lachonem; neque vero multum temporis intercessisse inter has victorias eo probatur, quod his ipsis temporibus Cei permultas victorias reportaverunt; itaque ca. a. 456 hoc carmen compositum esse verisimile est (fusius haec disputat Severyns p. 97–108).

2. Quae carmine 1 celebratur victoria solitis sollemnitatis, amplitudinis, varietatis ambagibus, eadem hic paucis nuntiatur potius quam describitur. habes primam domesticae victoriae significationem ex Isthmo in patriam missam et carmen αὐϑιγενές (v. 11), i. e. 'hoc loco (sc. in Isthmo) et hoc tempore factum'.

3. Ex tribus carminibus Hieroni Syracusano scriptis (3–5) grammatici tempore novissimum primo loco posuerunt, nimirum quia Olympiaca victoria curulis hoc celebratur, Pythica quarto, Olympiaca equo parta quinto. curulis Olympiaca in ol. 78 (468) incidit (vid. schol. Pind. Ol. 1 inscr.); proximo anno rex diuturno morbo calculi conflictatus mortuus est. medium locum carminis obtinet fabula Croesi ab Apolline e rogo incenso erepti et ad Hyperboreos translati. Croesum velut exemplum καλῆς δαπάνης iam duobus annis antea Pindarus Hieroni obiecerat (Pyth. 1, 94), quo B. commotus videtur esse, ut fabulam Croesi fusius enarraret, quamquam transire debuit a victoria celebrata Olympiae ad dona regis dedicata Delphis. haec fabula quam iam antea bene notam fuisse apparet e pictura in vaso Attico depicta[1]) Delphis orta est post mortem Croesi, ne Apollo regem pium prodidisse videretur.[2])

4. Inscriptio est τῷ αὐτῷ Πύϑια; nempe haec quoque victoria curulis est, Pindari praeterea splendidissimo carmine (Pyth. I) celebrata. fuit Pythias, testantibus scholiis Pindaricis, XXIX, quae secundum eorundem scho-

---

1) Louvre G 197. Beazley, Attic Redf. V.[2] 171 (Myson 47). Furtwängler-Reichhold, tab. 113. Langlotz, Zeitbestimmung 84.

2) Croesum mortuum esse cum Cyrus Sardes expugnaret frustra negant Weißbach s. v. Kroisos, RE. Suppl. 5, 462 sqq. et Lehmann-Haupt, Wien. Stud. 47, 1929, 123. docuit me Th. Bauer, ex inscriptionibus Assyricis a Lehmann-Haupt allatis nullo modo concludi posse Croesum superstitem fuisse. cf. Wilamowitz, Glaube d. Hell. 2, 40; Gentili, Bacchilide 1958, 84 sqq.

liorum rationes incidit in ol. 77, 3 (470). post victoriam ipsam Delphis hoc carmen brevissimum a Bacchylide compositum esse videtur (cf. carmina 2 et 6).

5. Nulla est in libro inscriptio, tamen praeter victorem cetera sunt dissimilia; inscribendum erat τῷ αὐτῷ κέλητι Ὀλύμπια. vicit Hiero Olympicis ludis bis κέλητι, ut testatur index Olympionicorum Oxyrhynchi repertus (P. Ox. 2, 222), sc. in ol. 76 (476 a. Chr. n.) et 77 (472 a. Chr. n.). id autem ex Pindari carmine et ex hoc Bacchylidis, quorum utroque eadem victoria canitur, planum atque apertum est, Pherenicum quidem equum huius Olympiadis victorem nunquam antea Olympiae vicisse, vicisse autem Delphis (v. 41) Pythiade scilicet (teste scholiasta) 27, a. Chr. n. 478. itaque annus huius carminis est 476.

6. Carmen duabus strophis brevibus constans inscriptum est Λάχωνι Κείωι σταδιεῖ Ὀλύμπια. comparet Lachonis Aristomenis f. (v. 12) nomen in titulo agonistico Ceo quem ad c. 1 commemoravi, ubi bis Nemeis παίδων vicisse traditur.[1]) recte igitur Iac. Wackernagel atque Wilamowitz, cum nusquam sit Lachonis nomen in tabulis cursorum Olympiacorum per Eusebium aliosque traditis, Olympiae quoque παίδων eum vicisse statuerunt, et miro casu hoc confirmatum est Ὀλυμπιονικῶν libri fragmento Oxyrhynchi reperto[2]), in quo olympias indicatur LXXXII (a. Chr. n. 452). venustate et tenuitate eleganti carmen simile est secundo in Argium composito, et ipsum cantatum esse videtur ex tempore ante domum victoris (vid. v. 14 προδόμοις ἀοιδαῖς) Olympiae[3]).

7. τῷ αὐτῷ. e tota columna 13 paucae reliquiae supersunt. quaerebatur igitur, obtineretne illud alterum carmen ad Lachonem missum totam perditam columnam ita ut finiretur verbis κλεινοῖς ἀέθλοις (8, 32) an lateret in

---

1) Verba sunt v. 26 sq.: Ἀργεῖος Πανθείδεω ἀγενείω[ν. | Λάχων Ἀριστομένεος παίδω[ν | Λάχων Ἀριστομένεος παίδω[ν. superscriptum est huic parti: οἵδε Νέμεια ἐνίκων ἀπ[ὸ . . .
2) Oxyrhynchus Papyri II nr. 222 = FGrHist. 415.
3) Equidem non puto hoc carmen Cei cantatum esse eo probari quod πρὸ δόμων non nisi ad domicilium referri possit; sed cf. Pind. Py. 2, 18. ipse potius c. 7 solemni caerimoniae Cei celebratae attribuerim.

hac litterarum ac vocum strage novi cuiusdam carminis initium. hoc volebant Kenyon, Jurenka, Taccone, illud Blass, Festa, Jebb; demonstraverunt autem Maas (Philol. 63, 308) et Körte (Herm. 53, 119) propter numeros ad duo carmina haec fragmenta referenda esse[1]). sed fortasse altera columna periit, nam epodis carere carmina 7 et 8 inusitatum est (cf. p. XXIII) et stropham dactyloepitritorum in c. 7, 11 colo . . . D _ ||| concludi a consuetudine Bacchylidis alienum (cf. p. XXVII). conicias fr. 65 huc trahendum esse (cf. ad c. 8).

8. Cum Ceus quidam hoc in carmine celebrari videatur (cf. v. 14 et notas ad v. 12 et 15), Körte e lapide Ceo (v. p. XXXIX adn. 1) nomen Liparionis restituit, qui solus Argio excepto et Nemeaeas et Isthmiacas victorias adeptus est et qui cum ter Corinthi et semel Nemeae vicisset plures victorias quam ceteri omnes (v. 24) rettulerat. in v. 9 (ΛΙΠΑΡ[—) aut nomen patris erat – est enim in lapide Λιπαρίων Λιπάρου – aut alludebatur ad nomen ipsius victoris. – cum fr. 65, 11–14 eadem metra praebeat atque c. 8, 17–20, fr. 65, 11 autem carminis et c. 8, 17 strophae initium esse videatur, fortasse fr. 65 finem praecedentis et initium carminis 8 continet. sed ne hoc quidem modo c. 8 epodo exornaretur, et fr. 65, 1–10 vix ad c. 7 pertinere possunt, nam quae de Apolline (?), Diana, Delo narrantur, haud bene quadrant ad victoriam Olympiacam illo carmine celebratam.

9 (8). Automedi Phliasio qui pentathlo Nemeis vicerat scriptum est. exordium sumitur a certamine Nemeorum ab Adrasto olim post Archemori infaustum obitum instituto, unde facili transitu ad Automedem poeta progressus elaborate eius virtutem in tribus pentathli certaminibus conspicuam laudibus persequitur. tum ad patriam victoris conversus fabulas iterum attingit, Asopum scilicet fluvium eiusque filias (de quibus conferas Corinnae fr. 1 = PMG 654); inde enim ipsos Phliasios praecipuam gloriandi materiam repetivisse ex Pausania constat.[2]) re-

---

1) Addo nullo modo 8, 24 de puero Lachone dici posse.
2) Paus. 2, 5, 2. 5, 22, 6. 10, 13, 6; vide ad v. 61sqq. alterius loci gravissimi memor primus E. Bruhn.

ditus fit ad Phliuntem victoriamque inde a v. 66, neque quamvis lacunis haec omnia foede hient, videtur dubitari posse, quin mox Veneris laudes poeta inseruerit, non tantum propter Iovis Aeginaeque amores quosque alios commemoraverat, quam propter Automedem ipsum, quem pulchritudine praestitisse poeta splendida comparatione e Sapphus carmine sumpta declarat (27 sqq.). medium autem tenent totius huius partis sententiae generales, inde sequebatur, si recte coniectum est, Bacchi commemoratio, in extremo autem carmine omnes qui adsunt admoneri videntur, ut victorem laudent (cf. 10, 56; simili modo concluduntur c. 17 et fr. 4).

10 (9). Initium carminis male habitum est, periit inscriptio quoque, sed ex eis, quae legimus, comparet Atheniensem victorem fuisse ex tribu Oeneide. nomen eius Ἀγλαόν fuisse Blass coniecit[1]), quod quamquam incertum tamen probabilius est quam nomina ab aliis viris doctis proposita.[2]) celebrandi victoris auctor cum poetae fuerit sororis maritus (9), pater eius mortuus esse videtur. carmen e duobus systematis constans nullam habet partem mythicam, sed post prooemium est cursuum Isthmicorum elaboratum praeconium, tum brevius ceterarum victoriarum alibi partarum; insequitur sententiosa pars, qua Solonem secutus (cf. p. XXII) generaliter virtutis praestantiam comparatione aliorum studiorum B. illustrat; denique simili clausula ei quae in c. 9 est carmen terminatur.

11 (10). Alexidamo Phaisci f. Metapontino compositum est carmen, qui inter pueros luctator Pythiis vicerat. argumentum est insania Proeti filiarum a Diana Ἡμέρᾱι denique sanata; eius nempe deae religio ab Achaeis Metaponti conditoribus in novas sedes translata erat (113 sqq.), diciturque eiusdem deae favore etiam Alexidamo victoria

---

1) Ἀγλαόθυμος nomen Atticum est (Prosopogr. Att. nr. 122); nomen Ἄγλαος – sic enim potius scribendum est – extitisse nomine Ἀγλαΐδης probatur, quod invenitur Cei (IG. XII 609, 226. 295 add.); itaque Wilamowitz non recte obloquitur huic nomini.

2) Εὔχειρες Jurenka proposuit in v. 11, sed Εὐχείρης nomen non esse videtur; itaque Körte Εὔχειρέ σ(οι) ἵνα . . . legere vult, sed elisio singularis esset (cf. Maas, Metrik § 121).

obtigisse (37 sqq.). propter metrum (v. p. XXVIIIsq.) hoc
carmen ad opera vetustiora Bacchylidis pertinere videtur.

12 (11). Hoc carmen Tisiae Aeginetae ob luctationis
victoriam Nemeae partam scriptum tria systemata com-
plexum est, si quidem recte fragmentum Florentinum hic
inseruimus (v. 33–42, v. Herm. 76, 1941, 213; numerum
versuum a me computatum correxit Gallavotti). catalogus
victoriarum potius ad Aeginetas quam ad familiam Tisiae
referendus videtur esse.

13 (12).[1]) Hoc carmine egregio celebratur Pytheae Aeginetae eadem victoria Nemeaea pancratio parta, quam
collaudat Pindarus carmine Nemeaeo quinto. Aeginetae
fratres fuerunt Pytheas maior, minor aliquot annis Phy-
lacidas, Lamponis filii qui Cleonici παῖς vocatur apud Pindarum (Isthm. 6, 16; cf. 5, 55). ex eadem familia nobilis-
sima commemorantur ab Herodoto Pytheas Ischenoi f.
(7, 181. 8, 92) et Lampo Pytheae f. (9, 78); quomodo
autem hi omnes inter se cohaereant nescimus. gens fuit
Psalychiadarum (Isthm. 6 (5), 63). hae autem sunt victoriae a poetis celebratae: una Pytheae Nemeaea, cuius
laudes uterque canit; tum Isthmiacae duae Phylacidae,
quarum prior illustratur Pindari carmine Isthmiaco 6 (5),
posterior 5 (4). atque cum in hoc pugnae Salaminiae men-
tio fiat (v. 49) idque eo modo ut hanc pugnam paulo ante
commissam esse verisimile sit, Pindari c. Isthm. 5 anno
a. Chr. n. 478 compositum esse probabiliter coniciunt Jebb
(p. 213), Wilamowitz (Pind. 168), Severyns (p. 45) alii. demonstravit autem Severyns, qui summa cum diligentia
has quaestiones disseruit, victoriam Pytheae non minus
quam septem annis ante alteram victoriam Isthmiacam
Phylacidae fuisse; Euthymenem enim, adfinem quendam
Lamponis, post Pytheae victoriam et ante primam Phylacidae duas Isthmionicas et unam Nemeaeam consecutum
esse apparet e Pind. Isthm. 6, 60–62 et Nem. 5, 41sq. itaque Bacchylidis carmen circa a. a. Chr. n. 485 ortum esse
videtur. iam supra demonstravi (p. XXVIIIsq.) etiam

---

1) Uberius de hoc carmine Blass in Museo Rhenano 1898,
p. 283sqq.; sed cf. H. Roloff, Junge Geisteswissenschaft (Göt-
tingen) 2, 1939, 32.

propter metrum inter carmina priora Bacchylidis hos versus numerandos esse.

Inscriptionem carminis, quae cum principio periit, ita restituit Britannus editor: *Πυθέᾱι Αἰγινήτηι παιδὶ παγκρατιαστῆι Νέμεα*, sicut Boeckh conformavit titulum carminis Pindari (Nem. 5; cf. O. Schroeder 1900, p. 69); sed ⟨*Αἰγινήτηι παιδί*⟩ non codicibus traditum e carmine ipso suppletum est. est autem sic apud Pindarum de Pythea (v. 6): *οὔπω γένυσι φαίνων τερείνας ματέρ᾽ οἰνάνθας ὀπώραν*. quo quidem versu Pindarum disertissime indicare certamen inter *ἀγενείους* fuisse, non inter pueros recte conclusit Blass; *ἀγενείῳ* igitur inscribendum. hanc enim aetatem intermediam et Marathone Heracleis scimus a puerorum et adultorum separatam fuisse (Pind. Olymp. 9, 89), neque aliter Nemeae iam tunc temporis institutum fuisse inscriptione Cea cuius particulam aliquam ad c. 1 attuli iam testatum habemus.[1]) in Bacchylidis carmine nunc nihil de aetate victoris indicatur; sed cum collaudetur magister, ut apud Pindarum quoque, id aetatis nondum adultae certum indicium est; puerorum enim sive *ἀγενείων* luctatorum vel pancratiastarum vel pugilum gloria ex parte magistri erat, et semper fere Pindarum in eis carminibus magistro suam laudem tribuisse videmus.[2])

Ex primo systemate carminis paucae litterae supersunt, quae tamen utique ad hoc carmen neque ad antecedens aliquod referendae sunt; ipsa enim forma longitudoque versuum, quorum habemus vestigia, egregie convenit eis versibus huius carminis, qui in eam partem paginae incidebant. itaque septem systemata fuerunt, versus 231, fuitque hoc carmen inter omnia longissimum, nisi per membrorum aliam divisionem, quinis cuique monometris systemati detractis et cum dimetris qui antecedunt coniunctis, infra quinti carminis ambitum hoc recidere malis.

14 (13). Scriptum Cleoptolemo Pyrrhichi f., si recte suppletus est v. 22, Thessalo, Petraeis ludis Thessalicis curuli certamine victori, collocatum autem post c. 1–13 fortasse

---

1) Cf. Severyns p. 153sqq., Jebb p. 214.
2) Bacchylides in c. 11 (10) id facere omisit.

ob id ipsum, quod huius carminis ludi non erant in numero eorum qui sacri vocabantur.

14 A. Fortasse hic finis carminis 14 est, quamquam colometria differt, sed multo veri similius est finem carminis 14 et totum fere c. 14 A excidisse.

14 B. *Πύθια* in inscriptione dubitanter Lobel e v. 7 supplevit, sed potius expectes in ultima epinicorum parte victoriam quandam in certamine minus celebri partam laudari (cf. supra ad c. 14 et p. VIII). quae si vera sunt Aristoteles priore quodam tempore Delphis vicerat.

B. *ΔΙΘΥΡΑΜΒΟΙ*

De ordine horum Bacchylidis carminum antea (p. IX) dictum est; scholiis c. 23 docemur Aristarchum titulum 'Cassandrae' huic carmini inscripsisse cum dithyrambum esse videret.[1]) quo apparet dithyrambos ab aliis choris eo differre quod titulis instructi sint, quod probatur dithyrambo Pindari (Ox. Pap. 1604 = fr. 70b). comprehendebantur autem a grammaticis dithyramborum nomine variae narrationes fabulosae, etsi in quibusdam earum satis aperte indicabatur diversum carminum genus, neque ad Bacchi sollemnia omnes, sed quaedam ad Apollinis manifesto pertinebant.[2])

15 (14). Inscriptum fuit *Ἀντηνορίδαι ἢ Ἑλένης ἀπαίτησις*, qua inscriptione statim reminiscimur Sophoclis fabularum. exstat carminis principium, sed pessime habitum, et extrema pars XXVII versibus constans; ex mediis XXII perpauca servata videntur. nullum est prooemium, sicut ne epilogus quidem; in medias res statim deducimur, initio a Theano Antenoris uxore sumpto, cuius inde a v. 10 videtur longior quaedam oratio fuisse. hoc igitur est argu-

---

1) Cf. Herodot. 1, 23 *λέγουσι Κορίνθιοι ... Ἀρίονα ... διθύραμβον πρῶτον ἀνθρώπων τῶν ἡμεῖς ἴδμεν ποιήσαντά τε καὶ ὀνομάσαντα καὶ διδάξαντα ἐν Κορίνθῳ*. cf. Sud. s. v. Arion.

2) Apte Wilamowitz (GöttGelAnz. 1898, 145) confert locum Ps.-Plutarchi (de musica c. 10), ubi de Xenodamo: *ἀμφισβητεῖται, εἰ παιάνων ποιητὴς γέγονεν. ἡρωϊκῶν γὰρ ὑποθέσεων πράγματα ἐχουσῶν ποιητὴν γεγονέναι φασὶν αὐτόν· διὸ καί τινας διθυράμβους καλεῖν αὐτοῦ τὰς ὑποθέσεις*. alia infra ad carmina 16. 17. 23 attuli.

mentum: Menelaum Ulixemque legatos Troiam missos ad
reposcendam Helenam (Hom. Γ 205sqq.) hospitio excepit
Theano cui praecipuas partes dederat poeta, quem secutus
pictor in vasculo Corinthio c. a. 560 Ἑλένης ἀπαίτησιν
enarravit.[1]) filiorum autem Antenoris quinquaginta, quos
ex Theano omnes susceptos fecit Bacchylides, fuerunt
quaedam in versibus deperditis partes[2]), neque tamen
possunt tantae fuisse, ut iure inde carmen Ἀντηνορίδαι
inscriberetur; itaque Sophocleae fabulae inscriptionem in
causa fuisse Blass coniecit. legimus deinde contionem
Troum convocatam esse primumque ibi verba fecisse
Menelaum, quorum principium gravissimum exhibet
poeta, sed in eo principio finem carminis facit[3]), nam cum
fabulam ipsam notam esse confidat, id praecipue quod ea
doceatur verbis exprimit (cf. ad v. 63).

16 (15). Inscriptio Ἡρακλῆς nunc deperdita facile resti-
tuitur[4]); argumentum idem plane est atque Sophoclis Tra-
chiniarum, sed adumbratum magis quam explicatum, et
equidem suspicor hunc dithyrambum post tragoediam
Sophoclis compositum esse, cum Bacchylides alio carmine
(fr. 64) aliam formam huius fabulae secutus esse videatur
(cf. adnotationem ad fr. 64 p. LIV). quod si verum est
hic dithyrambus in ultimis carminibus Bacchylidis
ponendus est. – de dithyrambis Apollini Pythio (cf. v. 10)
oblatis cf. A. v. Blumenthal, RE. s. v. Paian 2351.

17 (16). Carmen Ἠΐθεοι ἢ Θησεύς inscriptum a grammaticis inter dithyrambos positum est, quod dithyrambi temporibus posterioribus vocabantur omnia carmina a choro
cantata, quae fabulas heroum referebant (cf. e. g. Plat.
Rep. 3, 394C et notam Aristarchi ad c. 23, 1); paeanibus autem cognatum est, ut apparet e v. 128sqq.:
ἠΐθεοι . . . παιάνιξαν ἐρατᾶι ὀπί. Δάλιε, χοροῖσι Κηΐων
. . . ὄπαζε . . ἐσθλῶν τύχαν quae Ceorum chorus Deli can-
tavit (cf. epigr. 1 et Pind. pae. 4), quod grammatici negle-

---

1) J. D. Beazley, Proc. Br. Acad. 43, 1958, 242.
2) V. 37 ἄγον verbi subiectum sunt.
3) Hinc olim Wilamowitzio (GöttGelAnz. 1898, 135, sed vid.
eundem Timoth. 103) et Theodoro Reinach carmen mutilum esse
visum est, sicuti proximum quoque.
4) Δηϊάνειρα fort. fuisse in mentem venit Wilamowitzio.

xerunt, cum solemnis forma paeanis hic non tam perspicua sit et desit ἐπίφθεγμα ʽἰή᾽.[1]) enarratur autem fabula
Thesei, qui chorum septem puerorum septemque puella-
rum Deli instituit.[2]) hoc carmen compositum esse iis temporibus apparet, quibus Athenienses societatem Deliam
statuerint nequedum iura sociorum violare coeperint
(478–470; cf. Severyns p. 59).

18 (17). Θησεύς hoc quoque inscriptum, et insunt Thesei
ipsa prima facta. sunt autem alterni sermones regis Athe-
narum, Aegei scilicet, et chori ut videtur Atheniensium.
strophae sunt quattuor sine epodis: prima ex rege causa
quaeritur dati signi bellici; altera rex explicat nuntium
sibi de iuvenis ignoti magnis factis allatum; tum tertia
ille rursus de habitu eius iuvenis comitibusque quaerit, ad
quae rex respondet stropha quarta. recte laudatur in-
geniosum artificium poetae, quo substituit pro narratione
sua colloquium eorum, ad quos ea facta proxime pertinebant quorumque animis perturbatis factorum magnitudo
luculentissime ostenditur. certe non sapit hoc carmen
simplicitatem antiquorum dithyramborum e quibus tragoediam ortam esse constat. actum esse hunc dithyrambum Thargeliis[3]) vel Dionysiis Atheniensibus putes eodem
fere tempore atque carmen praecedens (Severyns 64 sq.).

19 (18). Sequitur carmen ᾽Ἰὼ ᾽Αθηναίοις inscriptum (cf.
p. XI), dithyrambus sine dubio, quoniam in fine nulla
necessitate coactus ad Bacchum poeta deflectit. longum
est prooemium verbis magis quam sententiis splendens,
post quod Ius fabulam Bacchylides percurrit, in Argo

---

1) Cf. quae dicit Hermippus apud Athen. 15, 696 de Aristotelis
in Virtutem hymno.
2) Plut. Thes. 21 ἐκ δὲ τῆς Κρήτης ἀποπλέων εἰς Δῆλον κατ-
έσχε, καὶ τῷ θεῷ θύσας καὶ ἀναθεὶς τὸ Ἀφροδίσιον, ὃ παρὰ τῆς
Ἀριάδνης ἔλαβεν, ἐχόρευσε μετὰ τῶν ἠιθέων χορείαν, ἣν ἔτι νῦν ἐπι-
τελεῖν Δηλίους λέγουσιν, μίμημα τῶν ἐν τῷ Λαβυρίνθῳ περιόδων
καὶ διεξόδων ἔν τινι ῥυθμῷ παραλλάξεις καὶ ἀνελίξεις ἔχοντι γιγνο-
μένην. καλεῖται δὲ τὸ γένος τοῦτο τῆς χορείας ὑπὸ Δηλίων γέρανος,
ὡς ἱστορεῖ Δικαίαρχος (fr. 85 Wehrli). cf. Herm. 67, 1932, 11; Herter, RhMus. 88, 1939, 298; T. B. L. Webster, Glotta 38, 1959, 259.
3) Cum Thargelia a Theseo condita esse dicerentur aptissime
hoc carmen ad ea refertur; cf. Jebb p. 234; Pickard-Cambridge,
Dithyramb, Tragedy and Comedy² p. 29; Herter 1. 1. 299.

custode eiusque nece paullisper immoratus, cetera bre-
vissime perstringens atque ad progeniem Ius festinans, id
est denique Bacchum Semelae filium. cum ʿὀλβίαις Ἀθά-
ναις᾽ hoc carmen se finxisse dicat poeta (v. 10), certius
quam praecedens hic dithyrambus ad Dionysia Athenien-
sia referri potest.

20 (19). Ultimum carmen papyri Londiniensis ex quo
complurium versuum partes habemus Ἴδας est, Lacedae-
moniis destinatum, ut scriptor A², qui scripsit titulum
Ἴδας Λακεδαιμονίοις, e carmine ipso nunc deperdito conclusit (v. p. XI). commemorat poeta hymenaeum olim
Spartae a virginibus in nuptiis Idae et Marpessae cantatum. indicatur raptus Marpessae, Idae periculum ab
insequente Eueno raptae patre (cf. fr. 20 A, 8sqq.); reliqua plane desunt. fortasse hoc carmen scripsit Bacchylides, cum exul vivebat in Peloponneso (v. testim. 6).

21 (20). Perpauca leguntur in fragmento parvulo, ex
proximo, siquidem Blassium sequimur, dithyrambo servata, quae scholio Pindari supplentur. coniunxit Blass
hoc fragmentum cum fr. 8 et 8a et 29 et dithyrambo tribuit cui inscriptum fuerit Κασσάνδρα (cf. c. 23). quae
omnia nullo modo probari possunt.

22. Fortasse ex ultimo versu dithyrambi paucae litterae
conservatae sunt initio papyri **B** (cf. quae hic sequuntur
de c. 23 et p. XIII).

23. Papyrus **B** (cf. p. XIII) ὑπόμνημα continet carminis quod Aristarchus posuit inter dithyrambos titulum
inscribens ʿΚασσάνδρα᾽; errare autem dicit Callimachum
qui paeanibus id attribuerit commotus ἐπιφθέγματι (sc. ἰή,
ut recte Lobel supplevit; cf. etiam p. XLIX ,ad c. 17 et
p. LIV ad fr. 60 et 61). iam dudum Blass concluserat e
verbis Porphyrionis (v. app. crit. ad c. 23) Bacchylidem
scripsisse dithyrambum 'Cassandram' et optimo iure
Lobel papyrum rettulit ad hoc carmen, quod propter
nomina dithyramborum in litteras digesta (v. p. IX)
haud magno intervallo 'Idam' (c. 20) excepit. actum
esse videtur Dionysiis Atheniensibus velut dithyrambi
Ἤϊθεοι (c. 17) et Θησεύς (c. 18). de fr. 60 quod huic di⸴
thyrambo attribuit Gallavotti v. p. LIV.

L

De auctore huius commentarii dithyramborum nihil
certi dici potest. scripta est papyrus **B** secundo p. Chr. n.
saeculo. doctrina certe digna est illo Didymo, quem ὑπόμνημα Βακχυλίδου ἐπινίκων scripsisse constat (v. test. 10
p. 132).

24. Extant duae papyri continentes huius carminis fragmenta **C** et **D** (v. p. XIIIsq.). quae cum colometria inter
se differant in brevi apparatu critico quid in papyris
traditum esset satis clare explanari non potuit. itaque
hic textum papyrorum exscribo:

<table>
<tr><td align="center">C</td><td align="center">D</td></tr>
</table>

```
]ηιγυναι[
...]ονἀιρέιτω[            τεκνοσθυμοναι[
....]ρτισανθρω[           ουγαρτισανθρωπ[
.....]ιπαραχρυσ[          δικοιμοιραιπαραχ[
.....]φατίξωσ[            στᾶσαιφατιζωσιν[
....]ουδ᾽εἰχαλκ[         φυξισ[ου]διχαλκε . [
.....]σινμίμ[             μνησηικεταδεβρο[
....]τεκαιδο[             ολβοστεκαιδοξα[
.....]πεφιλα[             ταυτε[..]εφιλαγλαο[
....]σαϊξενδ[             παντ[...]ϊξενδαπ[
...]πινασα.[             .[...]νασανο[
.....]ωνδ᾽ εκδ[          σ[...]ντεκδε[
```

Quomodo Barrett hos versus cum c. 27 coniungendos
esse putet infra ad c. 27 exponam.

27. Barrett versus 24sqq. a Thetide (vel etiam a Peleo:
cf. ΣD ad T 326) dici suspicatur cum Achillem pro-
hibere studeat ne Troiam proficiscatur. idem c. 24 partem
carminis 27 esse secum considerat, monerique ibi Thetida
frustra se nati sui fata avertere studere. (cf. Stat. Ach. 1,
61sqq., ubi Thetis Neptuni in hac re auxilium petit, ille
petenti denegat.)[1]) ad eandem columnam autem papyri **C** fragmenti 3 col. 2 et fragmentum 2 pertinere posse
negat Lobel.

---

1) Ad v. 36sqq. cf. Parcas fata Achillis canentes ap. Cat. 64,
357sqq.: *'Testis erit magnis virtutibus unda Scamandri . . . cuius
iter caesis angustans corporum acervis alta tepefaciet permixta
flumina caede.'*

C. FRAGMENTA

fr. 4. Hunc paeanem Asinae ab Argivis ut videtur cantatum sagacissime reconstruxit et explanavit W. S. Barrett, Herm. 82, 1954, 421—444 idemque demonstravit quomodo quae a scriptoribus antiquis de Dryopibus et de templo Apollinis Asinae condito traderentur cum hoc carmine cohaererent. cuius argumentum sumpsisse poetam ex Hesiodi carmine quod Ceycis nuptiae vocatur docent R. Merkelbach et M. West, Rh. Mus. 108, 1965, 304 sq.

fr. 14. De gemma Cayli haec Wil. ms.: 'immane est ab omnibus editoribus adferri stultum falsarii opus, gemmae imaginem, lectionem editionum veterum referentem.' Robertus Zahn quidem litteris certiorem me fecit se nullam causam videre, cur de fide huius coticulae dubitandum esset; existere enim alios versus antiquos in gemmis (cf. R. Zahn, *Κτῶ, χρῶ*, 81. Berl. Winckelm.-Progr. p. 11 et adn. 44). nihil certi hac de re dici potest, nisi coticula ipsa reperitur.

fr. 15. Wil. ms.: 'Dion. Hal. advocat solemne Creticorum in enchiridiis metricis exemplum, nempe principium primi carminis'; ad Athen. 14, 28: 'remittit grammaticus doctus ad carmen quod omnes saltari sciant. hinc in proverbium abiit, Lucian. Scyth. 11 *οὐχ ἕδρας τοίνυν οὐδ' ἀμβολᾶς ἔργον, ὡς ὁ Κεῖός φησιν.* Ael. hist. an. 6, 1 de elephantorum fortitudine *οὐ δέονται τοῦ προσάισοντος καὶ ἐροῦντος οὐχ — ἀμβολᾶς, οὐδὲ μὴν τὰ Τυρταίου μέτρα ἀναμένουσιν.* putabat indoctus homo exhortationem esse qualis Callini illud *μέχρις τεῦ κατάκεισθε.* Achill. Tat. 5, 12 in exhortatione amatoria *οὐχ ἕδρας οὐδ' ἀναβολᾶς.*' de Lactant. ad Stat. Theb.: 'e Graeca Itoniae explicatione, qualem, sine Bacchylide vero, habemus in schol. Apoll. 1, 551, 721 supplendis ex Et. M. s. v., colligitur a Bacchylide diserte dictum esse agi de Itonia vicina Alalcomenis, quod nomen in carmine fuisse probabile est'. — '1 cf. Hom. *Λ* 648 *οὐχ ἕδος ἐστὶ* in compellatione. 4 *ἁβρόν* de saltandi genere intellegendum'. — celebrabantur autem in templo Athenae Itoniae *τὰ Παμβοιωτικά* (Strab. 9, 2, 28 p. 411; Paus. 9, 34, 1), ad quae hoc hyporchema fortasse referendum est.

fr. 16. Ad hyporchemata rettulit Neue, quod numeros creticos his in carminibus adhibitos esse testantur grammatici (v. ad fr. 15). sed cum hyporchema primum editionum Bacchylidearum *'οὐχ ἕδρας . . .'* fuisse videatur (cf. ad fr. 15), Hephaestio autem ad metra illustranda prima exempla uniuscuiusque libri afferre soleat, fr. 16 vix ad hyporchemata pertinere potest.

fr. 20 A. Cur hoc carmen inter encomia positum sit, intellegi non potest. fortasse B. patrem quendam velut novum Lycamben insequitur contumelia (cf. B. Snell, Ges. Schr. 105 sqq.), sicut eodem fere tempore Timocreon encomii forma usus est in Themistoclem invectus. textum denuo edidit P. Maas, Neue Beitr. zur klassischen Altertumswiss. (Festschrift B. Schweitzer) 139.

fr. 20 B. Alexander Amyntae f. natus esse videtur ca. annum 520 (Severyns p. 39, 1), regnavit 494—454. eo tempore quo

Bacchylides hoc carmen Alexandro misit, neutrum senem seve-
riorem fuisse apparet. recte igitur arguit Severyns (38 sq.) vix
post 490 hoc carmen scriptum esse. simile est Pindari fr. 124 a
et b, quod eodem fere tempore compositum est. cum metra
Bacchylidis sint valde simplicia (cf. p. XXVIII), Pindari autem
paulo artificiosiora, nescio an hic ab illo pendeat.

fr. 20 C. Post Aetnam conditam (475 ?) et post Pherenici victoriam Olympiacam (476) Hieroni missum est (cf. Körte, Herm.
53, 133. Severyns 89).

20 D. Hoc carmen papyro Q (v. p. XVI) conservatum ex eodem
libro esse atque frr. 20 A–C eo probatur quod papyri P fr. 36
in fr. 20 D, 10–12 et papyri P fr. 21 in fr. 20 E, 5–10 inserenda
sunt ut vidit Lobel et quod scholia textui adscripta in papyri P
fr. ʻnovoʼ 2 ad fr. 20 D, 6 spectant, etiamsi difficile diiudicatu
est quomodo hoc fragmentum verbis carminis accommodandum
sit (cf. ad fr. 20 D, 7 et 9 et 11). afferuntur exempla eximiae
calamitatis qua consolatione personam ignotam sustentari sus-
picias, ut in fr. 20 A pater Marpessae exemplum est severitatis
et crudelitatis et in fr. 20 E Sarpedo si vera video felicitatis post
mortem impetratae. — his novis fragmentis repertis incertior
quam haec antea erat inscriptio Ἐγκώμια.

fr. 21. ʻCastores ad epulas invitat, quamvis neque victimas
immolaverit neque lectum straverit, nempe genio suavissimo
indulgeri sine ʻPersico apparatuʼ, vinumque dulce esse et in
vilissimo poculo. apparet privatas esse epulas, itaque Hyporchematis convenit. Horatii carm. 2, 18 comparavit Meineke.ʼ Wil. ms.

fr. 45. ʻSumptum hoc e compendiis, quae fuerunt de deis
homonymis (omisit Michaelis [Diss. Berol. 1898]). deum patriae
suae Bacchyl. a Carysto Chironis f. (schol. Pind. P. 4, 182. Steph.
Byz. s. v.) repetebat, nempe Carystum fugerant Nymphae, cum
leo insulam infestasset, inde igitur venisse liberatorem et συνοι-
κιστήν probabile erat. alii Chironem non avum sed patrem volebant esse dei medici, sicut alii Aristaeum Παίονος (i. e. Παιῶ-
νος) dicebant (Pherecydes schol. Apoll. Rh. 3, 467 = FGrHist. 3
F 44). pudeat eos qui litterulas captantes Chaerona Chaeroneae
eponymum pro Chirone intrudunt. Pherecydes ille cum Hecatae
patrem Aristaeum fecit, summum et antiquissimum deum intelle-
gebat; eundem Γῆς καὶ Οὐρανοῦ παῖδα vocabat alius theologus.ʼ
Wil. ms.

fr. 52. ad c. 1 refert Wil. ms. (cf. p. XL adn. 1). ʻquae videtur in
schol. Hesiod. Theogon. 180 inter prosapiam Terrae et Caeli rep-
perisse. nomina Telchinum ne Tzetzes quidem a Bacchylide re-
petit.ʼ Wil. ms.

fr. 60 et 61. Nomina mythica praeter tragoedias solos dithyrambos habuisse docet scholiasta carminis 23 (v. p. XLVII) qui
Aristarchum τὴν ᾠδὴν διθυραμβικὴν εἶναι dicere et (hac de causa,
ut apparet) ἐπιγράφειν αὐτὴν Κασσάνδραν affirmat. quod non
mirum, nam dithyrambi eodem modo quo tragoediae in
certaminibus musicis agebantur, ubi nomina non solum poetarum

sed etiam poematum promulganda erant, etiamsi in catalogis victorum (velut IG. II/III² 2318) non inscribebantur. itaque inscriptione fr. 61 quae est *Λευκιππίδες* hanc papyrum dithyrambis inserendam esse probatur. epiphthegmate *ἰή* in fine fr. 60 posito non demonstrari haec carmina paeanes esse ex eodem scholio Aristarchi elucet (v. p. L). sed non solum titulo et epiphthegmate haec fragmenta cum carmine 23 coniuncta sunt, sed etiam eo, quod in c. 23 et in fr. 60 de rebus Troianis agitur. et re vera *Κασσάνδρα* ante *Λευκιππίδας* posita ordini litterarum optime conveniret. tamen fr. 60 ad 'Cassandram', ut proposuit Gallavotti, Riv. fil. cl. 28, 1950, 267, pertinere non potest: haec enim 'futura belli Troiani' vaticinatur ut ait Porphyrio (v. ad c. 23), in fr. 60 autem Troiani e clade servati novas sedes inveniunt. fortasse fr. 60 *Λαομεδοντιάδαι* vocabatur (cf. Verg. Aen. 3, 248). sed maxime dubium, an frr. 60 et 61 Bacchylidis sint. propter metra vv. 11–13 respondentia fr. 28 D.[1] Simonidi rettulit J. A. Davison, Cl. Rev. 48, 1934, 205 et Cl. Qu. 29, 1935, 90, 1 (= fr. 13 A Diehl[2]). curis iteratis Diehl Bacchylidi reddens haec carmina denuo edidit Anthol. lyr.² Suppl. p. 59 sqq. cum notis locupletioribus; cf. etiam D. L. Page, Greek Lit. Papyri 1942, Nr. 84.

fr. 64. Fabula Nessi hoc carmine narratur quam tangit B. in fine dithyrambi 16. sed cum ille dithyrambus eam formam fabulae exhibeat quae nota est inprimis e Sophoclis Trachiniis, hoc fragmentum aliam illius fabulae formam sequitur in vasis saepe depictam; nam non sagittis Hercules Centaurum necat, sed clava (v. 26). Bacchylidis hoc fragmentum esse et mihi verisimile est et Ernesto Diehl qui multa verba similia e Bacchylide adnotavit (Anthol. lyr.² Suppl. p. 49 sqq.).

fr. 65 Bacchylidi dubitanter attribuit Lobel editor princeps cum propter verba *ἐπίμοιρος* et *ἀν]αξίχορος* (?) tum propter *η* 'ionicum' verbi *ἐπίζηλος* (v. p. XVIII); neque obstant metra simpliciora. fortasse v. 11–14 sunt initium carminis 8 (v. supra p. XLIII).

Ad epigrammata conferatur Meleager, Anth. Pal. 4, 1, 33:

λείψανά τ᾽ εὐκαρπεῦντα μελιστάκτων ἀπὸ Μουσέων,
ξανθοὺς ἐκ καλάμης Βακχυλίδεω στάχυας.

'Aristas e larga lyricorum poematum messe quasi spicilegio colligit. nimirum contigit ei ut epigrammata Bacchylidi tributa inveniret in editionem Alexandrinam non recepta. erant nimirum non magis genuina Simonideis.' Wil. ms.

STVDIORVM BACCHYLIDEORVM CONSPECTVS

EDITIONES

FGKenyon, London 1897 (editio princeps, adiuvantibus Blass, Ingram, Jebb, Palmer, Sandys).
The Poems of B., Facsimile, 1⁰, London 1897.

FBlass, Lipsiae ¹1898, ²1899, ³1904 (adiuvantibus Barnett, Bruhn, Funck, Headlam, Herwerden, Niemeyer, Pingel, Wackernagel), ⁴1912 (curavit G. Suess), ⁵1934, ⁶1949, ⁷1958, ⁸1961 (curavit B. Snell).

HJurenka, Wien 1898 *('Text, Übers. u. Kommentar')*.

NFesta, Firenze 1898 *('testo, traduzione e note')*. Firenze 1916 (Bibl. Sansoni di Classici Greci tradotti e annotati col testo a fronte).

E d'Eichthal et ThReinach, Paris 1898 *('poèmes choisis .... traduits en vers; texte grec ... et notices')*.

DNessi, Milano 1900. ²1905 *('odi scelte')*.

RCJebb, Cambridge 1905 *('with introduction, notes and prose translation')*.

ATaccone, Torino 1907 *('con introduzione, commento e appendice critica')*; eadem editio nulla ⸀re mutata 1923.

JMEdmonds, Lyra Graeca vol.3 (Loeb Classical Library), London 1927 *('edited and translated')*. ²1940 (1945).

FSbordone, Napoli s. d. *('Bacchilide e Pindaro. Epinici. Testo per uso accademico')*.

HMaehler, Berlin 1968 *('Lieder und Fragmente, griechisch und deutsch')*.

EDiehl, Supplementum Lyricum³, Bonn 1917 *(continet encomia = fr. 20 huius editionis)*.

DISSERTATIONES

epexegeticae, grammaticae, metricae etc.

DArfelli *(versio Ital. c. 11)* Atene e Roma 1916, 133. *(versio Ital. c. 18)* Atene e Roma NS. 2 (1921) 258.

HvArnim, *Vier Gedichte des B.* (versiones Germanicae) Deutsche Rundschau 95 (1898) 42.

LDBarnett v. Blass.

WSBarrett *(de fr. 4)* Herm. 82 (1954) 421. *(de dactyloepitr.)* ib. 84 (1956) 248.

ABaumstark, *Zur Chronologie des B.* NHeidelbJahrbb. 8 (1898) 123.

HBergstedt, *Backylides*, Svenska Human Förb Skrifter 3, Stockholm 1900.

LBevier *(de c. 17)* Class Weekly 17 (1924) 99.

EHBlakeney *(de 5, 140 sqq.)* ClRev. 20 (1906) 114.

FBlass, LitZentralbl. 48 (1897) 1688. 49 (1898) 97. 175. RhM. 53 (1898) 283. Hermes 36 (1901) 272. Hermathena 25 (1899) 356. 30 (1904) 163.

LBornemann, BursJahresber. 216 (1928) 131.

KBrandt, *de Horatii studiis Bacchylideis*, Festschr. Vahlen (1900) 297.

EJBrooks *(de 5, 142)* ClRev. 34 (1920) 101.

EBruhn, ZeitschrfGymnasialw. (1898) 691. v. et. Blass.

FB[ucherer], HumGymn. 46 (1935) 55.

EBuchholz-JSitzler, *Anthologie aus den Lyrikern der Griechen*, ⁴Leipzig 1898. II⁵ 1909.

NGBuras, *Τὸ ἐπίθετον παρὰ B., Πλάτων* 19 (1967) 118.

JBBury, ClRev. 13 (1899) 98 et 272. 14 (1900) 62. 19 (1905) 10.

KBusche, BPhW. 1898, 1342.

HBuss, *de B. Homeri imitatore*, Diss. Gießen 1913.

GCammelli *(versio Ital. carminis 3)* Atena e Roma NS. 7 (1926) 204.

QCataudella, *Cruces Bacchylideae*, Aegyptus 31 (1951) 231.

WChrist, SitzBerBayrAk. 1898, 3. 597. 1900, 97. *B. u. d. Pythiadenrechnung*, Hermes 36 (1901) 107.

Paul Collart, Rev. de philol. 42 (1918) 42–51 *(de encomiis)*.

GMColumba, *Bacchilide*, Rassegna di antichità class., parte bibliografica 1898, 81.

DComparetti, Mélanges Weil 25.

FCornelius, Gymn. 94, 1957, 346.

ACroiset, Revue Bleue 1898, 705. Rev EtGr. 1898, 6.

MCroiset, *Sur les origines du récit relatif à Méléagre dans l'ode V de B.* Mélanges Weil 1898, 73.

OCrusius, Philol. 57 (1898) 150. Münch. Allg. Ztg. 7. 2. 1898.

LĆwikliński, BullAcPolCrac. 1898, 219.

JADavison *(de fr. 60)* ClRev. 48 (1934) 205.

MCDemarque, *Traditional and individual ideas in B.*, Diss. Univ. of Illinois, Urbana 1966.

AMDesrousseaux, *Les poèmes de B. . . . traduits du Grec*, Paris 1898. *Notes sur B.*, Rev. de philol. 1898, 184.

PDessoulavy, *B. et la 3ᵐᵉ ode*, Acad. de Neuchâtel 1903.

LDeubner, *Zur Iosage*, Philol. 64 (1905) 481.

HDiels, *de Casa flumine Metapontino*, Herm. 33 (1898) 334.

ABDrachmann, Nord. Tidskr. f. Filol. 6 (1898) 160.

SNDragumis, *Ἀθηνᾶ* 10 (1898) 413. 556.

VDukat, *Bakhilid (cont. versionem Croaticam c. 5 et 17)*, Nastavni Vjesnik 1898, 233. 356.

JDumortier, *Associations d' images chez B.*, Mélanges Desrousseaux 1937, 151 sqq.

MLEarle, ClRev. 12 (1898) 394.

EEberhard *(rec. H. Buss, de B. Homeri imitatore, cum multis supplementis)* Bphil W. 34 (1914) 1220.

JMEdmonds, ClRev. 37 (1923) 148.

AEgen, *Die beiden Theseuslieder des B.*, Progr. Warendorf (nr. 491) 1909.

REllis, ClRev. 12 (1898) 64.

RFagles, Bacchylides *(versio Anglica)*, New Haven 1961.

LRFarnell, ClRev. 12 (1898) 343.

CAMFennell, Athenaeum 12. 2. 1898; 21. 5. 1898. ClRev. 13 (1899) 182. *(B. et Pind.)* ProcCambrPhSoc. 1907, 15.

NFesta, *Per l'onore del re di Creta*, Miscellanea per nozze Rostagno-Cavazza, Firenze 1898, p. 5—11.

GFraccaroli, Riv. di filol. 26 (1898) 70. 27 (1899) 513. *(versio Italiana c. 3)* Bibl. delle scuole italiane 1899. *(versio c. 5)* id. 1900. *Lirici greci* 1913.

HFränkel *(ad 3, 85)* Philol. 87 (1932) 475. *Dichtung und Philos.* ²483 sqq.

EFrançois *(c. 13)* Anales de Fil. clas. 4 (1947/49) 91—113

RFührer *(ad c. 28)* Maia 21 (1969) 83.

AGaal, Progr. Nagy Körös 1913 (Hungarice).

LHGaliart, *Beitr. zur Mythologie b. B.* Diss. Freib. (Helv.) 1910.

CGallavotti *(ad frr. Flor.)* Riv filcl 22 (1944) 1—15. 28 (1950) 265—7. *(ad P. Ox. 23)* Gnomon 29, 1957, 420. *(ad. ed. septimam)* id. 31, 1959, 475.

RGarnett *(versio Anglica carminis 17)* Literature 25. 12. 1897.

CGaspar, *Essai de chronologie Pindarique*, Bruxelles 1900.

MGeilinger *('Übersetzungen')* Glarus 1937.

BGentili, *Studi Bacchil.*, Messina-Firenze 1953. *(ad 17)* Archeol. Class. 6 (1954) 121. *(ad 3, 15)* Par. del Pass. 30 (1953) 199. *Bacchilide.* Urbino 1958.

DEGerber *(ad c. 17, 10)* Phoenix 19 (1965) 212.

WAGoligher, ClRev. 12 (1898) 437.

ThGomperz, Wiener Neue Freie Presse 24. 12. 1897 (= Essays u. Erinner., 1905, 203) SitzBer Wien. Akad. 139 (1897) 1.

FGroh, Listy filologické 25 (1898) 161.

CHaeberlin, WfklPhil. 15 (1898) 676. 16 (1899) 177.

Jane EHarrison *(c. 3 et 17)* ClRev. 12 (1898) 85.

AHausrath, *Übersetzungsproben aus Pindar u. B.* Festschr. d. Gymn. z. Karlsruhe 1902, 40; *Griechische Märchen*, Jena 1913, 149—159.

FHaverfield *(B. et Croesus)* ClRev. 12 (1898) 84.

WHeadlam, ClRev. 12 (1898) 66. 14 (1900) 10. 16 (1902) 247. v. et. Blass.

FMHeichelheim *(ad fr. 4)* Symbol. Osl. 30 (1953) 77.

OHense, RhM. 53 (1898) 318. 56 (1901) 305.

HvanHerwerden, BphW. 18 (1898) 159. ClRev. 12 (1898) 210. Mnemos. 27 (1899) 1. v. et. Blass.

OHöfer *(ad 5, 129)* BphilW. 39 (1919) 42. *(ad fr. 4)* Roschers Mythol. Lexikon s. v. *Pythaeus.*

AEHousman, Athenaeum 25. 12. 1897; 15. 1. 1898; ClRev. 12 (1898) 68. 134. 216. 20 (1906) 114.

RCJebb, ClRev. 12 (1898) 123. 152. Mélanges Weil 225. Proc. Brit. Acad. 1 (1904) 203.

VInama, Rendicdel RIstLomb. di scienze e lett., serie 2, vol. 31 (1898) 396.

RJockl, *Zu den Aitia des Callim. u. d. 1. Ged. d. B.*, Wiener Stud. 37 (1915) 142.

HStJones, ClRev. 12 (1898) 84.

JIrigoin, RevEtGr. 75, 1962, 45.

HJurenka, ZtschrfösterrGymn. 49 (1898) 878. 982. 65 (1914) 407. WienStud. 21 (1899) 216. 31 (1909) 271. Festschr. f. ThGomperz 220 *(de carm. 6 et 7)*. Philol. 59 (1900) 313.

GKaibel, Herm. 36 (1901) 608.

IKazik-Zawadzka, Helikon 3, 1963, 624.

FGKenyon, ClRev. 12 (1898) 133.

GMKirkwood, *The narrative art of B.*, in: The Classical Tradition, Studies H. Caplan (Ithaca, N. Y., 1966) 98.

HDFKitto, ClRev. 49 (1935) 17.

AKörte, Herm. 53 (1918) 113. RE. Suppl. 4, 58.

AKrajewski, *De Bacchylide Homeri imitatore*, Cracoviae 1907.

HKriegler, *Untersuchungen zu den optischen und akustischen Daten der bakchylideischen Dichtung*, Diss. Wien 1963

WEJKuiper *(de c. 16)* Mnemos. 53 (1925) 343. *(de c. 19)* Mnemos. 56 (1928) 55.

RLaCara, *La fama di B. presso gli antichi*, Riv. stor. ant. NS. 10 (1906) 514. *(B. et Horatius)* Classici e Neolatini 1908, 161.

KLatte *(ad 17, 112)* Philol. 87 (1932) 271.

BLavagnini *(ad 3, 76sqq.)* Riv. filistrcl. 65 (1937) 372. *(c.3.5) Aglaia*, Torino 1937.

JvanLeeuwen *(de 17, 95)* Mnemos. NS. 31 (1903) 114.

PhELegrand *(de 9, 30sqq.)* Rev. Et. anc. 1901, 1.

LLevi v. Festa.

ATLindblom *(de optat., coniunct., indicat. Bacchylideo)* Progr. Gymn. Östersund 1914.

JHLipsius, Neue Jahrbb. 1. Abt. 1 (1898) 225.

HLloyd-Jones *(ad P. Ox. 23)* ClRev. 72, 1958, 17

ALudwich, Vorles.-Verz. Sommer 1898, Königsberg 12. 42.

BLuiselli, Stud Urb. 31, 1957, 302 *(ad 5, 8)*.

PMaas, *Kolometrie i. d. Daktyloepitriten des B.*, Philol. 63 (1904) 297. *(recensio editionis Suessianae)* Deutsche Lit. Z. 34 (1913) 2205. *Die neuen Responsionsfreiheiten b. B. u. Pindar*, 1. Stück, Berlin 1914 (= Jahresber. d. phil. Vereins 39, 289). 2. Stück Berlin 1921 (= ib. 47, 13). *(de encomiis)* Jahresber. d. phil. Ver. 43 (1917) 81. 45 (1919) 37. *Griechische Metrik*, Einleitung in die Altertumswissenschaft, hrsg. v. Gercke-Norden, [1]1923, [2]1929. *(de paeane fr. 4)* Herm. 67 (1932) 469. *(de fr. 20 A)* Festschr. BSchweitzer 1954, 139.

LMaccari, *B. e Orazio*, Urbino 1899.

GHMacurdy *(ad 5, 98 et 11, 37)* Trans. Am. Phil. Ass. 1913, XXXVII.

LMallinger, Musée Belge 3 (1899) 188. 295. 4 (1900) 21.

AMancini, Atti d. R. Acc. Lucchese 31 (1901).

UMancuso, Rivfil. 41 (1913) 81. Athenaeum 1 (1913) 87.

AManiet, *Le caractère de Minos (c. 17)*, Les Ét. cl. 1941, 35.

JMartin, RevEtGr. 73, 1960, 274.

OMeiser, *Mythologische Unters. zu B.*, Diss. München 1904.

RMerkelbach *(ad c.13,46—57)* ZtschrPap 5 (1970) 30.

LMichelangeli, *Della vita di B. e particolarmente delle pretese allusioni di Pindaro a lui e a Simonide*, Messina 1897. *Dopo il B. pubblicato*, Riv. di stor. ant. 3 (1898) 5.

HJMMilne, *Catalogue of the Literary Papyri in the British Museum*, London 1927, nr. 46—48. *(de fr. 60)* ClRev. 47 (1933) 62; Journ. Eg. Arch. 19 (1933) 69. *(de 16, 1—13)* Brit. Mus. Quart. 9 (1934) 14.

MModi, Οἱ τρόποι τοῦ B. Egyetemes 38 (1916) 161. *(de religione B.)* A györi m. Kir. áll. Leánygimn. Értesítöje 1925/26 (Hungarice).

NMöller, *Digte af B.*, Nord Tidskr. 6, 145.

GMonaco, Charites Palumbo 1958.

HMrose, *de syntaxi Bacchylidea*, Diss. Leipzig 1902. Neue philol. Rundschau 1908, 169.

JANairn, ClRev. 11 (1897) 449. 13 (1899) 167.

RANeil v. Kenyon.

DNessi, Bollfilcl. 5 (1898/9) 183. 229. 6 (1899/1900) 38.

MNorsa *(ad 4, 6—12; 12, 34 u. ad 43)* Annali della R. Sc. Norm. Sup. di Pisa 1941, 155.

HOellacher *(ad 12, 34—43)* Studitalfilcl. 1941, 109.

AOlivieri, *A proposito di Teseo e Meleagro in B.*, Bologna 1899.

EOrth *(ad 18, 16)* Herm. 58 (1923) 459.

DLPage, ClRev. 73, 1959, 22 *(ad fr.66)*. ib. 77, 1963, 109.

Palmer v. Kenyon.

EParatore, *B. e Vergilio*, Wien. St. 69 (1956) 289.

LPEParker, Bull. Inst. Class. Stud. Univ. London 5, 1958, 13.

GPascoli, *(versio Ital. c. 2)* Poemi conviviali 170. Bologna 1904.

ACPearson,ClRev. 12 (1898) 74.

WPeek *(ad 3, 72 sqq. et 4, 7 sqq.)* Philol. Vortr. Wrocław 1959, 17 sqq.

UPestalozza, Rassegna Nazionale 16. 4. 1898.

JSPhillpotts *(ad 17, 112)* Class. Weekly 22 (1929) 206.

EPiccolomini, Atene e Roma 1 (1898) 3 = *Le odi di B.*, Firenze 1898. *(de c. 13 et al.)* Rendic. della R. Accad. Lincei 7 (1898) 152.

DPieraccioni *(c. 2. 4. 18 cum comm.)* Antologia della Lirica Greca, Firenze 1956.

GBPighi *(ad 12, 34 sq.)* Aegyptus 24 (1944) 176.

LPinelli *(versio Ital. carm. 11 et 13)*, Treviso 1898.

Pingel v. Blass.

DPinte, AntCl. 35, 1966, 459 *(ad 10, 35—45)*.

APlatt, Athenaeum 25. 12. 1897; 15. 1. 1898. ClRev. 12 (1898) 58. 133. 211.

EPoste, *Bacchylides: A Prose Translation*, London 1898.

APoutsma, Mnemos. 26 (1898) 339.

WKPrentice, *de B. Pindari artis socio et imitatore*, Halae 1900.

HPreuss, *de fabulis apud B.*, Diss. Königsb. 1902.

PPriewasser, *de praepositionibus ap. B.*, Diss. Halle 1903.

FNPryce *(ad c. 18)* JHellStud. 56 (1936) 77.

LRadermacher *(ad c. 3)* Wien. St. 52 (1934) 139. *(ad 5, 191)* ib. 56 (1938) 1.

Rattenbury *(ad 4, 17)* ClRev. 52 (1938) 114.

ThR(einach), Rev. ét. gr. 11 (1898) 17.

Beatrice Reynolds *(9, 45; 10, 9)* ClRev. 12 (1898) 254. *(de digamma)* TransAmPhilol Assoc. 1901, LV.

HRichards, ClRev. 12 (1898) 76. 134.

CRobert, *Theseus u. Meleagros b. B.*, Herm. 33 (1898) 130.

DSRobertson, ClRev. 65 (1951) 15.

ARoersch, *Bacchylide et les poètes néo-latins*, Musée Belge 3 (1899) 211.

HRoloff *(ad c. 13)* Junge Geisteswissenschaft 2 (1939) 32.

ERomagnoli, *Bacchilide. Saggio critico e versione poetica delle odi*, Roma 1899. *L'epinicio X di B.* Atene e Roma 1 (1898) 287. *Appunti sulla gnomica bacchilidea*, Stud italfilcl. 7 (1899) 161.

ORossbach v. Ludw. p. 12.

SRossi, *La composizione tecnica delle odi di B.*, Rivstor ant. NS 7 (1903) 472.

JESandys, Literature 18. 12. 1897. ClRev. 12 (1898) 77.

LSavignoni *(ad c. 11)* Ausonia 1915, 145.

WSchaefer, *de tertio B. carmine*, Diss. Erlangen 1901.

PSchober, *Sage u. Mythos b. B.*, Diss. Graz 1939.

JSchöne, *de dialecto B.*, Leipz. Stud. 19 (1899) 181.

OSchroeder, BphilW. 18 (1898) 321. 877. Herm. 38 (1903) 238. Sokrates 10 (1922) 42.

MSchuster, *Drei Lieder d. B.*, Progr. K. K. Staats-Ober-Gymn. Wien.-Neust. 1908, 3.

ESchwartz, Herm. 39 (1904) 630.

ASetti *(4, 4sqq. 12, 34sqq.)* PSI. 12, 1278 (1951).

ASeveryns, *Bacchylide, essai biographique*, Liège 1933.

van Sichem, *talent de B.*, Diss. Bruxelles 1931.

ThSinko, Eos 29 (1926) 135ff.

JSitzler, Neue phil. Rundschau 1906, 601. BursJahresber. 104 (1900) 132. 133. (1907) 206.

AHSmith, *Illustrations to B.*, JHellStud. 18 (1898) 267.

HWSmyth, TransactAmPhilol Assoc. 29 (1898) 96. *Greek Melic Poets*, London 1900.

BSnell *(ad fr. 4)* Herm. 67 (1932) 1. *('Neue Lesungen')* ib. 71 (1936) 124. *(fr. 64)* ib. 75 (1940) 177. *(frr. Florent.)* ib. 76 (1941) 208. *(fr. 20A)* ib. 80 (1952) 156. Gnom. 40, 1968, 122 *(ad 28)*.

HStadtmüller *(ad 5, 30)* Bl. f. bayr. Gymnschulw. 41 (1905) 25.

JMStahl, RhM. 53 (1898) 322.

EStaiger, *Griech. Lyrik*, Zürich 1961, 83 *(versio Germ. c. 5)*.

WSteffen, Eos 51, 1961, 11 *(ad 5)*.

EStehr, *B. in seinem Verh. z. Simon. u. Pind.*, Diss. Rostock 1923.

JStern, GrRomByzStud. 6, 1965, 275 *(ad 11)*. ib. 8, 1967, 35 *(ad 5)*.

KChrStorck, *Die ältesten Sagen der Insel Keos*, Diss. Gießen 1912.

ATaccone *(de chronologia c. 13)* Bollfilclass. 12 (1906) 253. *(de c. 3, 18)* Atti R. Accad. Torino 41 (1906) 795.

NTerzaghi, *Le idee religiose e morali di B.*, Atene e Roma 8 (1905) 84.

FWThomas, ClRev. 12 (1898) 78.

VTommasini, *Imitazioni e reminiscenze omeriche in B.*, Stud. ital. di filol. cl. 7 (1899) 415.

EDTownsend, *B. and lyric style*, Diss. Bryn Mawr College 1956.

ATuryn, Eos 27 (1924) 101.

RYTyrell, ClRev. 12 (1898) 79. 412. 13 (1899) 44.

AWVerrall *(de c. 5)* Proc CambrPhilSoc. 1906, 2.

FVivona, *Due odi di B.* (versio Ital.), Palermo 1898.

AVogliano *(fr. 60. 61)* PSI. 10, 1181.

JWackernagel, Herm. 40 (1905) 154. v. et. Blass.

CWaldstein, ClRev. 14 (1900) 473. *(ad 11, 43 sqq.)* Proc CambrPhilSoc. 1900, 14.

RJWalker, Athenaeum 18. 12. 1897. ClRev. 12 (1898) 436.

BWarnecke *(ad fr. 19)* Philol. 71 (1912) 567.

ASWay, *B., The Odes in English Verse*, London 1929.

HWeil, Journ. des Savants 1898, 43. 174.

SWide *(ad c. 17)* Festschr. Benndorf 13.

UvWilamowitz-Moellendorff, *Bakchylides*, Berl. 1898. Gött. Gel. Anz. 1898, 125. Gött. Nachr. 1898, 228 = *Sappho u. Simonides* (1913) 183. DLZ. 19 (1898) 1717. *(de 13, 152)* Herm. 34 (1899) 637. *Hieron u. Pind.*, SitzBer. Berl. Akad. 1901, 1273. *Griechische Verskunst*, Berl. 1921. *Pindaros*, Berl. 1922. *Bakchylides*, Reden u. Vortr.[4] 1, 146, Berl. 1925.

AWolff *(c. 3 versio Ital.)*, Padova 1901. *Bacchylidea*, Patavii 1901.

LWoodbury *(ad c. 3, 96—98)* Phoenix 23 (1969) 331.

EWüst *(de c. 17)* Herm. 96 (1968) 527.

TZanghieri, *Studi su B.*, Heidelb. 1905.

ThZielinski, Eos 5 (1898/99) 25.

COZuretti, Rivdifil. 26 (1898) 134.

N. N. Athenaeum 19. 2. 1898.

Ante annum 1897 apparuerant

ChrFrNeue, *B. Cei fragm.* Berol. 1822.

WSchaumberg, *Quaestiones de dialecto Simonidis Cei, Bacchylidis, Ibyci*, Celle 1878.

ThBergk, *Poetae Lyrici Graeci*, vol. 3[4], Lips. 1882.

ERambaldi, *Bacchilide di Ceo ed i suoi tempi*, Torino 1888.

IDella Giovanna, *Bacchilide*, Rivfilcl. 1888, 465.

OCrusius, *Bakchylides*, RE. 2, 2793 (1896).

CONSPECTVS SIGLORVM

a̯	littera incerta (litteras certas quamvis mutilas non notavi)
[a]	littera in pap. deperdita
⌊a⌋	littera in pap. deperdita sed alio fonte tradita
⟨a⟩	littera addenda
{a}	littera removenda
⟦a⟧	littera in pap. remota
ϰ'ϱ	muta cum liquida positionem faciens
ϱ̇, σ̄	littera ϱ vel σ in initio vocabulorum posita positionem faciens (cf. p. XXI)

A	scriptor papyri	**B**	pap. Oxyrh. 2368 (p. XIII)
A¹	correctiones ipsius	**C**	pap. Oxyrh. 2364 (p. XIII)
	scriptoris	**D**	pap. Berol. 16139 + 21209 (p. XIV)
A²	corrector primus	**H**	pap. Oxyrh. 2366 (p. XIV)
A³	corrector alter	**L**	pap. Oxyrh. 2363 (p. XIV)
A⁴	corrector tertius	**M**	pap. Oxyrh. 2367 (p. XIV)
A¹?	= **A¹** potius quam	**O**	pap. Oxyrh. 1091 (p. XV)
	A² vel **A³**	**P**	pap. Oxyrh. 1361 (p. XV)
A³?	= **A³** potius quam	**Q**	pap. Oxyrh. 2362 (p. XVI)
	A¹ vel **A²**	**T**	pap. Oxyrh. 426 (p. XVI)
A	pap. Londin. (cf. p. VII)	**U**	pap. Oxyrh. 2361 (p. XVI)

fr. 1 K. etc.: fragmm. pap. a Kenyone nondum suis locis collocata (cf. p. 133)

~	= confer stropham respondentem (aut propter metrum aut propter singulas litteras respondentes)
⊠	aut initium aut finis carminis
‖|	finis strophae
‖	finis periodi (cf. p. XXXsq.)
⋮	finis verbi per totum carmen
⋮	finis verbi paucis locis exceptis

⋮—: vel ⋮—⋮ finis verbi nisi priore loco est, secundo invenitur.

ratio apparatus critici his quattuor exemplis illustratur:

$\pi\varepsilon\delta\acute{\iota}\omega\iota$ (in textu carminis)

1) ΠΕΔΙΟΝ: A[1] i. e. ΠΕΔΙΟΝ A, ΠΕΔΙΩΙ A[1] (recte)
2) ΠΕΔΙΟΝ: Bl. i. e. ΠΕΔΙΟΝ A, $\pi\varepsilon\delta\acute{\iota}\omega\iota$ Blass
3) ΠΕΔΙΟΝ A[1] i. e. ΠΕΔΙΩΙ A, ΠΕΔΙΟΝ A[1] (non recte)
4) $\pi\varepsilon\delta\acute{\iota}ov$ Bl. i. e. ΠΕΔΙΩΙ A, $\pi\varepsilon\delta\acute{\iota}ov$ coni. Bl. (me quidem non applaudente).

Bl(ass), Edm(onds), J(ebb), K(enyon), Schadew(aldt), Schw(artz), Sn(ell), Wil(amowitz), (Wil. ms. = notae manu scriptae Wilamowitzii; GV. = Griechische Verskunst; SuS = Sappho u. Simon. etc.); cetera nomina non perscripta facile ex indice bibliographico (p. LVsq.) suppleri possunt. – In c. 1–14, 15–21 supplementa nomine non insignita sunt Kenyonis.

[ΒΑΚΧΥΛΙΔΟΥ ΕΠΙΝΙΚΟΙ]

1

[ΑΡΓΕΙΩΙ ΚΕΙΩΙ
ΠΑΙΔΙ ΠΥΚΤΗΙ (?) ΙΣΘΜΙΑ]

metrum: dactyloepitr (v. p. XXIV) *A'—H'*?

$$\begin{array}{l} \qquad\qquad\; 75? \\ \quad\; 139?\; 171 \qquad\quad 144? \\ \varSigma TP \quad d^2 \smallsmile D \smallsmile e \|^3 D\_D\_ \|^5 D\_e \smallsmile e\|^7\_EE\||| \\ \qquad\qquad -181?\; 113 \\ E\Pi \quad D\_D\_ \|^3 e\_D\_D\_ \vdots E \smallsmile |^6 D\_E\_e\_ \||| \end{array}$$

col 1   *A'*   1 ⌊Κλυτοφόρμιγγες Δ[ιὸς ὑ-]
                ψιμέδοντος παρθένοι,⌋
           3 ⌣⌣ Πι]ερίδες˙
              __]ενυφαι[⌣⌣__
           5 5 ⌣⌣]ρυς, ἵνα κ[_
              __⌣]γαίας Ἰσθμί[ας
           7 __⌣]ν, εὐβούλου ˳[⌣_

colometria: str. 1/2 post syll. octavam seiuncti sunt in pap. v. 9 (?). 55. 78, post syll. septimam v. 116. 124. 139. 147. 162. 170. ep. 7 v. 115 in duos discerptus (σὺν | Κρητῶν); metri causa correctum: 170 νο{ν}σων; corruptum 180; notandum 171 ἀμαχά-νον ~ _e; dubium 37]εμεν ὅταν ~ _⌣_ et 144]βολοῖ μάχας ~ _e. inscr.: vel ΠΑΓΚΡΑΤΙΑϹΤΗΙ (Körte) v. p. XXXIX

1 sq. Comment. ad Callim. *Αἴτια* (fr. 2a Pf. vol. 2 p. 103) παρ-θένο]ς˙ θυγάτηρ ὡς [καὶ] Βακχυλίδης [φησί˙] κλυτοφ. — — παρθένοι

1 sq. suppl. Lobel, huc traxit P. Maas ‖ 3—110 eo ordine dedi, quo Bl. str. *A'—E'* restituendas esse putavit, sed omnia maxime dubia ‖ 3—10 fr. 6 K. ‖ 3 Bl. | ἐννέα vel δεῦρ' ἴτε Maas ‖ 4 ἐν-υφαί[νετε δ' ὕμνους Bl. cl. 5,9. 19,8 ‖ 5 sq. κυδαίνητε J. ‖ 7 ἀρ-χαγό]ν Maas | Ν[pot. qu. Μ[, vix Π[

8 __‿ γαμ]βρὸν Νηρέ[ος
.‿. .‿.⊤.] νάσοιό τ᾽ ἐΰ-
10 . .‿. .‿. .]αν, ἔνϑ[_‿_
3 _‿‿_‿‿_

__‿‿_‿‿__

5 ₍ὦ Πέλοπος λιπαρᾶς
14 νάσου ϑεόδ'ματοι πύλαι₎
(desunt vv. II)
(desunt vv. II)
19 3 _‿___‿ ὑφ᾽ ἅρ]μασιν ἵππους·
20 οἱ δὲ π]έτοντο.[‿__
_‿__]εσσιν ἀν[δρῶν?
6 _‿‿_‿]τον αὐτ[_
)__‿_]ἄλλαισιν [___‿__
? B' 1 ‿‿___]ν δ᾽ ετε[_
25 ‿‿_]γονώτ[‿_
]πλ[
(desunt vv. V)

8 Herennius Philo ap. Eustath. Od. 1954, 5 et Ammon. de voc.
diff. 333 Nickau Δίδυμος (p. 300 Schm.) . . ἐν ὑπομνήματι Βακχυλίδου ἐπινίκων· φησὶ . . . κατὰ λέξιν· εἰσὶ τοίνυν οἵ φασι διαφέρειν τὰς
Νηρεῖδας τῶν τοῦ Νηρέως ϑυγατέρων, καὶ τὰς μὲν ἐκ Δωρίδος
γνησίας αὐτοῦ ϑυγατέρας νομίζεσϑαι, τὰς δὲ ἐξ ἄλλων ἤδη κοινότε-
ρον Νηρεῖδας καλεῖσϑαι (Wil. ms. ad l. nostrum: 'huc refer Did.
ad Bacch.', nam referebatur ad 17, 38 et 102). ‖ 13 sq. Schol.
Pind. O. 13, 4 (1, 358, 1 Dr.) πρόϑυρον καὶ ϑύρας εἰώϑασι καλεῖν
τὴν Κόρινϑον, διὰ τὸ ἀρχὴν ἢ τέλος εἶναι τῆς Πελοποννήσου. Βακχ.
ᵀΩ κτέ. huc voc. Bl., cui obloquitur Herb. Meyer, Hymn. Stil-
elemente 1933, 57 sq., sed cf. 9, 45; 13, 77 et 94.

8 Bl. | ρέ[| sc. Amphitritae maritum Neptunum. Bl. cf. Pind.
N. 5, 37; εὐβ. Νηρ. Pind. P. 3, 92 ‖ 9 ΝΑCΟΙΟΤ᾽ ΕΥ ‖ 10]ᾹΝ· (acc.
l. decl.), ἐΰ[κτιμέν]αν Maas dubitanter | ϴ[vel ϵ[vel ϛ[ἔνϑεν
μολών Bl. ‖ 11 πυγμαχίας κράτος εἴλ᾽ e. g. Bl. ‖ 19 fr. 24 K. |]Μ,
]Ν sim. | ἔζευξεν ὑ. ἁ. (sc. Iuppiter?) Bl. ,,Potest autem dubitari,
num recte haec (19—26) sic prope initium carminis posita sint.
Fortasse 47—56 fuerunt paginae I (str. β' ant. β'), exceperunt
35—38, ut et ipsa essent eius sermonis qui incipit a v. 51; ita 19—25
in epod. β' reiciuntur. Negat enim K. fieri posse, ut v. 26 ΠΛ (str.
v. 3) coniungatur cum 72 CΑΓΟΡΑΙ (velut ΠΑCΑΓΟΡΑΙ); itaque potius systema integrum inter haec duo frg. interponendum est.''
Bl. ‖ 20—26 fr. 15 K. ‖ 20 Ν[, Ι[, Μ[sim., non Δ[‖ 24]Ι,]Ν sim. ‖
24 sq. ἕτερον . . . εὐγονώτερον Bl. ‖ 25]ϛ potius quam]ϯ | ᾰ

2

col 2

(desunt vv. III)

35   τοῖο̣ν̣ [∪∪_∪∪_]τ̣ᾶι

  5 κᾱλ[∪∪_∪∪_

  [. .].[_∪__]εμεν, ὅταν̣

  7 __∪__]τει συνευ-

39   _∪___∪]ᾶς

(desunt alterius epodi vv. VI)

46)___-∪___] ερσ [__∪__ ?

?Γ″

47 1 ∪∪___]ν̣ πυκ[ιν _

  ∪∪__]γοὶ κόρ[αι

. 3 _∪∪_]αγορᾱ

50   __]ο̣ μελίφ|ρονος ὕπ[|νον

  5 _∪∪ ἁμετ]έραν

  __∪ ἀρ]χαίαν πόλιν

  7 __∪__]γοιμεν οἴ-

  κους ἐπ᾽] ἀνδήροις ἁλός

55 1 ὑπό τ᾽ α]ὐγαῖς ἀελίου

56   ]ι̣δ̣[

col 3 (inc. v. 69)

) (desunt vv. VI et epod. γ′ tota)

Δ′   (deest v. I)

71   ].[

  3 _∪∪_]σαγόρᾱι

  __ Μα]κελὼ δὲ τ[∪__

  5 _∪ φιλ]ᾱλάκατος,

75   __] δ᾽ ἐπ᾽ εὐναῇ [πόρον

35sq. init. fr. 16b K. ‖ 35—39 extr. fr. 28 + 40 + 39K. ‖
37]π[vel]Γ[| „valde mirum -εμεν ὅταν pro -∪_; fuitne θέμεν,
pro quo B. dederat θεῖν᾽?“ Bl. ‖ 38sq. χή]τει συνεύ[νων Bl. ‖
46—56 fr. 13K. ‖ 47 Ν potius quam Η, vix Μ ‖ 48 ἱστουρ]γοὶ Bl.
]ΡΓ leg. Edm. | Ρ[, ι[~ κόραν 117 ‖ 49 ΡᾹ ~ 72 | Bl. de somnio agi
putat uni de sororibus a dis misso, et e. g. temptat: φθέγξατο
Λυσαγόρα ∶ λήξασα μ. ὑ. ‖ 50 π[incertissimum; cf. fr. 4, 36 ‖
51sq. εἰθέ ποθ᾽ ἁμετέραν αἰπεῖαν ἀρχ. πόλιν __∪_ φεύγοιμεν,
οἴκους δ᾽ ἐπ᾽ ἀ. κτέ. e. g. Bl. Cf.138sqq. ‖ 53 potius]Γ quam]Τ |
Νόι ‖ 54 ἄνδηρα (litora) θαλάσσης Oppian. Hal. 4, 319 (K.). ‖
55 fin. et 56 nunc non apparent ‖ 71—83 fr. 5K. ‖ 71 Ρ, φ, Υ
sim. ‖ 72sqq. agitur de Iove et Apolline (?) iam a Macelone altera-
que femina hospitio exceptis, praef. p. XXXIXsq. ‖ 73 ἐΛΩΙ:
Α¹? ‖ 74 velut γραῖα φιλ]αλ. Bl. ‖ 75 ἐπ᾽ εὐναεῖ πόρωι 9, 42 (-νᾱ-
utroque loco? v. p. XXI) | Elixus dici vid. (Strab. p.487) | velut
ξείνοις δ᾽ ἐπ᾽ εὐν. [π. δεῖξ᾽ ὦκ]α. Bl.

5*   3

ΒΑΚΧΥΛΙΔΟΥ

76 7 __]α· προσφώνε₍ι₎ τέ ν₍ιν
___ _◡_] σαίνουσ' ὀπί·
1 ◡◡__ μ]ὲν στέρομαι
◡◡ ἀμ]φάκει δύᾳι
80 3 _◡◡_ π]ενίᾳι
__◡◡_].'γετ[.] πάμπα[ν
5 _◡◡_◡◡]ᾳς
83 __◡___]ομοι
(desunt vv. II,

col 4 (inc. v. 104)   tum epod. δ', str. ant. ε' = vv. XXIII,
E'   epod. ε' vv. II)

111 3 _◡]αφθε[_◡◡_◡◡_
...]ς· τριτάται μετ[◡__
ἀμ]έραι Μίνως ἀρ[ῆι]ος
6 ἤλ]υθεν αἰολοπρύμνοις
115) ναυσὶ πεντήκοντα σὺν Κρητῶν ὁμίλωι·
F' 1 Διὸς Εὐκλείου δὲ ἕκα-
τι βαθύζωνον κόραν
3 Δεξιθέαν δάμασεν·
κα]ί οἱ λίπεν ἥμισυ λ[α]ῶν,
120 5 ἄ]νδρας ἀρηϊφίλους,
το]ῖσιν πολύκ'ρημνον χθόνα
7 νείμας ἀποπ'λέων ὤ[ιχε]τ' ἐς
123 Κνωσὸν ἱμερτὰν [πό]λιν

76 Apollon. de pronom. 368 A p. 84 Schneid. ἔτι καὶ ἡ ΝΙΝ τάσσεται ἐπὶ πλήθους . . . προσφωνεῖτέ νιν ἐπὶ νίκαις (corr. ἐπινίκοις) Βακχυλίδης (fr. 8 B.)

76 προσφώνει vel -ωνεῖ K. | νιν = αὐτούς, v. Apollon. ‖ **77** μαλθακᾶι Bl. μειλίχωι Wolff ‖ **78** post Ν superscr. ς A¹? | ἁδροτᾶτος e. g. Sn. ‖ **79** K. ὑπό τ' ἀμφ. Schadew. ‖ **80** τᾶι τ' ἀμάχωι e. g. Schadew. ‖ **81** φε]ύγετε Bl., sed].' potius quam]ϒ | „nolite haec prorsus fugere, quamvis tenuia" Bl. ‖ **83** οἷα κεύθουσιν δόμοι Schadew. cf. Eur. El. 359 et Aesch. Cho. 669 ‖ **111**—129 fr. 1ª + 1ᵇ K. ‖ **111** !ΤΡ! ante]Λ leg. Edm. |]Λ,]Λ | οὐ διαφθειρ-: deorum promissa non irrita fiunt, Bl. ‖ **112** Ι ad Λ add. A¹? | Τ[, Ν[alia | μετέπειτα K. μετὰ κείναν J. ‖ **113** ἀ[γυιὰ]ς K., ἀγανὸς Platt, sed Ρ[pot. qu. Γ[‖ **118** ΘΕΑΔΙ?: A¹? ‖ **123** ΚΝΩϹϹΟΝ: Bl. cf. 17, 39 et 120

4

1 β]ασιλεὺς Εὐρωπιά[δας]·
125 δεκάτωι δ᾽ Εὐξ[άντι]ον
3 μηνὶ τέ]κ᾽ εὐπλόκ[αμος
νύμφα φερ]εκυδέι [νάσωι
5 _◡◡_] πρύτα[νιν
129 __◡_κ]εδν[_◡_
(desunt vv. II)
(desunt vv. VI)

138) _◡___◡ ἄλ]υξαν θύγατ'ρες
col 5 (1)   Z'   1 πόλ[ιν ___]ν βαθυδεί-
140 ελον· [ἐκ το]ῦ μὲν γένος
3 ἔπ'λε[το καρτε]ρόχειρ
Ἀργεῖο[ς ◡_◡] λέοντος
5 θυμὸ[ν ἔχων], ὁπότε
χ'ρει[_◡_]βολοῖ μάχας
145 7 ποσσί[ν τ᾽ ἐλα]φ'ρό[ς, π]ατ'ρίων
__ τ᾽ οὐκ [ἀ]π[όκ'λαρος κ]αλῶν,
1 τόσα Παν[θείδᾱι κλυτό]το-
(10) ξος Ἀπό[λλων ὤπασε]ν,
3 ἀμφί τ᾽ ἰατο[ρίᾱι
150 ξείνων τε [φι]λάνορι τ[ι]μ͂αι·
5 ε]ῦ δὲ λαχὼν [Χ]αρίτων
πολλοῖς τε θ[αυ]μασθεὶς βροτῶν,
153 7 αἰῶν᾽ ἔλυσεν [π]έντε παῖ-

124 ΩΠΙΔ[: A¹ ‖ 125 ΔΕΚΑΤΩ: A¹ ‖ 127 punctum supra ϊ scr. |
suppl. Bl. cl. 13, 182 κούρα (K.) brevius spatio ‖ 128 ἐσσόμενον]
Ludw. ὀρθόδικον]Wolff ‖ 129 Δ vel Λ non A (Bl.) ‖ 138 = fr. 34 K.|
ἄλλα]ξαν cl. v. 51sqq. Bl. |]ΥΞ, non]ΑΞ esse vid. Δάμωνος ἄλυξαν
θ. πόλιν (Festa) ἐς νέαν Edm., cf. K 348 ‖ 139]Ν vel]ΑΙ οἰκίσσ]αι
vel οἰκισ(σ)α]ν Sn. ‖ 140 ΔΙΕΛΟΙ: ε add. A³ |]Υ fere certum, non
]C, suppl. Edm. | ad μὲν cf. 10, 47 ‖ 142 ἔσω τε, ἔσωθε Headl.
Bl. cl. 17, 22. cetera aut breviora (e. g. ὄλοιο) aut longiora spatio,
cf. Π 752 (Schadew.) ‖ 143 Bl. al. ‖ 144 ΑΧΡΕΙ[: A¹? | ΛΟΙ | χρεῖός
τι συμβ. (J.) longius spatio, χρεία τις ἐμβολοῖ Sn. ‖ 145]Α,]Λ |
ἐλαφρός Nairn Housm. (-οῖς K.) ‖ 146]π[,]Ν[sim., suppl. Housm.|
καλῶν Bl. al. (παλῶν K.). ‖ 147 Πανθοίδα K., sed cf. 2, 14 ‖ 149
Τ᾽ΑΤ: A¹ ‖ 150 Τ[pot. qu. Υ[|]Μ,]Ν,]π sim. ‖ 151 cf. mel.
adesp. 1001 P. Μοισᾶν εὖ λαχεῖν

ΒΑΚΧΥΛΙΔΟΥ

___ δας μεγαινή[το]υς λιπών.

155 1 τ]ῶν ἕνα οἱ Κ[ρο]νίδας

ὑψίζυγος Ἰσ[θ]μιόνικον

3 θῆκεν ἀντ᾽ [εὐε]ργεσιᾶν, λιπαρῶν τ᾽ ἄλ-

(20) λων στεφάν[ων] ἐπίμοιρον.

φαμὶ καὶ φάσω ₍μέ₎γιστον

160 6 κῦδος ἔχειν ἀρετάν· πλοῦ-

)___ τος δὲ καὶ δειλοῖσιν ἀνθρώπων ὁμιλεῖ,

Η' 1 ἐθέλει δ᾽ αὔξειν φρένας ἀν-

δρός· ὁ δ᾽ εὖ ἔρδων θεούς

3 ἐλπίδι κυδροτέραι

165 σαίνει κέαρ. εἰ δ᾽ ὑγιείας

5 θνατὸς ἐὼν ἔλαχεν

ζώειν τ᾽ ἀπ᾽ οἰκείων ἔχει,

(30) 7 πρώτοις ἐρίζει· παντί τοι

___ τέρψις ἀνθρώπων βίωι

170 1 ἕπεται νόσφιν γε νόσων

πενίας τ᾽ ἀμαχάνου.

3 ἴσον ὅ τ᾽ ἀφ\νεὸς ἱ-

μείρει μεγάλων ὅ τε μείων

col 6 (2) 5 παυροτέρων· τὸ δὲ πάν-

175 των εὐμαρεῖν οὐδὲν γλυκύ

7 θνατοῖσιν, ἀλλ᾽ αἰεὶ τὰ φεύ-

___ γοντα δίζηνται κιχεῖν.

(40) 1 ὅντινα κουφόταται

179 θυμὸν δονέουσι μέριμναι,

159—161 Plut. de aud. poet. 14, 36 C (e florilegio quodam, v.
p. XVIII) τὸ δὲ 'φάσω — ὁμιλεῖ' λεγόμενον ὑπὸ τοῦ Βακχυλίδου ‖
167 Synes. laud. calv. 13 p. 77ᵃ: ἂν μὲν γὰρ ᾖ τῆς Πινδάρου τυ-
γχάνειν εὐχῆς καὶ 'ζῆν ἔχωμεν ἀπὸ τῶν οἰκείων'

158 ΜΟΙΡΩΝ: Α³ ‖ 159]ᴦ vel]ᴛ | φάσωμε πιστὸν Plut. ‖ 160 cf.
Sol. 1, 13 et 17 D. ‖ 161 ΑΝΘΡΩΠΟΙC (sec. K.): Α¹ ‖ 165 ΥΓΕΙΑC:
Α² ‖ 166 ΕΛΑΚΕΝ: Α¹ ‖ 167 ΕΧΕΙΝ: Α³ ‖ 168 ΠΡΩΤΟC: Α³ | τοι
add. Α² | varios βίους enumerat Β. 10, 38 sec. Solonem ‖ 170 ΝΟΥ |
. . Ν: Bl. al. ‖ 172 Solo 14, 1 + 1, 71sq. ‖ 175 πάντων εὐμαρεῖν
i. e. πάντα (sc. ea quae enumerat Solo 14, 4sq.) πρόχειρα ἔχειν ‖
178 cf. Sol. 1, 36

6

180 3 ὅσσον ἂν ζώηι †χρόνον, τόνδ᾽ ἔλαχαν† τι-
     μάν. ἀρετὰ δ᾽ ἐπίμοχθος
     μέν, τ]ελευταθεῖσα δ᾽ ὀρθῶς
     6 ἀνδρὶ κ]αὶ εὖτε θάνηι λεί-
184   π[ει πολυ]ζήλωτον εὐκλείας ἄ[γαλ]μα.

2

ΤΩΙ ΑΥΤΩΙ

metrum: iambi et clausula priapea (v. p. XXXIII)

ΣΤΡ	∪—∪— —∪∪— ∪——‖	ia cho ba
	—∪∪— —∪∪—	2 cho
	∪—∪— —∪∪—	ia cho
	∪∪ ∪—∪∪— ∪—	} priap
	— ∪—∪∪—— ‖‖	
ΕΠ	∪—∪— —∪∪—∣	ia cho
	∪—∪— —∪∪—∣	ia cho
	∪— —∪∪— ∪ —∣	} priap
	—— —∪∪—— ‖‖	

Ἄ[ϊξον, ὦ] σεμνοδότειρα Φήμα,
ἐς Κ[έον ἱ]εράν, χαριτώ-
   νυμ[ον] φέρουσ᾽ ἀγγελίαν,
ὅτι μ[ά]χας θρασύχειρ⟨ος⟩ Ἀρ-
5 γεῖο[ς ἄ]ρατο νίκαν,
καλῶν δ᾽ ἀνέμνασεν, ὅσ᾽ ἐν κλε[εν]νῶι

2 epodus est stropha decurtata et variata. metri causa correctum v. 4 θρασύχειρ⟨ος⟩. notandum v. 2 ἱεράν cf. p. XXI

180 sq. λάχε τόνδε χρόνον Housman Headl.; χρόνον, ἂν λέλαχεν
τιμᾶν Maas Resp. 1, 21 | ΧΑΝΤΙ: Χ⟦Α⟧Ν·ΤΙ Α² i. e. τί μάν; τιμάν
J. Crus. ‖ **182** ἐκτελ. Wil. brevius spatio; μέν (Bl.) aptissimum,
quod quidem in initio periodi esse non potest (Wil. GV. 83, 1);
itaque periodum paulo longiorem ceteris Bacchylideis hic agno-
scendam esse puto v. p. XXX; διατ]ελ. Maas ‖ **183** Solo 14, 8 |
Ν pro ΑΙ K. vix recte | ΛΕΙ add. Α² ‖ **184** π[hasta
2 1 ἄιξεν ά Levi alii, sed cf. Pind. N. 5, 2 etc. (Schroeder BphW.
1898, 875. Wil. GV. 262, 2) ‖ 4]Χ,]Κ,]Λ,]Δ Festa alii | ΘΡΑϹΫΧΕΙ-
ΡΑΡ: J.; est genit., cf. 1, 141. fr. 20 A, 16. AP. 7, 234

⁷ αὐχένι Ἰσθμοῦ ζαθέαν
λιπόντες Εὐξαντίδα νᾶ-
σον ἐπεδείξαμεν ἑβδομή-
¹⁰ κοντα [σὺ]ν στεφάνοισιν.
καλεῖ δὲ Μοῦσ' αὐθιγενής
γλυκεῖαν αὐλῶν καναχάν,
γεραίρουσ' ἐπινικίοις
¹⁴ Πανθείδα φίλον υἱόν.

3

ΙΕΡΩΝΙ ΣΥΡΑΚΟΣΙΩΙ

ΙΠΠΟΙΣ [ΟΛΥ]ΜΠΙΑ

ΣΤΡ metra iambica et aeolica (v. p. XXXIII) Α'–Ζ'

15.85   15.85.89

♡ — ∪ ⌣ × ⊽∪ — ∪ — — ‖	trim iamb catal ‖
♡ — ∪ ∪ — ∪ ∪ — ∪ — — ‖	ₗhippᵈ ‖
−3.35	
⌣ — ∪ ∪ — ∪ ∪ — ∪ — ∪ ⁞	
18.64.78?	
— ∪ — ♡ — ⁞∪ ∪ — ∪ — — ‖‖	ₗglᵈ ia ₗhipp ‖‖

ΕΠ dactyloepitr (v. p. XXIV)

79.93

⌣ — ∪∪ — ∪∪ — —	×D—E‖
80	
— ∪ — ⌣ — ∪ — ‖	
67	
— ∪ — ⌣ — ∪ —	E—E‖
40	
— — ∪ ⌣ — — ∪ — ‖	
83 69 69	
⌣∪ — ⌣ — ∪ — ⌣ — ∪ —	E—eE‖‖
84.98	
— ∪ — ⌣ — ∪ — ‖‖	

metri causa emendata: 3 Κλε{ι}οῖ, 47 πρόσθεν {δ'} ἐχθρά,
62 ⟨ἀν⟩έπεμψε, 63 ⟨γε⟩, 89 κομίσ⟨σ⟩αι. notanda: 64 μεγαί-
νητε̄ Ἱέρων 92 τρέφει Ἱέρων 90 μινύθει 40 Ἀλυάττα ∼———
nomen propr. 83 ὅσια ∼ _ ∪ in initio periodi

7 de hiatu v. p. XX ‖ 8 sc. Ceum, cf. 1, 125 ‖ 9 tot victorias
Cei ex Isthmiis reportaverant ‖ 13 ΚΙΟΣ: Α¹ ‖ 14 ΕΙΔΑΙ: Α¹ |
Πανθοίδα Κ., sed cf. Fick-Bechtel, Gr. Personenn. 229

A' Ἀριστο[κ]άρπου Σικελίας κρέουσαν
Δ[ά]ματρα ἰοστέφανόν τε Κούραν
ὕμνει, γλυκύδωρε Κλεοῖ, θοάς τ' Ὀ-
___ λυμ]πιοδ'ρόμους Ἱέρωνος ἵππ[ο]υς.
5 σεύον]το γὰρ σὺν ὑπερόχωι τε Νίκαι
σὺν Ἀγ']λαΐαι τε παρ' εὐρυδίναν
Ἀλφεόν, τόθι] Δεινομένεος ἔθηκαν
___ ὄλβιον τ[έκος στεφάνω]ν κυρῆσαι·
θρόησε δὲ λ[αὸς �〜__.
10   ἃ τρισευδαίμ[ων ἀνήρ,
col 7 (3)   ὃς παρὰ Ζηνὸς λαχὼν
πλείσταρχον Ἑλλάνων γέρας
οἶδε πυργωθέντα πλοῦτον μὴ μελαμ-
)___ φαρέϊ κ'ρύπτειν σκότωι.
B' 15 βρύει μὲν ἱερὰ βουθύτοις ἑορταῖς,
βρύουσι φιλοξενίας ἀγυιαί·
λάμπει δ' ὑπὸ μαρμαρυγαῖς ὁ χρυσός,
___ ὑψιδαιδάλτων τριπόδων σταθέντων
πάροιθε ναοῦ, τόθι μέγι[στ]ον ἄλσος
20 Φοίβου παρὰ Κασταλίας [ῥ]εέθ'ροις
Δελφοὶ διέπουσι. θεὸν θ[εό]ν τις
___ ἀγ'λαϊζέθὼ γὰρ ἄριστος [ὄ]λβων·
ἐπεί ποτε καὶ δαμασίπ[π]ου
Λυδίας ἀρχαγέταν,
25 εὖτε τὰν πεπ'[ρωμέναν

1–3 suppl. fr. 38a K. ‖ 3 ΚΛΕΙΟΙ: Bl. cf. Pind. N. 3, 83 ‖
5 φέρον]το Platt, Desrouss. longius spatio, ἱεν]το Edm. multo
brevius ‖ 7 τόθι Palmer ‖ 8—10 fr. initia versuum continens hic
collocavit K. ‖ 8 τ[pot. qu. Φ[, non Γ[τέκος Edm. ‖ 9 λ. Ἀχαιῶν
K. ἀπείρων Bl. cl. 9, 30; ἀγασθείς J., cf. Pind. P. 4, 238 ‖ 12 ΓΕ-
ΝΟΣ: A¹ ‖ 13 ΜΕΛΛΗ: A¹? ‖ 14 ΦΑΡΕΙΝ: A² ‖ 15 ΕΡΑ: ϊ A³? ‖
16 -ξενίαις Richards alii cf. Plat. Leg. 953A; Pind. O. 4, 13 ‖
18 ὑψιδαιδάλων Bl. (εὐδαίδαλον 17, 88. fr. 15, 3. πολυδαίδαλος
Hom.). ‖ 21 θεόν, θ[εό]ν (plus his spatium non capit) Palmer.
cf. PMG 738, 1 Page; Eur. Herc. 772; Ael. Dion. ϑ 8 Erbse
(Herm. 36, 272) ‖ 22 i. e. ἀγλαϊζέτω, ὁ γὰρ (Bl. Cr.) v. p. XXI ǀ
ΑΡΙΣΤΟΝ .ΛΒΟΝ: A³. cf. 51sq. 83 (Headl.) ‖ 23 ΕΠΕΙ ΠΟΤΕ:
ΚΟΤΕ A³? ‖ 25 Palmer

9

26 Ζηνὸς τελέ[σσαντος κρί]σιν
    Σάρδιες Περσᾶ[ν ἁλίσκοντο στρ]ατῶι,
)__ Κροῖσον ὁ χ'ρυσά[ορος
Γ'   φύλαξ᾽ Ἀπόλλων. [ὁ δ᾽ ἐς] ἄελπτον ἆμαρ
30 μ[ο]λὼν πολυδ[άκ'ρυο]ν οὐκ ἔμελλε
    μίμνειν ἔτι δ[ουλοσύ]ραν, πυρὰν δὲ
   __ χαλκ[ο]τειχέος π[ροπάροι]θεν αὐ[λᾶς
    ναῆσατ᾽, ἔνθα σὺ[ν ἀλόχωι] τε κεδ'[ναῖ
    σὺν εὐπλοκάμοι[ς τ᾽] ἐπέβαιν᾽ ἄλα[στον
35 θ]υ[γ]ατ'ράσι δυρομέναις· χέρας δ᾽ [ἐς
   __ αἰ]πὺν αἰθέρα σ[φ]ετέρας ἀείρας
    γέ]γ[ω]νεν· ,,ὑπέρ[βι]ε δαῖμον,
    πο]ῦ θεῶν ἐστι[ν] χάρις;
    πο]ῦ δὲ Λατοίδ[ας] ἄναξ;
40 ἔρρουσ]ιν Ἀλυά[τ]τα δόμοι
   _ᴗ_×_ᴗ_×] μυρίων
)_. _ᴗ_×_ᴗ_]ν.
Δ'   ×_ᴗᴗ×ᴗᴗ_ᴗ]ν ἄστυ,
    ἐρεύθεται αἵματι χρυσο]δίνας
col 8 (4) 45 Πακτωλός, ἀ[ε]ικελίως γυνα[ῖ]κες
   __ ἐξ ἐϋκτίτων μεγάρων ἄγονται·
    τὰ πρόσθεν [ἐχ]θρὰ φίλα· θανεῖν γλύκιστον."
48 τοσ᾽ εἶπε, καὶ ἀβ'[ρο]βάταν κ[έλε]υσεν

44 ad hunc vel similem locum referas Hes. ἐρεύθεται· πίμ-
πλαται (cf. Eur. Her. 572 Ἰσμηνὸν ἐμπλήσω φόνου)

26 τελέσσαντος Wackern. de τελειοῦσαι (K.) v. p. XX | κτίσιν K.
κρίσιν Weil ‖ 27 ἁλίσκοντο Wackern. ἑάλωσαν brevius, ἐπορθεῦντο
longius; ἐπόρθηθεν Maas ‖ 28 χρυσάορος Palmer χρυσάρματος K.‖
30]ΛῶΝ vel]ΛῶΝ?; μολὼν J. |]Ν vel]ΑΙ ‖ 31 δουλ. J. | Υ fere
certum, non Χ; deinde Ρ, Τ sim. ‖ 34 τ᾽ post εὐπλ., non post σὺν
propter spatium add. Platt, cf. v. 6 | cf. ξ 174 ἄλαστον ὀδύρομαι
(K.) ‖ 37 ὑπέρβιε Bl. ‖ 40 neque]Ο neque]Α | ἔρρουσιν O. Frick
(πίτνουσιν longius spatio) ‖ 41]CΜΥΡΙΩΝ: C del. A³? | κτημάτων
πάλαι βρύοντες Bl. ‖ 44 χρυσο]δίνας K. (Niceph. Soph. 1, 476, 13
Walz; Theod. Lascar. ep. 78, 13) | ἐρεύθεται αἷμ. (13, 152) K.
φοινίσσεται Bl. (13, 165) ‖ 47 ΘΕΝΔ: Fraccaroli | ἐχθρὰ Palmer |
ΝΥΝ supra ΑΦΙΛ ab A³ | 48]ΒΑϋΤΑΝ: A¹ | ,,ἁβροβάτας etymo-
logia q. d. populari immutatum esse ex voce persica *awra-
pāta-, *a(h)ura-pāta- 'ab Ahura (Mazda) protectus' i. e. 'vir Persa'

ἄπτειν ξύλινον δόμον. ἔκ'[λα]γον δὲ
50   παρθένοι, φίλας τ' ἀνὰ ματρὶ χεῖρας
ἔβαλλον· ὁ γὰρ προφανὴς θνατοῖσιν ἔχθιστος φόνων·
ἀλλ' ἐπεὶ δεινο[ῦ π]υρὸς
λαμπρὸν διάϊ[σσεν μέ]νος,
55 Ζεὺς ἐπιστάσας [μελαγκευ]θὲς νέφος
)   σβέννυεν ξανθὰ[ν φλόγα.

E'   )ἄπιστον οὐδέν, ὅ τι θ[εῶν μέ]ριμνα
τεύχει· τότε Δαλογενὴ[ς Ἀπό]λλων
φέρων ἐς Ὑπερβορέο[υς γ]έροντα
60   σὺν τανισφύροις κατ[έν]ασσε κούραις
δι' εὐσέβειαν, ὅτι μέ[γιστα] θνατῶν
ἐς ἀγαθέαν ⟨ἀν⟩έπεμψε Π[υθ]ώ.
ὅσσ[ι] ⟨γε⟩ μὲν Ἑλλάδ' ἔχουσιν, [ο]ὔτι[ς,
ὦ μεγαίνητε Ἱέρων, θελήσει
65 φάμ]εν σέο πλείονα χρυσὸν
Λοξί]αι πέμψαι βροτῶν.
εὖ λέ̣γειν πάρεστιν, ὅσ-
τις μ]ὴ φθόνωι πιαίνεται,
. . . . .]λη φίλιππον ἄνδρ' ἀ[ρ]ήϊον
)70 . . . .]ίου σκᾶπτρ[ο]ν Διό[ς]

67–68 schol. pap. M fr. 2, 5–6 (v. p. XIV sq.)

conicias collato nomine (Xen. Cyr. 5,1,3. 6,1,47. 48 al.) Ἀβραδάτας
i. *A(h)uradāta- 'ab Ahura donatus', de quo v. FAPott, Ztschr. d.
D. Morgenländ. Ges. 13, 1859, 423, 431sqq.; FerdJusti, Altiran.
Namenbuch, Marburg 1895, 2 et 491 et 475; cf. etiam avest. adi.
ahuradāta- 'ab Ahura creatus, factus'." MLeumann per litteras ||
51–53 suppl. frr. 25 et 26 K. || 51 ЄΒΑΛΛЄΝ: A¹ | ΘΙΑ: A¹ || 55 cf.
fr. 29 || 56 Palmer || 57 Θ[pot. qu. C[, non Ο[|| 58 τεύχηι Hw.
coll. 17, 118 || 62 ⟨ἀν⟩ Bl. alii || 63 ⟨γε⟩ Bl. alii || 64 μεγαίνετε
Bl.¹, cf. ad 18; εὐαίνετε 19, 11. πολεμαίνετον fr. 4, 42, sed 1, 154
μεγαινήτους. de -τε̄ v. p. XXI | ∼ 92 || 65 φάμεν Bl. | σέο Palmer ||
66 Bl. alii || 67 cf. 4, 14. 9, 72 || 68 ὅστις μὴ Palmer | ΪΑΙΝЄΤΑΙ:
π add. A³ (F)ιαίνεται Richards et Schoene coll. Hesych.: ἰαίνεται·
χολοῦται, πικραίνεται, παρὰ τὸν ἰόν, sed cf. Pind. P. 2, 55 || 69–72
suppl. fr. 21K. || 69 θεοφιλῆ Herw. || 70 ξεινίου Nairn, τεθμίου
vel δαμίου Bl.

F′   ἰοπ|λό]κων τε μέρο[ς ἔχοντ]α Μουσᾶν·
72 ....]μαλέαι ποτ[ὲ ......].'ιων
....]νος ἐφάμερον α[......]·
    ....]ᾳ σκοπεῖς· βραχ[ύς ἐστιν αἰών·
75 πτε‚ρ‚]όεσσα δ' ἐλπὶς ὑπ[ᴗᴗ_ν]όημα‚
ἐφαμ]ερίων· ὁ δ' ἄναξ [Ἀπόλλων
.....].'λος εἶπε Φέρη[τος υἷι·

col 9 (5)   „θνατὸν εὖντα χρὴ διδύμους ἀέξειν
γνώμας, ὅτι τ' αὔριον ὄψεαι
80 μοῦνον ἁλίου φάος,
χὤτι πεντήκοντ' ἔτεα
ζωὰν βαθύπ|λουτον τελεῖς.
ὅσια δρῶν εὔφραινε θυμόν· τοῦτο γὰρ
) κερδέων ὑπέρτατον."

Z′   85 φρονέοντι συνετὰ γαρύω· βαθὺς μέν
αἰθὴρ ἀμίαντος· ὕδωρ δὲ πόντου
οὐ σάπεται· εὐφροσύνα δ' ὁ χρυσός·
  ἀνδρὶ δ' οὐ θέμις, πολιὸν π[αρ]έντα
γῆρας, θάλ[εια]ν αὖτις ἀγκομίσσαι
90 ἥβαν. ἀρετᾱ[ς γε μ]ὲν οὐ μινύθει
βροτῶν ἅμα σ[ώμ]ατι φέγγος, ἀλλὰ

schol. M fr. 3: 74].ατα ἔρευνα | [ca. 10 ll.] ὅτι ὀλιγοχρό[νιος ὁ
βίος? || 75 ἡ πτερ- | [όεσσα ἐλπὶς δι]αφθείρει τὸ | [τῶν ἀνθρώ-
πων ν]όημα, κτλ. (v. p. 123)

71].'Κ | suppl. Bl. || 72 ΛΕΑΙ | Π in Κ correctum esse vid.,
ut 23 |]ι,]Ν,].' Ν sim., vix]Μ || 72sqq. ὃς δειμαλέᾳ ποτὲ χειρὶ
θύνων γαλανὸς ἐφ. ἀδονᾶν φιλάνορα σκοπεῖς Bl. ὃς ῥωμαλέᾳ π. χ.
νωμῶν αἰῶνος ἐ. αἶσαν αἰὲν ἀσφαλέα σκ. Schw. ὡς δ' ἐν Μαλέᾳ
π., χεῖμα δαίμων ἐπ' ἔθνος ἐ. αἴγ' ἴησι, καίρια σκ. J. || 73]ι,]Ν
sim., sed incertum || 74 post ΕΙϹ litt. (Ρ?) deleta est, estne interp.?
καίρι]α σκόπει{ς} Lloyd-Jones qui suppl. schol. δυ]νατὰ ἔρευνα
(σκόπει eti. Peek) || 75 suppl. Η. Fränkel, nunc cf. schol. | ὑπο-
φέρει Wil. ὑπολύει Sn., cf. 9, 18 et ὑπέλυσε μένος Ζ 27 simm. ||
76 ἐπαμερίων J. Sandys | ∼Ἀπ. v. 58 || 77].'Λ vel].'Δ ὁ βου-
κόλος Κ. ἑκαβόλος J. (φίλωι φίλος Wil. longius spatio) | υἷι Platt.
Wackern. || 78 ΕΥΤΑΝΧΡΗ: Α²? || 78sqq. cf. Epich. 267 Kb. (La-
vagnini) || 87 εὐφρ. = ᾧ τις εὐφραίνεται cf. 5, 84 δέος et alia ||
88 Π[aut ϛ[παρέντα J. || 89 -ΙϹΑΙ || 90 μινύνθη seu μινύθη (aor.
gnom.) J. sed v. p. XXI || 91 Ingram

12

___ *Μοῦσά νιν τρ*[*έφει.*] '*Ιέρων, σὺ δ᾿ ὄλβου*
κάλλιστ᾿ ἐπεδ[*είξ*]*αο θνατοῖς*
ἄνθεα · π|*ράξα*[*ντι*] *δ᾿ εὖ*
95 *οὐ φέρει κόσμ*[*ον σι*]*ω-*
πά· σὺν δ᾿ ἀλαθ[*είαι*] *καλῶν*
καὶ μελιγ|*λώσσου τις ὑμνήσει χάριν*
Κηΐας ἀηδόνος.

4

ΤΩΙ ΑΥΤΩΙ

⟨*ΙΠΠΟΙΣ*⟩ *ΠΥΘΙΑ*

metra: aeolica et dactylica (v. p. **XXXII**sq.) *A′ – B′*

1 ⏑⏑⏑_⏑⏑_⏑_	} *gl*
⏑⏑⏑_⏑⏑_⏑__ |	*hipp* |
3 _⏑⏑_⏑⏑_⏑⏑__ |	*4 dact* |
⏑_ᵕᵕ_⏑⏑_⏑__⏑_ |	*decasyllab (= ⏑_ gl) cr* |
5 _⏑⏑_⏑⏑_⏑⏑ |	} *6 dact ba* |
_⏑⏑_⏑⏑_ |⏑__ |	
7 ⏑⏑⏑_⏑⏑_⟨⏑⟩_	} *gl*
⏑__⏑_⏑⏑_⏑__ |	*ba ₄hipp = chodim ba* |
9 ⏑⏑⏑_⏑_⏑⏑_ |	*chodim* |
_⏑_⏑⏑_⏑__ |||	*hipp* |||

A′   1 *Ἔτι Συρακοσίαν φιλεῖ*
πόλιν ὁ χρυσοκόμας Ἀπόλλων,
3 *ἀστύθεμίν τ᾿ Ἰέ*[*ρω*]*να γεραίρει·*
τρίτον γὰρ παρ᾿ [*ὀμφα*]*λὸν ὑψιδείρου χθονός*
5 5 *Πυ*[*θ*]*ιόνικος ἀ*[*είδε*]*ταῖ*
ὠ[*κυ*]*πόδων ἀρ*[*εταῖ*] *σὺν ἵππων.*

7 *ἐ*[*. . . .*] *ἀδνεπὴς ἀ*[*να-*
ξιφόρ]*μιγγος Οὐρ*[*αν*]*ίας ἀλέκτωρ*

---

4 4—12 fr. Flor. A huc traxit M. Norsa

3 92 *τράφει* (Pind.) propter spatium (?) Platt | ~ 64 et 22 ‖
96]κ̣ vel]х̣ | *καλ*⟨*έ*⟩*ων* Jur. *κλέων* H. Fränkel

4 5 γ̣[vel х̣[, non ʌ̣[‖ **6** *ἀρετᾶι* Bl. alii ‖ **7** ε̣[| ʌ̣[pot. qu.
ʌ̣[‖ **7** sq. P. Maas ‖ **8** *οὐρανίας* M. Norsa ‖ **7—9** *ἔλακε δ᾿* . . . . *φρε-*
νόθεν vel *ἔθελε* (*ἔλιπε*?) *δ᾿* . . . . *πάρεμεν* Sn. e. g.

13

9 . . . . . .]εν· ἀλλ' ἐκ[όν]τι νόωι
. . . . . ο]υς ἐπέσεισ͵εν͵ ὕμνους.

B' 11 1 ἔτι δὲ τέ]τ᾿ρατον εἴ τις ορ-
. . . . . .(.)] εἶλκε Δίκας τάλαν[τον,

col 10 (6) 3 Δεινομένεος κ᾿ ἐγερα[ίρ]ομεν υἱόν
†παρ᾿ ἑστίαν† ἀγχιάλοις τ[ε Κί]ρρας μυχοῖς

15 5 μοῦνον ἐπιχθονίων τάδε
μησάμενον στεφάνοις ἐρέπτειν

7 δύο τ᾿ ὀλυμπιονικ⟨ί⟩ας
ἀείδειν. τί φέρτερον ἢ θεοῖσιν

9 φίλον ἐόντα παντο[δ]απῶν
20 λαγχάνειν ἄπο μοῖρα[ν] ἐσθλῶν;

5

⟨ΤΩΙ ΑΥΤΩΙ
ΚΕΛΗΤΙ ΟΛΥΜΠΙΑ⟩

metrum: dactyloepitr (v. p. XXIV) A'–E'

$$ΣΤΡ \quad \_DE\_ \, ||^3\_D\_D\smile e|^5D\_D||^7E\_e\smile e||$$
$$^9\_D\_e\_D||^{11}\_DE||^{13}\_D\_DE|||$$
$$ΕΠ \quad \_d^1E\smile|D|^3\_D\smile e\_|E\_|^5D\_E\smile e||$$
$$^7\_D\smile|e\smile e\smile|^9D|E\smile e\_|||$$

4 10 schol. M fr. 5 ὕ]μνους ἐπέ[σεισεν − − ἐ]πέσεισεν (suppl.
Lobel) [− ἡ δὲ μ]εταφο[ρὰ ἀπὸ τῆς φυλλοβολίας (e. g. suppl. Sn.)

5 metri causa corrigendos esse hos versus putavi: 8 δεῦρ᾿ ⟨ἄγ᾿⟩,
14 ἐθέλει ⟨δὲ⟩, 26—27 νωμᾶ{τα}ι, 28 πνο⟨ι⟩αῖσιν, 30 {μετ᾿} ἀνθρώποις, 31 ⟨ἐ⟩μοί, 49 φιλοξε⟨ί⟩νωι, 78 προσ{ε}εῖπεν, 115 {τ}οὺς
κατέπεφνε⟨ν⟩, 137 κο⟨ύ⟩ρα, 151 μίνϋθεν pro μίνυνθα, 160 et 191
τᾶδε, 169 ⟨ἐ⟩θέλων, 184 ⟨ἐς⟩, 193 ⟨ἀν⟩. colometriam papyri servavi quamquam nonnullis locis non ad numerum syllabarum, sed
ad caesuras versus divisi sunt: 13. 35. (75.) 115. periodos distin-
xerunt OSchroeder, Herm. 38, 240 et Maas, Philol. 63, 298, 1;
notes finem periodi v. 74 ἔξ : εἴλετο, cf. p. XXI

4 9 Bl. || 10 e schol. Lobel | καί (Sn.) νέο]υς (Gallavotti)? ||
11 sq. suppl. fr. 19 K. || 11 ἔτι δὲ Pfeiffer, τέτρ. Gallavotti |
ὀρ- : θόνομον M. Norsa ὀρθὰ θεὸς − τάλαντα Sn. Headlam, cf. 17,
25 ὀρθότερον Pfeiffer || 14 πάρεστιν νιν Bl. πάρεστι ⟨μ⟩άν Wil.
παρέστα δ᾿ ἂν vel παρῆν δ᾿ ἄμμιν Pfeiffer | ἀγχιάλοισι K., Bl.
ἀγχιάλοις τ[ε Sn. | Κίρρας Bl. |]P pot. qu.]B || 17 -κ⟨ι⟩ας Maas
(cf. ἀεθλονικία) || 18 Ọ potius quam A̢ || 20 Bl. Wil. cf. 5, 51

A'   1 *Εὔμοιρε* [*Σ*]*υρακ*[*οσίω*]*ν*
ἱπποδινήτων στρατα[*γ*]*έ,*
3 *γνώσῃ μὲν* [*ἰ*]*οστεφάνων*
Μοισᾶν γλυκ[*ύ*]*δωρον ἄγαλμα, τῶν γε νῦν*
5 5 *αἴ τις ἐπιχθονίων,*
ὀρθῶς· φρένα δ᾽ εὐθύδικ[*ο*]*ν*
7 *ἀτ*|*ρέμ᾽ ἀμπαύσας μεριμνᾶν*
δεῦρ᾽ ⟨*ἄγ᾽*⟩ *ἄθ*|*ρησον νόωι·*
9 *ἢ σὺν Χαρίτεσσι βαθυζώνοις ὑφάνας*
10 *ὕμνον ἀπὸ ζαθέας*
11 *νάσου ξένος ὑμετέραν*
ἐς κλυτὰν πέμπει πόλιν,
13 *χρυσάμπυκος Οὐρανίας*
κλεινὸς θεράπων· ἐθέλει {*δὲ*}
15 *γᾶρυν ἐκ στηθέων χέων*
1 *αἰνεῖν ῾Ιέρωνα. βαθὺν*
δ᾽ αἰθέρα ξουθαῖσι τάμνων
3 *ὑψοῦ πτερύγεσσι ταχεί-*
αις αἰετὸς εὐρυάνακτος ἄγγελος
20 5 *Ζηνὸς ἐρισφαράγου*
θαρσεῖ κρατερᾶι πίσυνος
7 *ἰσχύϊ, πτάσσοντι δ᾽ ὄρνι-*
χες λιγύφθογγοι φόβωι·
9 *οὔ νιν κορυφαὶ μεγάλας ἴσχουσι γαίας,*
25 *οὐδ᾽ ἁλὸς ἀκαμάτας*

2 ΤΩΙ: ΤΩΝ Α¹? ‖ 3 ~ 98 ‖ 6 -*κ*[*ο*]*ν* propter spat. pot. qu: -*κ*[*α*]*ν*, sed *ὀρθοδίκαν* Pind. P. 11, 9 ‖ 6sq. ~ 141sq. ‖ 8 ⟨*ἄγ᾽*⟩ Maehler (cf. Od. *ϑ* 145), ⟨*ἄρ᾽*⟩ Steffen, ⟨*ἐν*⟩ *νόωι* Pfeiffer ‖ 9 Η: *ἤ* Platt. Jur. cl. Pind. P. 6, 1. *ῇ* (K.) ne dialecto quidem convenire monuit Maas Resp. 1, 15, sed afferre possis dor. *ῇ* = ubi, Bechtel, GrD. 2, 761. Wil. SBB. 1927, 176; *εἰ* Palmer; *ἢ* Bl. (= *εἰ* quod prop. Palmer; *Θ* 111 ABT cf. Körte) ‖ 11–12 *πέμ*|*πει κλεεννὰν ἐς πόλιν* A: Maas Resp. 2, 18 ('exempli gratia' 1932) ‖ 14 ΚΛΙΝΟC: Α³ *καινός* Housm. (cf. 19, 9) | *δὲ* secl. Walker, Maas Resp. 2, 19, 1 cl. Pind. O. 6, 74. 1, 71 ‖ 22 ΤΑϹϹΟΝΤΙ: Α²? | cf. Alc. fr. 52 D. ‖ 23 ΦΟΙΒΩΙ: Κ. ‖ 24 ~ 144 | ΜΕΓΑΛΑΙϹ: Α²

col 11 (7)   26 11 δυσπαίπαλα κύματα· νω-
μᾶι δ' ἐν ἀτ|ρύτωι χάει
13 λεπτότ|ριχα σὺν ζεφύρου πνοι-
αῖσιν ἔθειραν ἀρίγ|νω-
30   τος {μετ'} ἀνθρώποις ἰδεῖν·
1 τὼς νῦν καὶ ⟨ἐ⟩μοὶ μυρία πάντᾶι κέλευθος
ὑμετέραν ἀρετάν
3 ὑμνεῖν, κυανοπ|λοκάμου θ' ἔκατι Νίκας
χαλκεοστέρνου τ' Ἄρηος,
35 5 Δεινομένευς ἀγέρωχοι
παῖδες· εὖ ἔρδων δὲ μὴ κάμοι θεός.
7 ξανθότ|ριχα μὲν Φερένικον
Ἀλφεὸν παρ' εὐρυδίναν
9 πῶλον ἀελλοδρόμαν
40   εἶδε νικάσαντα χρυσόπαχυς Ἀώς,
Β′   )‾‾‾1 Πυθῶνί τ' ἐν ἀγαθέᾱι·
γᾶι δ' ἐπισκήπτων πιφαύσκω·
3 οὔπω νιν ὑπὸ π|ροτέ[ρω]ν
ἵππων ἐν ἀγῶνι κατέχ|ρανεν κόνις
45 5 πρὸς τέλος ὀρνύμενον·
ῥιπᾶι γὰρ ἴσος βορέα
7 ὃν κυβερνήταν φυλάσσων
ἵεται νεόκ|ροτον
49 9 νίκαν Ἱέρωνι φιλοξείνωι τιτύσκων.

26 schol. Hes. Theog. 116: Β. δὲ χάος τὸν ἀέρα ὠνόμασε, λέγων
περὶ τοῦ ἀετοῦ· v. δ' ἐν ἀτρυγέτῳ χάει; eodem refert Ruhnken
schol. Ar. Av. 192 (verba „Ibyci") ποτᾶται (ποτᾶται Sud. s. v.
χάος) δ' ἐν ἀλλοτρίῳ χ. (28 B.⁴; ἀλλοτρίῳ ex Aristoph. loco sumptum) ‖ 37—40 νικάσαντα: schol. Pind. Ol. 1 argum. (1, 16, 3 Dr.)

26—27 ΝΩΜΑΙ⋮ΤΑΙ Α: ΝΩΜΑ⋮ΤΑΙ Α¹: Walker ‖ 28 ΠΝΟΑΙϹΙΝ ‖
30 μετ' secl. Walker ‖ 31 ∼ 111 | Bl. | cf. 19, 1 et Pind. I. 4, 1sq.
ἔστι μοι θεῶν ἔκατι μυρία παντᾶι κέλευθος ... ὑμετέρας ἀρετᾶς
ὕμνωι διώκειν. cf. Wil. Pindaros 336 ‖ 33 ΥΜΝΕΙ: Palmer ‖ 34 ∼ 74‖
35 ∼ 115 ‖ 39 -δρόμον Schol. Pind., cf. fr. 20 A, 23 ‖ 40 cf. epigr.
942 Kaibel ‖ 42 cf. 8, 19. Ι 568. Ξ 272 ‖ 43 ∼ 83 | τέ[i. e. -τέρων,
non -τερᾶν, quod lacunae fort. paullo melius conveniret (∼ 123) ‖
46 ΒΟΡΕΑΙ: Α¹ ‖ 47 ∼ 167 ‖ 48 'cum novo plausu' ‖ 49 ΞέΝ: Κ.

16

50 ὄλβιος ὧιτινι θεός
11 μοῖράν τε καλῶν ἔπορεν
    σύν τ᾽ ἐπιζήλωι τύχαι
13 ἀφ᾽νεὸν βιοτὰν διάγειν· οὐ
    γά‿ρ τις‿ ἐπιχθονίων
55 πι‿άντ‿α γ᾽ εὐδαίμων ἔφυ.
    1 δῦναί π]οτ᾽ ἐρειψιπύλαν
    ἄνδρ᾽ ἀνίκ]ατον λέγουσιν
    3 ἔρνος Διὸς] ἀργικεραύ-
col 12 (8)   νου δώματα Φερσεφόνας τανισφύρου,
    60 5 καρχαρόδοντα κύν᾽ ἄ-
    ξοντ᾽ ἐς φάος ἐξ Ἀΐδα,
    7 υἱὸν ἀπ᾽λάτοι᾽ Ἐχίδ᾽νας·
    ἔνθα δυστάνων βροτῶν
    9 ψυχὰς ἐδάη παρὰ Κωκυτοῦ ῥεέθ᾽ροις,
    65 οἷά τε φύλλ᾽ ἄνεμος
    11 Ἴδας ἀνὰ μηλοβότους
    πρῶνας ἀργηστὰς δονεῖ.
    13 ταῖσιν δὲ μετέπ᾽ρεπεν εἴδω-
    λον θρασυμέμνονος ἐγ-
    70 χεσπάλου Πορθανίδα·
    1 τὸν δ᾽ ὡς ἴδεν Ἀλκμή⟨ν⟩ιος θαυμαστὸς ἥρως
    τ‿[ε]ύχεσι λαμπόμενον,
    3 νευρὰν ἐπέβασε λιγυκ᾽λαγγῆ κορώνας,
    74 χαλκεόκ᾽ρανον δ᾽ ἔπειτ᾽ ἔξ

50–55 Stob. Flor. 4, 39, 2 (5, 902 W.-H.) ‖ **50–53** διάγειν
Apostol. XII 65e ‖ 53 οὐ – 55 Stob. Flor. 4, 34, 25 (5, 833 W.-H.)

53 ΑΦΝΕΙΟΝ A, Stob., Apost. | cf. fr. 20 B, 23 ‖ **55** πανγ vel
παντ᾽ Stob. Flor. 4, 39, 2 ‖ **56** Wil. | ΕΡΕΙΨ: ΕΡΙΨ A¹? ‖ **57** in.
Siegmann |]Λ vel]Λ ‖ **58** in. Siegmann | ∼ 178 Δία ‖ **60** κύν᾽
ἄξοντ(α) e λ 623 ‖ **64** ἔλαεν Schw. coll. Apoll. Arg. 3, 871 ‖ **65** sq.
cf. Norden, Verg. Aen. VI p. 223sq. ‖ **67** cf. ἀργῆτα Κολωνόν
Soph. O. C. 670; ventus ἀργεστής montes claros (ἀργηστάς) reddit,
cf. schol. (A) ad Λ 306; ne putes hic ἀργεστάς scribendum esse ‖
69 ΕΝ: A³ ‖ **70** ΘΑΝΙΔΑ: ΘΑΟΝΙΔΑ A²? (Υ?)

75 5 εἴλετο ἰὸν ἀναπτύ-
    ξας φαρέτ|ρας πῶμα· τῶι δ' ἐναντία
  7 ψυχὰ προφάνη Μελεάγ|ρου,
    καί νιν εὖ εἰδὼς προσεῖπεν·
  9 „υἱὲ Διὸς μεγάλου,

Γ' 80)___ στᾶθί τ' ἐν χώραι, γελανώσας τε θυμόν
  1 μὴ ταύσιον προΐει
    τραχὺν ἐκ χειρῶν ὀϊστόν
  3 ψυχαῖσιν ἔπι φθιμένων·
    οὔ τοι δέος.“ ὣς φάτο· θάμβησεν δ' ἄναξ
85 5 Ἀμφιτρυωνιάδας,
    εἶπέν τε· „τίς ἀθανάτων
  7 ἢ βροτῶν τοιοῦτον ἔρνος
    θρέψεν ἐν ποίαι χθονί;
  9 τίς δ' ἔκτανεν; ἦ τάχα καλλίζωνος Ἥρα
  90 κεῖνον ἐφ' ἁμετέραι
  11 πέμψει κεφαλᾶι· τὰ δέ που

col 13 (9) Παλλάδι ξανθᾶι μέλει.“
  13 τὸν δὲ π|ροσέφα Μελέαγ|ρος
    δακ|ρυόεις· „χαλεπὸν
  95 ___ θεῶν παρατ|ρέψαι νόον
  1 ἄνδρεσσιν ἐπιχθονίοις.
    καὶ γὰρ ἂν πλάξιππος Οἰνεύς
  3 παῦσεν καλυκοστεφάνου
    σεμνᾶς χόλον Ἀρτέμιδος λευκωλένου
100 5 λισσόμενος πολέων
    τ' αἰγῶν θυσίαισι πατήρ
  7 καὶ βοῶν φοινικονώτων·
    ἀλλ' ἀνίκατον θεά
  9 ἔσχεν χόλον· εὐρυβίαν δ' ἔσσευε κούρα
  105 κάπ|ρον ἀναιδομάχαν

---

75 de (F)ιόν cf. p. XXI ‖ **78** ΠΡΟΣΕΕΙΠΕΝ ‖ **80** ΑϹΤΕ ex ΑϹΑΕ
corr. Α[1] | γαλαν. Marindin; sed cf. γελανής Pind. ‖ **81** ~ 161 ‖
84 τοι = σοι cf. *M* 246, *A* 515; οὔτοι scr. J., Bl. alii ‖ **87** ~ 102 ‖
90 κεῖνον] qui Meleagrum occiderat (K.) ‖ **92** ~ 132 ‖ **97** *I* 581
ἱππηλάτα Οἰνεύς (cf. *Ξ* 117) ‖ **98** ~ 3. 123

106 11 ἐς καλλίχορον Καλυδῶ-
    ν', ἔνθα πλημύρων σθένει
    13 ὄρχους ἐπέκειρεν ὀδόντι,
    σφάζε τε μῆλα, βροτῶν
110 ___ θ' ὅστις εἰσάνταν μόλοι.
    1 τῶι δὲ στυγερὰν δῆριν Ἑλλάνων ἄριστοι
    στασάμεθ' ἐνδυκέως
    3 ἓξ ἄματα σῡεχέως· ἐπεὶ δὲ δαίμων
    κάρτος Αἰτωλοῖς ὄρεξεν,
115 5 θάπτομεν οὓς κατέπεφ'νεν
    σῦς ἐριβ'ρύχας ἐπαΐσσων βίᾱι,
    7 Ἀ[γκ]αῖον ἐμῶν τ' Ἀγέλαον
    φ[έρτ]ατον κεδ'νῶν ἀδελφεῶν,
    9 οὓς τέ]κεν ἐν μεγάροις
120)___ . . . . .]ς Ἀλθαία περικ'λειτοῖσιν Οἰνέος·
Δ' 1 . . . . . ὤ]λεσε μοῖρ' ὀλοὰ
    . . . . . .]ς· οὐ γάρ πω δαΐφ'ρων
    3 παῦσεν] χόλον ἀγ'ροτέρα
col 14 (10)   Λατοῦς θυγάτηρ· περὶ δ' αἴθωνος δορᾶς
125 5 μαρνάμεθ' ἐνδυκέως
    Κουρῆσι μενεπτολέμοις·
    7 ἔνθ' ἐγὼ πολλοῖς σὺν ἄλλοις
128 Ἴφικλον κατέκτανον

106 OC: OC A³?: ἐς Palmer ‖ **109** μῆλα ex *I* 542 ἄνθεσι μήλων fluxisse ci. Wil., sed cf. Ov. Met. 8, 296; Apollod. 1, 8, 2, 2 ‖ **112** (et 125) ἐνδυκέως praeter usum Homericum pro νωλεμές (μάρνασθαι *I* 317 *P* 148) ‖ **113** CYNE A: CYNNE A³, de hac scriptura cf. Schol. *M* 26, Eust. 1615, 58 ‖ συνεχέως interpretamenti nomine glossae ἐνδυκέως adhaeret, cf. schol. Nic. Ther. 263 (Schw.), Hesych. s. v. ἐνδυκές ‖ **114** Αἰτωλοῖς] modeste de se ipso loquitur Mel. ‖ **115** ΤΟΥΣ tuetur Bl., corr. K. | ΠΕΦΝΕ ‖ **117** Ἀγκαῖον] cf. Apollod. 1, 8, 2, 6 | ΑΓΓΕΛΟΝ: K. (Antonin. Liber. Met. 2: Ἀγέλεως) ‖ **118** aut φίλτατον ‖ **119** ὅν Wil. τὸν Pfeiffer ‖ **120** πατρὸς K. θοῦρις (. . . 121 κἄμ' . . . 122 πατρὸς) Schw. (omnia breviora spatio) παῖδας Schadew. ‖ **121**]ΛΕCΕΝ: A²? |]Λ vel]Λ | σύν τ' (vel σὺν δ') Edm. τοὺς δ' K. νῦν δ' Bl. (ἀλλ' brevius, πρὸς δ', τῶν δ' longius spatio) | ∼ 176 ‖ **122** πλεῦνας Housm. Bl.¹ πάντας Ludwich; cf. Ant. Lib. 2, 6 | ∼ 137 ‖ **123** ∼ 98 |]Χ vel]Κ ‖ **126** ΚΟΥΡΗΙCΙ: A¹

9 ἐσθλόν τ᾽ Ἀφάρητα, θοοὺς μάτρωας· οὐ γὰρ
130 καρτερόθυμος Ἄρης
11 κρίνει φίλον ἐν πολέμωι,
τυφ|λὰ δ᾽ ἐκ χειρῶν βέλη
13 ψυχαῖς ἔπι δυσμενέων φοι-
τᾶι θάνατόν τε φέρει
135 ___ τοῖσιν ἂν δαίμων θέληι.

1 ταῦτ᾽ οὐκ ἐπιλεξαμένα
Θεστίου κούρα δαΐφ|ρων
3 μάτηρ κακόποτ|μος ἐμοὶ
βούλευσεν ὄλεθ|ρον ἀτάρβακτος γυνά,
140 5 καῖέ τε δαιδαλέας
ἐκ λάρνακος ὠκύμορον
7 φιτ|ρὸν ἐξαύσασα· τὸν δὴ
μοῖρ|᾽ ἐπέκ|λωσεν τότε
9 ζωᾶς ὅρον ἀμετέρας ἔμμεν. τύχον μὲν
145 Δαϊπύλου Κλύμενον
11 παῖδ᾽ ἄλκιμον ἐξεναρί-
ζων ἀμώμητον δέμας,
13 πύργων προπάροιθε κιχήσας·
τοὶ δὲ πρὸς εὐκτιμέναν
150 ___ φεῦγον ἀρχαίαν πόλιν
1 Πλευρῶνα· μίνυθεν δέ μοι ψυχὰ γλυκεῖα·
γνῶν δ᾽ ὀλιγοσθενέων,
153 3 αἰαῖ· πύματον δὲ πνέων δάκ|ρυσα τλά[μων,

---

129 ΑΦΑΡΗΑΤΑ: A¹ i. e. Ἀφάρητα vel -ρῆα (Ἀφάρης = Ἀφαρεύς).
Althaeae frater Aphares nominatur schol. *I* 576 (Schw.), Aphareus
(acc: Aphearea) Lact. Stat. Theb. 1, 402 (Höfer); cf. et Ov. Met.
8, 304 | ΟΥΓΑΡ add. A³ || 134 ΑΘΑΝ: A¹ || 135 ∼ 55 || 137 ΚΟΡΑ ||
139 ∼ 179 || 142 ΕΓΚΛΑΥCΑCΑ: Wackernagel, Herm. 40, 1905, 154
coll. Hesych. ε 3617 ἐξαῦσαι· ἐξελεῖν et Poll. 6, 88; cf. W. Schulze,
Kl. Schr. 189; ἐγκλαύσασα def. Bl. coll. *I* 567 πόλλ᾽ ἀχέουσ᾽ ἠρᾶτο
κασιγνήτοιο φόνοιο et L. Radermacher, Wien. Stud. 46, 1928, 132;
ἀγκλ. = conclamans J., = recludens Brooks ClRev. 34, 101; ἐγ-
λαβοῦσα i. e. ἐκλ. Schw. (coll. Ov. Met. 8, 460 protulit hunc geni-
trix); ∼ 7 || 143 ποτὲ K., sed τότε = ὡς ἔκαιεν Ἀλθ. τὸν φ. ||
146 ΕΞΑΝΑΡ || 151 ΜΙΝΥΝΘΑ (cf. Il. Α 416): Wil., cf. p. XXI μινύνθη
J. μινύθη Sitzler μινύνθᾱ def. Pfeiffer

20

ἀγ|λαὰν ἥβαν προλείπων·"

155 5 φασὶν ἀδεισιβόαν

col 15 (11)   Ἀμφιτ|ρύωνος παῖδα μοῦνον δὴ τότε

7 τέγξαι βλέφαρον, ταλαπενθέος

πότ|μον οἰκτίροντα φωτός·

9 καί νιν ἀμειβόμενος

160)   τᾶδ' ἔφα· „θνατοῖσι μὴ φῦναι φέριστον

E′   1 μηδ' ἀελίου προσιδεῖν

φέγγος· ἀλλ' οὐ γάρ τίς ἐστιν

3 πρᾶξις τάδε μυρομένοις,

χρὴ κεῖνο λέγειν ὅτι καὶ μέλλει τελεῖν.

165 5 ἦρά τις ἐν μεγάροις

Οἰνῆος ἀρηϊφίλου

7 ἔστιν ἀδ|μήτα θυγάτ|ρων,

σοὶ φυὰν ἀλιγκία;

9 τάν κεν λιπαρὰν ⟨ἐ⟩θέλων θείμαν ἄκοιτιν."

170   τὸν δὲ μενεπτολέμου

11 ψυχὰ προσέφα Μελεά-

γ|ρου· „λίπον χλωραύχενα

13 ἐν δώμασι Δαϊάνειραν,

νῆϊν ἔτι χ|ρυσέας

175   Κύπ|ριδος θελξιμβρότου."

---

160 θνατ. – 162 φέγγος Stob. Flor. 4, 34, 26 (5, 833 W.-H.) adiecto fr. 54; Heph. Ptol. (8, 8 p. 43 Chatzis) ap. Phot. Bibl. 153a 5 τὸ παρὰ Βακχυλίδηι ὡς ἀπὸ Σειληνοῦ εἰρημένον

154 ΛΙΠΩΝ ‖ 155sqq. cf. epigr. 790 Kaibel (Radtke, Herm. 36, 68, 1), Theocr. 24, 31 αἰὲν ἄδακρυν, Eur. Her. 1354 (cf. Wil. ad l.), Ptolem. Chenn. 7, 5 Chatzis (Maas) | μοῦνον δή non δὴ τότε coniungendum, Maas Resp. 2, 18, 2 ‖ 158 ΟΙΚΤΕΙΡ: Bl. ‖ 160 ΤΟΙΔ': ΤΑΔ' A³ τᾶδ' Wil. (cf. 191) τοῖ' Housm. τόδ' (K.) vel τάδ' (Bl.) metro non convenit (v. v. 191) ‖ 161 ΜΗΤ: μηδ' Stob.; negatione praecedente οὔτε ponitur a Pind., ut duo verba arte coniungantur (Rumpel 348 B) | ~ 81 ‖ 162sq. cf. κ 202 = 568 ἀλλ' οὐ γάρ τις πρῆξις ἐγίγνετο μυρομένοισι ‖ 164 ΚΡΗ: A² | ἀλέγειν dubitanter Maas cl. Soph. Ai. 852. Aesch. Sept. 713 | μέλλω Körte ‖ 165 ΗΡΑΤΙϹ cf. Schroeder, Pind. 1900. Proll. II 39 ‖ 169 ΑΚΟΙΤΑΝ: A² | ΘΕΛΩΝ ‖ 170 ΤΟΝΚΕ: A²? ‖ 172 ΑΫΧ: ΑΥΧ (vel ΑΫΧ?) A³? ‖ 175 ~ 190

176 1 λευκώλενε Καλλιόπα,
στᾶσον εὐποίητον ἄρμα
3 αὐτοῦ· Δία τε Κ¹ρονίδαν
ὕμνησον Ὀλύμπιον ἀρχαγὸν θεῶν,
180 5 τόν τ᾽ ἀκαμαντορόάν
Ἀλφεόν, Πέλοπός τε βίαν,
7 καὶ Πίσαν, ἔνθ᾽ ὁ κ¹λεεννὸς
πο]σσὶ νικάσας δρόμωι
9 ἦλθ]εν Φερένικος ⟨ἐς⟩ εὐπύργους Συρακόσ-
185 σας Ἱέρωνι φέρων
11 εὐδ]αιμονίας πέταλον.
χρή] δ᾽ ἀλαθείας χάριν
col 16 (12) 13 αἰνεῖν, φθόνον ἀμφ[οτέραισιν
χερσὶν ἀπωσάμενον,
190 εἴ τις εὖ πράσσοι βροτῶ[ν.
1 Βοιωτὸς ἀνὴρ τάδε φών[ησεν, γλυκειᾶν
Ἡσίοδος πρόπολος
3 Μουσᾶν, ὃν ⟨ἂν⟩ ἀθάνατοι τι[μῶσι, τούτωι
καὶ βροτῶν φήμαν ἔπ[εσθαι.
195 5 πείθομαι εὐμαρέως
εὐκλέα κελεύθου γλῶσσαν οὐ[‿‿◡‿
197 7 πέμπειν Ἱέρωνι· τόθεν γὰ[ρ

---

179 ΟΛΥΜΠΙΩΝ A³ ‖ **184** ἦλθεν . . . ἐς Bl. Housm. αὔξεν . . .
εὐπύργους K., sed non licet distrahere εὐ- nisi ante binas consonas; ἐνδμάτους e. g. HFränkel | C⟨ΕC⟩ΕΥΠ Bl. Housm. cf. v.
193; 11, 114 | ΚΟΥCCAC ut ionic. def. Hw. ‖ **187** ΑΛΗΘ: Bl. ‖
188 ΕΙΝ: A³ ‖ **189** -μενοῦ Maas (cf. p. XXI) -μένους Housm. ‖
190 ∼ 175 ‖ **191** τάδε metro non convenit; τᾷδε Wil. coll. 160;
cf. 10, 47 πᾶ A? | γλυκειᾶν (∼ 151; fr. 21, 4) Bruhn λιγειᾶν Wil.‖
193 ŌN (quid significet ignoratur) Ν⟨ΑΝ⟩Α Housm. Wil. Bl. |
ignota Hesiodi sententia (v. p. XXII); cf. Theogn. 169 ὃν δὲ θεοὶ
τιμῶσιν, ὁ καὶ μωμεύμενος αἰνεῖ | τούτωι Housm. (Pind. P. 10, 23,
PMG 1017 Page) κείνωι Wil. χρῆναι Pingel -σιν ἐσθλὰν Lips. |
ad 191–193, cf. A. P. 7, 35 (Maas) ‖ **194** ΕΠ[: Housm. Wil. (cf.
Δ 415 etc.), vix ΕΠ[vel ΕΓΙ[‖ **195** ∼ 36 ‖ **196** οὐκ ἐκτὸς δίκας J.,
Drachm. οὐκ ἐκτὸς θεῶν Bl. cf. 11, 26 οὐκ ἐκτός προείς Jur. οὐκ
ἀμάχανος Schw. coll. Pind. Nem. 7, 50 οὐ πλανώμενος Bucherer

22

πυθ'μένες θάλλουσιν ἐσθλ[ῶν,
τοὺς ὁ μεγιστοπάτωρ
200 Ζεὺς ἀκινήτους ἐν εἰρήν[αι φυλάσσοι.

6

ΛΑΧΩΝΙ ΚΕΙΩΙ

⟨ΠΑΙΔΙ⟩ ΣΤΑΔΙΕΙ ΟΛΥΜΠ[ΙΑ

metrum: aeolicum (v. p. XXXII) *A′ _B′*

1 ◡_◡_◡_ _ |◡◡_◡_ _◡_ _ ||	*ia ba* | *anacl* ||
3 _◡◡_ _◡◡_◡_ _ |◡_◡◡_◡ ||	*2 cho ba* | ᴧ*pher* ||
5 _◡_◡_◡_ ||	*lec* ||
6 ◡_ _◡◡_◡_	}*gl hipp* | ᴧ*pher* |||
_◡_◡◡_◡_ _ |◡◡_◡_ _ |||	

A· Λάχων Διὸς μεγίστου
   λάχε φέρτατον πόδεσσι
   3 κῦδος ἐπ᾽ Ἀλφερῷ προχοαῖσ[ι νικῶν,
   δι᾽ ὅσσα πάροιθεν
   5 ἀμπελοτ'ρόφον Κέον
   6 ἄεισάν ποτ᾽ Ὀλυμπίαι
    πύξ τε καὶ στάδιον κρατεῦ[σαν
    στεφάνοις ἐθείρας
B′)—— νεανίαι βρύοντες.
  10 σὲ δὲ νῦν ἀναξιμόλπου
   3 Οὐρανίας ὕμνος ἕκατι Νίκ[ας,
   Ἀριστομένειον
  13 ὦ ποδάνεμον τέκος,

6 de metro cf. Wil. GV. 262sq. 4 + 5 = *ia*◡◡— *iaia* sec. Maas

198 Bl. Jur. Wil. cf. Pind. N. 8, 40sqq. ‖ **200** Palmer coll. 13,
189 nisi quod -σσει (-σσοι Bl. alii)
6 3 ΛΑΦΕΙΟΥ?: ΑΛ Α³: -φεοῦ Κ. ‖ -αῖσι νικῶν Bl. ∼ 11, quod def.
Wil. GV. 263, 2 qui coniungi vult δι᾽ ὅσσα πάροιθεν Κέον ἄεισαν,
σὲ δὲ νῦν ὕμνος γεραίρει (δέ 'apodoticum'); κἀλ᾽ αὔξων J. ἀέθλων
Housm. ‖ **7** ∼ **15** ‖ **9** ΝΙΑΒΡ: Α² ‖ ΟΝΤΕ Α: C add. Α² ‖ **13** ΠΟ-
ΔΑΟΝ: Α³?

6 γεραίρει προδόμοις ἀοι-
15   δαῖς, ὅτι στάδιον κρατήσας
        Κέον εὐκλέιξας.

7

ΤΩΙ ΑΥΤΩΙ

metrum: dactyloepitr (v. p. XXIV) A'—B'
        13?   17
¹D‿e|?² _ E‿e|³ _ D‿e ...... |⁶ _ D‿e|⁷ _ E _ e||
⁸D _ e|⁹ _ E _ E _ D _ |¹¹e _ D _ |||

A'   1 ᵀΩ λιπαρὰ θύγατερ Χρόνου τε κ[αί
            Νυκτός, σὲ πεντήκοντα μ₍ηνῶν ἁμέραν
          3 ἐκκαιδεκάταν ἐν Ὀλυμπ[ίαι ‿_
col 17 (13)   ...]βαρυβρ[............] ἕκατι
          5 ...]ιτοσαιμα[
          6 κρίνειν τα[χυτᾶτά τε] λαιψηρῶν ποδῶν
            Ἕλλασι καὶ γυ[ίων ἀ]ρισταλκὲς σθένος·
          8 ὧι δὲ σὺ πρεσβύ[τατο]ν νείμηις γέρας

7 2 Favorin. π. φυγῆς col.4,49 (postquam studium philosophiae
comparavit cum exercitationibus athletarum Olympiae pugnatu-
rorum) ἰδοὺ τοίνυν πάρεστιν ἡ κυρία προθεσμία, οὐ πεντήκοντα
μηνῶν κατὰ τὸν Πίνδαρον ἁμέρα ἐκκαιδεκάτα, Πέλοπος ἤ τινος
Ἰδαίου Δακτύλου νόμωι πρὸς παν[(cetera deleta)

7 1sq. compellatur Ἡμέρα decima sexta mensis eius quo Olym-
pici ludi celebrabantur; eo die coronas victoribus tribui solitas
esse testatur schol. Pind. O. 5, 8. 14. erant autem menses lunares
XCIX, qui orbem annorum VIII complebant, in duas partes ita
divisi, ut altera haberet menses L, altera XLIX; itaque dies festi
ludorum vel post quinquagenos vel post quadragenos novenos
menses recurrebant. schol. Pind. O. 3, 35 (Bl.; cf. Nilsson RE.
s. v. Oktaeteris 2389) || 1 ΛΙΠΑΡΟ: A³? | de fine periodi v. p. XXI ||
3—11 ope 6 fragment., inter quae sunt fr. 29 et 33K., suppl. Bl.,
Edm. || 3sq. κελεύουσιν βαρυβρόμοιο Ζηνὸς ἕκατι Edm., sed ob-
stat metrum. temptes θέσαν : Διὸς βαρυβρέντα Κρονίδαο ἕκατι sc.
dactyli, quos αἵμονας v.5 nominatos esse putes, vel Πέλοψ : .....
ἔθηκεν (cf. supra verba Favorini) || 5 ΜΑ̣[, non ΜΟ[|| 6 ταχυτ.
Wackern. Platt ταχυ⟨τα⟩τα : Jur., fort. recte || 7 ΑΛΚΕΕC: A³? ||
8 Ꜧ̣ΔΕ: A¹ | ΠΡΟΣ: A¹ | ΜΗΙΔΙΕΡΑΟ: A³

ΕΠΙΝΙΚΟΙ 6, 14 – 8

νίκας, ἐπ᾽ ἀνθρ[ώπ]οισιν εὔδοξος κέκλη-
10 ται καὶ πολυζή[λωτ]ος. Ἀρι[στομ]έι̣[ει]ον
   11 . . .]᾽ ἐκόσμη[σας στε]φάν[οισι Λάχω]να
B'   ?)⎯⎯
   1 ‿‿‿_‿‿_‿_‿_
   _ _‿_ _ _]χε Χαιρόλαν[‿_
   3 _ _‿‿_μ]ενον εὐσεβ[_]ομωι
   15 _ _ ‿ _ _]τωι θαν[άτω]ι δ[‿‿_ _
      ]ι πατρίδος ·[
   6 _ _‿‿_‿]νεοκ᾽ρίτου[‿_
   18 _ _‿_ _ _]ν ἄτεκ᾽νον[_‿_

(desunt vv. 19—22)

8

[ΛΙΠΑΡΙΩΝΙ ΚΕΙΩΙ?]

metrum: dactyloepitr (v. p. XXIV) A'—B'

_D |² _D _ |³E ||⁴D _ E ||⁶E[_]e‿e |⁸ _ e _ (?)D _ ||
¹⁰ _ e _ D _ ||¹¹ _ e _ D _ |¹²‿‿e(vel e)⏟D _ |¹³ee ||
¹⁴ _ e _ |¹⁵D |¹⁶ _ e _ |||

9 pro ἐπ᾽: ἐν vel παρ᾽ vel πεδ᾽ Housm. νίκας ἔπ᾽ Bl. || 10 Bl. ||
11 εὖτ᾽ Edm.; παῖδ᾽ Maas cl. 6, 13, sed longius spatio ut vid. ||
13–18 fr. 12 K. quod propter colorem huic col. attrib. K. et Bl.
hoc modo cum ceteris coniungit Edm. non sine veritatis specie:
12]χε Χαιρόλαν [
      ]ενον εὐσεβ[
14]υωι θαν[άτω]ι δ[........]όμωι, sed obstat metrum, nam siquidem 8, 8—15 recte in hac columna collocati sunt, 7, 1—11 str. A',
12—22 str. B' fuisse debent; col. 17 enim 35 versus continuisse
videtur (cf. Maas, Philol. 63, 309 et Körte, Herm. 53, 112); itaque
Maas metro perspecto ordinem qui est in textu proposuit ||
13]X pot. qu.]K, non]Y | Chaer. unus ex proavis Lachonis?
(Headl.) || 14 εὐσεβεῖ νόμωι e. g. Maas || 15 T et pars litt. Ω sunt
in particula, quae in ectypo male supra v. 1 collocata conspicitur ||
16]IΛ[.]ΠΑΤ Edm., sed nihil video || 18]!Ᾱ
8 inscr. suppl. Körte; metri causa correctum 23 σύν pro ἐν,
27 τελέσ{σ}αις

A′   (desunt vv. VII)

8 8 . . .]ιοι᾿ ἀγων[__(?)
  . ˘˘.]ταν λιπα[ϱ__
10 10 . ⁻.]ναισεπα[__˘˘_˘˘__ ‖
  11⁻ π]αῖδας Ἑλλά[νων ˘˘_˘˘__
  12 ὁ πο]λυαμπελ[_˘˘_˘˘__
  13 . .]ατον ὑμν[_˘_ ‖
  14 . .]ηνος ἐν Κ[έωι
15 15 . .]ιπεϱ ἄνιπ[πος ˘_
  16 . . .]π[

col 18 (14))⎯⎯
B′

1 Πυθῶνά τε μηλοθύταν
(40) 2 ὑμνέων Νεμέαν τε καὶ ᾿Ισθ[μ]όν·
3 γᾶι δ᾿ ἐπισκήπτων χέϱα
20 4 κομπάσομαι· σὺν ἀλα-
θείᾱι δὲ πᾶν λάμπει χϱέος·
6 οὔτις ἀνθϱώπων κ[αθ᾿ Ἕλλα-
νας σὺν ἅλικι χ|ϱόνω[ι
8 παῖς ἐὼν ἀνήϱ τε π[ˈλεῦ-
25 νας ἐδέξατο νίκας.
10 ὦ Ζεῦ κ[ε]ϱαυνεγχές, κα[ὶ ἐπ᾿ ἀϱγυ]ϱοδίνα
ὄχθαισιν Ἀλφειοῦ τελέσ[αις μεγ]αλοκ|λέᾱς

8–16 = fr. 7 K. quod huic col. attr. K. et Bl. propter colorem et habitum, carmini 8 vindicavit Maas, Philol. 63, 309 propter metrum (cf. Körte, Herm. 53, 122) et re vera vix alio loco huius col. poni potest ‖ 8]ι,]π,]μ, ‖ ΟΥ pot. qu. Ο‖ ut videtur | ἀγῶνος Körte ‖ 9 fort. alluditur ad nomen victoris, cf. 6, 1 sq. Λιπά[ϱου παῖς Maas ‖ 11 Bl. | non plus quam ΗΠ]Α in initio fuisse vid. | Ᾱ[‖ 12 πουʼ]λυαμπ. vel ὁ -πέλου Maas; πολυαμπ. Ceos vocatur cf. 6, 5; Pind. pae. 4, 25 ‖ 14 Ζηνός Bl. vix recte, nam propter spatium et propter initium periodi scribendum esset ἇ Ζηνὸς, quod cum ceteris coniungi non potest | Κ[έωι Maas ‖ 15 ʼ]π pot. qu.]ι videtur esse | π[vel ϱ[| καίπεϱ ἀ. ἐοῦσʼ Körte cf. Pind. pae. 4, 27 ubi ἄνιππός εἰμι chorus Ceorum dicit ‖ 19 ΓΑ: Α¹? cf. 5, 42 ‖ 22 sq. Bl. κλεεννὰς Κ. ‖ 23 ΕΝ: σὺν Headl. i. e. inter omnes semper aequales (H. Fränkel, Wege und Formen 20 f.) ‖ 24 Bl. π[οσσὶ πλεῦ]νας Sandys ‖ 25 ΝΟΣ: Α¹ ‖ 26 sqq. suppl. fr. 17 K. Bl. ‖ 27 ΤΕΛΕΣΣ[: τέλεσας Bl.; τέλεσσας Κ. -σαις Maas DLZ 1913. 2206 | Körte confert Pind. I. 1, 63 | ΦΙΟΥ: Α³

(50) 12 θεοδότους εὐχάς, περὶ κ[ρατί τ᾽ ὀ]πά[σσαι]ς
γλαυκὸν Αἰτωλίδος
30 14 ἄνδημ᾽ ἐλαίας .
ἐν Πέλοπος Φρυγίου
16 κλεινοῖς ἀέθ᾽λοις.

9 (8)

ΑΥΤΟΜΗΔΕΙ ΦΛΕΙΑΣΙΩΙ

ΠΕΝΤΑΘΛΩΙ ΝΕΜΕΑ

metrum: dactyloepitr (v. p. XXIV) *A′ –Δ′*
ΣΤΡ e _ D ⋮ _ E ‖³ _ D _ e _ |
   ⁴e _ D _ | E ‖⁶ _ D _ | E ‖⁸ _ E _ | E _ e _ ‖‖
ΕΠ _ e _ D | e _ D _ e|
   ³ _ E _ | E |⁵D _ E |⁷E _ E _ ‖‖

A′   1 Δόξαν, ὦ χρυσαλάκατοι Χάρι[τ]ες,
πεισίμβροτον δοίητ᾽, ἐπεί
3 Μουσᾶν γε ἰοβ᾽λεφάρων θεῖος προφ[άτ]ας
εὔτυκος Φλειοῦντά τε καὶ Νεμεαίου
5 Ζηνὸς εὐθαλὲς πέδον
6 ὑμνεῖν, ὅθι μηλοδαΐκταν
θρέψεν ἁ λευκώλε[νο]ς
8 Ἥρα περι[κ᾽λει]τῶν ἀέθ᾽λων
πρῶτον [Ἡ]ρ[α]κ᾽λεῖ βαρύφθογγον λέοντα.
10 1̅ κε[ἴθι φοι]νικάσπιδες ἡμίθεοι
πρ[ώτιστ]ον Ἀργείων κριτοί

9 metri causa correctum 44 κο⟨ῦ⟩ραι, 45 πολυζήλωτ⟨ε⟩ ἄναξ;
corruptum 13 ἀσαγεύοντα; de 5 εὐθᾱλές et 42 εὐνᾱεῖ v. p. XXI.
colometria: cum v. 102 initium capiat ab αἰνέοι (_ ⌣ _ ?) versus
praecedens syllabas octo continuisse videtur; v. 73 ante μ]ατ
fuerat littera una vel nulla

28 vel θεοδ. cf. 11, 60; Pind. O. 3, 10 (Maas) |]ϛ vel]ϵ κρᾱτι
τ᾽ ὄπασσας Bl. ὁπάσσαις Maas ‖ 30 Μ᾽ primo omissum add. A³
9 2 sq. ἐπεί..γε Bl. pro ἔπει (K.)..τε. ‖ 3 cf. Pind. pae. 6, 6
Πιερίδων προφάτας i. e. poeta | ΤΕ : γε Bl.¹ τοι Bl.³ ‖ 6 ΟΤΙ ‖
9]Ρ[,]Υ[,]Φ[sim. ‖ 10 φοινικ. Housm. Wil.; Argivi apud tragicos
quidem λευκάσπιδες sunt (Bl.)

27

12 3 ἄθλησαν ἐπ᾽ Ἀρχεμόρωι, τὸν ξανθοδερκής
πέφ'ν᾽ ἀωτεύοντα δράκων ὑπέροπ'λος,
σᾶμα μέλλοντος φόνου.
15 6 ὦ μοῖρα πολυκ'ρατές· οὔ νιν
πεῖθ᾽ Ὀϊκ'λείδας πάλιν
8 στείχειν ἐς εὐάνδρους ἀγ[υιάς.
ἐλπὶς ἀνθρώπων ὑφαιρ[εῖται νόημ]α·
1 ἃ καὶ τότ᾽ Ἄδ'ραστον Ταλ[αϊονίδαν
col 19 (15)   20 πέμπεν ἐς Θήβας Πολυνείκεϊ πλα. ι[_ _ ᴗ_
3 κείνων ἀπ᾽ εὐδόξων ἀγώνων
ἐν Νεμέᾱι κλεινο[ὶ β]ροτῶν
5 οἳ τριετεῖ στεφάνωι
ξανθὰν ἐρέψωνται κόμαν.
25 7 Αὐτομήδει νῦν γε νικά-
)__ σαντί νιν δαίμων ἔ[δ]ωκεν.
B'   1 πενταέθ'λοισιν γὰρ ἐνέπ'ρεπεν ὡς
ἄστρων διακ'ρίνει φάη
3 νυκτὸς διχομηνίδο[ς] εὐφεγγὴς σελάνα·
30 τοῖος Ἑλλάνων δι᾽ ἀπ[εί]ρονα κύκ'λον
φαῖνε θαυμαστὸν δέμας
6 δίσκον τροχοειδέα ῥίπτων,
καὶ μελαμφύλλου κλάδον
8 ἀκτέας ἐς αἰπεινὰν προπέμπων
35 αἰθέρ᾽ ἐκ χειρὸς βοὰν ὤτρυνε λαῶν

12 ΑΘΛΗΣΑΝΠΑΡΜΕΜΟΡΩΙΣΥΝΞ: A³ (superscripta fuisse potest
littera Ϲ super Π; sed nihil apparet) ‖ 13 ΑϹΑΓΕΡΟΝΤΑ: ΑϹΑΓΕΥ-
ΟΝΤΑ A³ ἀωτεύοντα RANeil (ἀωτεύειν = ἀωτεῖν εὕδειν, cf. Stat.
Theb. 5, 502) ἀλατεύοντα Cataudella ‖ 14 δράκων Thebanos indicat (Soph. Ant. 126) ‖ 16 ΟΙΛΛΕΙΔΑϹ: A³ ‖ 17 Γ[vel Π[‖ 18 Ρ[,
non Γ[‖ νόημα Bl. ‖ 19 ΔΗ (om. ΚΑΙ): ΑΚΑΙ A³ ‖ 20 Ξϊ[, ΓΙ[sim.,
sed incertum; fr. 35 K. quod huc traxit Bl. v. v. 76 ‖ πλα[ξίππῳ
πέλας Κ., qui punctum ponit post Νεμέα 22 ‖ 23 ΤΡΙΕΤΕΙ attico
accentu ‖ 25 ΜΗΔΕΝΥΝΕΝΙΚΑΙ: A³ ‖ 26 [Θ]ΗΚΕΝ: A³ ‖ 27sqq. cf.
Sapph. 98, 6D. = 96 L.-P. Λύδαισιν ἐμπρέπεται γυναίκεσσιν, ὥς
ποτ᾽ . . . ἀ βροδοδάκτυλος ⟨σελάννα⟩ πάντα περρέχοισ᾽ ἄστρα· φάος
δ᾽ ἐπίσχει κτλ. ‖ 28 διακρίνει = διακριδὸν ἐλέγχει (Headl.), διά-
κρισιν ποιεῖται. cf. Housman ad Manil. 1, 471 ‖ ~ 89 ‖ φάη ut
Hes. fr. 252, 4 M.-W. ‖ 30 Π[, ι[sim. ‖ 32 non recte ΡΙΠΤῶΝ,
quod ΡΙΠΤΕΩΝ esse debebat

36 1 ἤ τε[λε]υτάσας ἀμάρυγ'μα πάλας
τοιῶ[ιδ᾽ ὑπερθ]ύμωι σ[θένε]ι
3 γυια[λκέα σώ]ματα [πρὸς γ]αίᾱι πελάσσα[ς
ἵκετ᾽ [Ἀσωπὸ]ν πάρα πορφυροδίναι᾽;
40 τοῦ κ[λέος π]ᾶσαν χθόνα
6 ἦλθε[ν καὶ] ἐπ᾽ ἔσχατα Νείλου,
ταί τ᾽ ἐπ᾽ εὐναεῖ πόρωι
8 οἰκεῦσι Θερμώδον[τος, ἐ]γχέων
ἴστορες κοῦραι διωξίπποι᾽ Ἄρηος,
45 1 σῶν, ὦ πολυζήλωτε ἄναξ ποταμῶν,
ἐγγόνων γεύσαντο, καὶ ὑψιπύλου Τροίας ἔδος.
3 στείχει δι᾽ εὐρείας κελε[ύ]θου
μυρία πάντᾱι φάτις
5 σᾶς γενεᾶς λιπαρο-
50   ζώνων θυγατ'ρῶν, ἃς θε[ο]ί
7 σὺν τύχαις ὤικισσαν ἀρχα-
)__ γοὺς ἀπορθήτων ἀγυιᾶν.
Γ'   1 τίς γὰρ οὐκ οἶδεν κυανοπ'λοκάμου
Θήβας ἐϋδ'μα[τον πόλι]ν,
col 20 (16)   55 3 ἤ τὰν μεγαλώνυ]μον Αἴγιναν, μεγ[ίστ]ου
Ζην]ὸς [ἃ πλαθεῖσα λ]έχει τέκεν ἥρω
_]δε σω[__◡]ον,
6 δς γ]ᾶς βασά[νοισιν Ἀχ]αιῶν
    ]υ[   ]α[
60 8 τ[__◡___◡__

36 τε[. .]ΥΤΑΙΑΣ: Hense; τελευταίας servandum et ἤ – πάλας exclamationem esse putavit Bl. | ΤΑΛΑΣ: A³ || 37 τοίως Edm. propter spatium || 38]ΑΙΑΠΕΛΑΣΣΩ[Ν: A³ | πέντ᾽ αἶα Jur. || 39 Ἄσ. Bl. alii|| 41 ΜΑΘΕ[: ΗΛΘΕ[A³ | καὶ K. τοι Weil || 42 εὐναεῖ J., cf. 1, 75 (ubi v. de -ᾱ-) || 44 ΚΟΡΑΙ || 45 ΖΗΛΩΤ᾽ ΑΝΑΞ: Bl. al. v. p. XX || 46 ΕΓΓΟΝΟΙ: Jur. al. | dicuntur Telamon Aiax Achilles || 51 ΑΡΧΑΙ: A² | τύχᾳ Wil. || 55–58 fr. 32, 37, 31 K. | 55 Bl. | ΜΝΟΝ: A³ || 56]ΟΣ[,]ΣΕ[sim. | sc. Aeacum | suppl. Wil. || 57 τοῦδε σωτῆρα (Bl.) στρατοῦ (J.) || 58 Bl. „qui totius Graeciae iustissimus vir inventus est" || 60 τ[ίς δ(ὲ)? Bl. || 60sqq. pergit (quod vidit Jur.) recensere Asopi filias (cf. Corinnae fr. 654 col. 2, 33sqq. P.), ex quibus quinque hae erant in donario Phliasiorum Olympiae posito (Paus. 5, 22, 6. cf. 2, 5, 2. 10, 13, 6): Nemea Aegina Harpina (Oenomai ex Marte mater sec. Phliasios) Corcyra (Phaeacis m. e

29

61 ą̄[   ]ω̣[. . . . . . .ε]ΰπεπ'λον [. .].'[

1 η̃ [∪__]ᾱν ἑλικοστέφα[νον

κ[__ό̆]σαι τ' ἄλλαι θεῶν

3 ε[ὐναῖς ἐδ]άμησαν ἀριγ'νώτ[ο]ις π[α]λαι[οῦ

65 παῖδες αἰ]δο[ῖ]αι ποταμοῦ κε[λ]άδοντος·

_∪__]αν πόλιν

6 __∪∪_]σί τε νικα[

_∪_ αὐ]λῶν βοαί

8 __∪_ο]υσαι·μερ[__

70 _∪___∪___∪_]α̣ν·

1 __∪___∪∪_∪]νεος

χρ]υσέα[ν . . .]θέντα ἰόπ'λοκον εὖ εἰπεῖν [∪_

3 _μ]ατ[έρ' ἀκ']νάμ[π]των ἐρώτων

_∪_κλε]ινὰν βροτο[ῖς

75 5 _∪∪_∪]λέων

__∪__] προξεν[_

7 _∪___].ιώταν

)__ _∪___∪]ν ὕμνον,

Δ'   1 _∪___] καὶ ἀποφθιμένωι

80 __∪ ἄτ']ρυτον χρόνον,

3 καὶ τοῖς ἐ]πιγεινομένοις αἰεὶ πιφαύσκοι

Neptuno, Diod. 4, 72) Thebe (quae cum Iove concubuit sec.
Pind., Paus.); cf. Bowra, Herm. 73, 1938, 215 sq. ‖ **61**]Ω[vel
]Δ[‖ **62** ΕΛΙ vel ϹΑΙ | ∼ η̃ 36 | ἠδὲ Πειράναν ἔ. κούραν, ὅσαι
τ' ἄλλαι J. ‖ **63** ∼ 89 ‖ **64** Ε[potius quam Ϲ[| Π[vel Γ[non
Ε[| Bl. ‖ **65**]Δ vel]Λ, vix]Α | ᴀ̣ι, vix ɴ | J. ‖ **66** sqq. τοῦ νυν
ἀρχαίαν (sed cf. Kienzle, Diss. Basil. 1936, 67) πόλιν κῶμοι
κατέχουσί τε νίκας ᾖρα ταί τ' αὐλῶν β. Bl. καὶ λύραις αὐλῶν β.
σύμφωνα πνείουσαι J. ‖ **69** ᴀ supra v. add. ᴀ³ | ΜΕʙ[vel ΜΕρ̣[
μερ[ιμν . .? ‖ **70**]ε̣τ[. .]ᴀɴ Edm., sed incertissimum ‖ **72** προσ]-
θέντα Bl., sed longius spatio ut videtur ‖ **72** sq. suppl. fr. 20 K.
Κύπριν, ⁞ τὰν Bl. sed ante μ]ατ spatium aut unius aut nullius lit-
terae: ὦ μᾶτερ (Bl.¹) possis | de colometria v. p. 27 ‖ **74** sq. fr. 36 K.
cf. Pind. fr. 122, 4 μᾱτέρ' ἐρώτων . . . Ἀφροδίταν ∼ 22 ‖ **76** Edm.
recte huc traxit fr. 35 K. ‖ **77**]ε pot. qu.]τ vel]Γ | ϊ̈ (vel ʏ) for-
tasse deletum ab ᴀ³ | νασιώταν Bl. Herw., sed obstat lex Maasiana,
nisi τὸν vel sim. praecedit ‖ **79** ΦΘΙΜΕΝΩΝ: ᴀ³ | ὅς τρέφων (vel τρέ-
φοι?) τιμὰν (vel δόξαν) Schadew. ‖ **80** τὸν πάντ' ἐς Bl. ‖ **81** sq. K. et
Bl. | -γεινομένοις epice pro -γεν- cf. Pind. P. 4, 47 | ΠΙΦΑʏϹΚΩ: ᴀ³

30

82 σὰν Νε]μέᾱι νίκαν· τό γέ τοι καλὸν ἔργον
    γνησίων ὕμνων τυχόν
    6 ὑψοῦ παρὰ δαίμοσι κεῖται·
85 σὺν δ᾽ ἀλαθείᾱι βροτῶν
    8 κάλλιστον, εἴπ[ερ καὶ θάνηι τις,
    λε[ί]πεται Μουσ[ᾶν ⌣_ _ _ ἄθ]υρμα.

col 21 (17)

    1 εἴ[σ]ὶ δ᾽ ἀνθρώ[πων ⌣⌣_⌣⌣_
       πολλαί· δι[α]κ'ρίν[ε]ι δὲ θεῶν
90 3 β]ουλὰ [⌣⌣_ό]μενον νυκτὸς [⌣_ _
    .]...[⌣_ _ _⌣]γε καὶ τὸν ἀρείω
    _⌣_ _ _⌣]που.
    6 _ _⌣⌣_⌣⌣]ευσων
    _⌣_ _ _⌣_]
95 8 _ _⌣_ _ _ _⌣ π]αύροις
    ἀν]δρ[άσιν_ _⌣_ _ _]ι τὸ μέλλον·
    1 . .]μμιω[_ _⌣⌣]δῶκε χάριν
    κ]αὶ Διων[υσ_⌣⌣_] θεοτίματο[ν] πόλιν
    3 ν]αίειν ἀπο[_ _⌣]ευντας
100 χ]ρυσεοσκάπτρ[_⌣_
    5 _]τι καλὸν φε[⌣_

---

82 ΜΕΑ ΝΙΚ ‖ 86 Π[aut Γ[‖ 87 βαθυζώνων ∼ 9 Bl.; alii alia;
cf. epigr. 1, 3 |]Υ,]Τ,]Γ ‖ 88 cf. 10, 38 ‖ 88 sqq. ἐ. δ᾽ ἀ. ἀρεταῖσιν
ὁδοὶ π. δ. δ. θ. (90) β. τὸ καλυπτόμενον ν. δνόφοισιν. τὸν δὲ χείρω
τ᾽ ἄγαγε καὶ τὸν ἀρείω Ζηνὸς αἶσ᾽ ὀρσικτύπου, κρυπτὸς γὰρ ὅ τ᾽
ἐσθλὰ φυτεύσων ἔργα χὼ μὴ πρὶν μολεῖν (95) ἐς πεῖραν. ὤπασσαν
δὲ παύροις ἀνδράσιν Μοῖραι τεκμαίρεσθαι τὸ μέλλον J. ‖ 89–93
suppl. fr. 3, 4, 8, 10 K. ‖ 89]Κ vel]Χ ‖ 90 ΛΑ[‖ 91 in initio ver-
sus .]ΑΠΤ[, .]ΕΞΠ[, .]ΑΓΓ[sim. | ΓΕ potius quam ΤΕ ‖ 93 propter
spatium vacuum in summa linea Λ]ΕΥ vel Δ]ΕΥ fuisse vid., non
Τ]ΕΥ ‖ 96 Ρ[vel Ι[| προγινώσκειν] τὸ Headl., sed]Ι pot. qu.]Ν ‖
97]Ι,]Η, sim. | Ω[potius quam Δ[| propter metrum et spatium
ἦ (vel ἤ) τιμίωι Sn. | ὔμμιν δὲ καὶ Δάματρος ἔδωκε χάριν καί
Διωνύσου Κρονίδας θεοτίματον πόλιν ναίειν ἀπορθήτους θαλεῦντας.
(100) χρυσεοσκάπτρου Διὸς ὅς τι καλὸν φέρεται, πᾶς αἰνέοι J.
τιμίῳ δ᾽ Ἡρακλέϊ δῶκε χάριν καὶ Διωνύσῳ φιλίῳ θεοτίματον πόλιν
ναίειν ἀπορθήτους, ἅτ᾽ εὖντας χρυσεοσκάπτρου Διός. ᾧ τι καλὸν
φέρεται, τοῦτ᾽ αἰνέοι Bl. cl. ad Ἡρακλ. Paus. 2, 13, 1. 8 ad Διων.
Paus. 2, 12, 6. | Dionysi filius Phlias urbis eponymus ‖ 99 ΕΥΝ-
ΤΕΣ: Α³ ‖ 100 Ᾱ ‖ 101 οὔ]τι vel ὅς] τι (J.) lacunam expleret

31

102 _]αἰνέοι· Τιμοξ[ένου
    7 παιδὶ σὺν κώ[μοις ∪__
104 . .]οιτε πεντ[αθλ_∪__

10 (9)

[ΑΓΛΑΩΙ(?) ΑΘΗΝΑΙΩΙ

ΔΡΟΜΕΙ(?) *ΙΣΘΜΙΑ*]

metrum: dactyloepitr (v. p. XXV) *A'−B'*

ΣΤΡ _D_e_|Eꞈ⁴⁰|³D_Dᴗ|⁵E_||⁶e_Dd²|
    ⁷E_E×|⁹E_eꞈ⁴⁷|¹⁰eEꞈ²⁰e_|||
ΕΠ e_D||²_eꞈ²²e_||³_E_e_||⁴D_e_|D||
    ⁶_D_|E_E_|||

A' 1 Φή]μα, σὺ γ[ὰ]ρ ἀ[∪∪___ ἐ]ποιχνεῖς
      φῦ]λα, καὶ πᾱ.[_∪_×
    3 . . . . .]μελαμει[∪∪_
      . . . . .]πο κεν[∪∪_×
    5 5 . . . .]νωνται [_∪__
      ∪].'. ωι ξ[. .]ον, ὅτι χ'ρῦ[σε∪∪_

10 colometria corrigenda in str. v. 5/6, est enim hiatus post
syll. octavam (v. 15. 33. 43), dividitur autem in pap. post syll.
duodecimam (5sq.].ρωι᠄ξ[, 15sq. ξαν᠄θάν, 33sq. Εὔβοι᠄αν,
43sq. ἔργοι᠄σιν). falso deinde versui 37 adscriptum est τεύξεται.
metri causa emendatum v. 15 ὀσσά⟨κις⟩; notandum v. 10 νασιῶτιν̄.

102 Bl.; de colometria v. p. 27 || **103**sq. νέων ὑμ- ᠄ νέοιτε πεντ-
άθλοισι νίκαν Schadew.
10 Wil. S. u. S. 185; Pindaros 158, 1 || inscr. ΑΓΛΑΩΙ Bl. (cf.
v. 9); v. p. XLIV
1−4 suppl. fr. 23K. || **1** Γ[vel Π[|]Π,]ι sim. | ἀθανάτων
θνατῶν τ' Headl. ἀμφ' ἀρετᾶι θνατῶν Bl. || **2** φῦλα Wil. | πᾱ.[
(cf. 15, 54 ΠᾹCΙΝ); καὶ πᾶσιν τίθησθα τηλόσε λαμπομέναν γαίας
ὑπὸ κευθομένοισιν Bl. alii aliter (cf. Eur. fr. 865 N² φήμη τὸν
ἐσθλὸν κἂν μυχῶι δείκνυσι γῆς) || **3**]Μ vel]Η | ἀμειβομένα? (Sn.)||
6]ǫ vel ᴀ́, tum ꝓ vel ι | παντὶ χώρωι ξυνόν Bl. et K. | de colo-
metria v. supra || **6**sq. ὅ, τι χρυσέαν ἴδον εὔολβον ὀφθαλμοῖσι
Νίκαν π. ἀ. τε μόχθων J.

7 7 ο[. . .]ν ὀφθαλμοῖσιν [__
  π[αῦλ]αν ἀπ|ράκταν . .[.]. .[
  9 Ἀ[γ|λ]άωι καὶ νῦν κασιγ|νήτας ἀκοίτας
10 <u>νασιῶτιν̄</u> ἐκίνησεν λιγύφθογγον μέλισσαν,
  1 ε̄[γ]χειρὲς ἵν᾽ ἀθάνατον Μουσᾶν ἄγαλμα
  ξυνὸν ἀνθρώποισιν εἴη
  3 χάρμα, τεὰν ἀρετὰν
  μανῦον ἐπιχθονίοισιν,
15 5 ὁσσά⟨κις⟩ Νίκας ἕκατι
  ἄνθεσιν ξανθὰ̣ ἀναδησάμενος κεφαλάν
  7 κῦδος εὐρείαις Ἀθάναις
  θῆκας Οἰνείδαις τε δόξαν,
  9 ἐν Ποσειδᾶνος περικ|λειτοῖς ἀέθ|λοις

col 22 (18) 20 εὐθὺς ἔνδειξ]ας ῞Ελλασιν ποδῶν ταχεῖαν ὁρμάν ·
  1 .[.].[. . . . . ου̣]ροισιν ἔπι σταδίου
  θερμ[ὰν ἔτι] π|νέων ἄελλαν
  3 ἔστα[⏑_]ν̣ δ᾽ ἄϊξε θατήρων ἐλαίωι
24 φάρε[⏑_⏑⏑]ν ἐμπίτ|νων ὅμιλον.

7]Ν,]ι sim., fort.]C οἷσιν ὀφθ. Bl. ‖ 8 π[vel Γ[| post ἀπρ.
ιC[, ρε[sim. ‖ 9]A pot. qu.]Λ vel]Χ | Θ̄ι pot. qu. θ̄ι | Ἀγλαῶι
nom. prop. Bl. (cf. p. XLIV, 1) | cf. in simili transitu 11, 10 καὶ
νῦν, 9, 25 νῦν γε, 14, 20 νῦν | κασιγν. est victoris soror (K.) ‖ 10 Ν
fere certum | ad -τιν̄ (Maas) v. p. XXI ‖ 11 ε vel C, vix Ο, ἐγχει-
ρὲς Sn. Εὔχειρες Jur. | ἱν᾽ | ἀθανάτων Bl. ∼ Χαρίτων 39 ‖ 13 sic
Rich. alii; χάρμα τεᾶν ἀρετᾶν K. ‖ 14 ΜΑΝΟΟΝ: A³ ‖ 15 Niemeyer
alii, ⟨νῦν⟩ K. ‖ 19 ΤΟΙC cum puncto sup. C ‖ 20 Bl. πρῶτον e. g.
Schadew. ὁρμάν ταχεῖαν Ludw. ‖ 21 π[ε]ρ, π[ρ]γ, π[ι]φ, ικτ sim. |
ὁρμάν · δεύτερον δ᾽ οὔροισιν ἔπι σταδίου, θερμὰν ἔτι κτλ. J. ὁρμάν,
ἐκφανεὶς οὔροισιν ἔπι σταδίου · θερμὰν δ᾽ ἔτι κτλ. Bl. sed inter-
pungitur in pap. in fine v. 20, non in fine v. 21, et v. 22 vix
spatium ut δ᾽ inseratur ‖ 22 cf. epigr. Kaibel: ἔτι
θερμὸν πνεῦμα φέρων σκληρᾶς παῖς ἀπὸ πυγμαχίας ἔστα παγκρα-
τίου βαρὺν ἐς πόνον · ἁ μία δ᾽ ἀὼς δὶς Δωροκλείδαν εἶδεν (Bacch.
5, 40) ἀεθλοφόρον. duo igitur hic quoque victor certamina iniit
indeque bis renuntiatus est (27); prius stadii fuit (21), id autem
subsequebatur ex usu δίαυλος; sed hic de duplici diaulo (25 τετρ.)
cogitandum, qui ἵππιος δρόμος vocabatur. transiri a secunda per-
sona (20 ἄς) ad tertiam mirum est ‖ 23 ΑΪΞΕΘΑΤΗΡ: ΑΥΤΕΘΕΑΤΗΡ
A³ | βρέχω]ν . . . φάρε᾽ [ἐς ἱππιο]ν Bl. βρέχω]ν δ᾽ ἄιξ᾽ αὔτε . . .
φάρε᾽ [ἐς εὔθροο]ν J. β̣[νάζω]ν δ᾽ αὔτε . . . φάρε[ος οὐ θίγε]ν
Schw. ‖ 24 φᾱρ

25 τετ'ρ[αέλικτο]ν ἐπεί
  6 κάμψ[εν δρό]μον, Ἰσθμιονίκαν
   δίς ν[ιν ἀγκ]άρυξαν εὐβού-
) λων [‿＿＿]ων προφᾶται·

Β′ 1 δὶς δ' ἐ[ν Νεμέ]ᾱι Κρονίδα Ζηνὸς παρ' ἀγ'νόν
30 βωμό[ν· ἁ κλει]νά τε Θήβα
  3 δέκτ[ο νιν ε]ὐρύχορόν
   τ' Ἄργο[ς Σικυώ]ν τε κατ' αἶσαν·
  5 οἵ τε Π[ελλάν]αν νέμονται,
   ἀμφί τ' Εὔβοιαν πολ[υλάϊο]ἰ, οἵ ϑ' ἱεράν
35 7 νᾶσον̣ [Αἴγιν]αν. ματεύει
   δ' ἄλλ[ος ἀλλοί]αν κέλευθον,
  9 ἄντι[να στείχ]ων ἀριγ'νώτοιο δόξας
   τεύξεται. μυρίαι δ' ἀνδρῶν ἐπιστᾶμαι πέλονται·
  1 ἢ γὰρ σ[ο]φὸς ἢ Χαρίτων τιμὰν λελογχώς
40 ἐλπίδι χ'ρυσέᾱι τέθαλεν
  3 ἤ τινα θευπροπίαν
   εἰδώς· ἕτερος δ' ἐπὶ παισί
  5 ποικίλον τόξον τιταίνει·
   οἱ δ' ἐπ' ἔργοισίν τε καὶ ἀμφὶ βοῶν ἀ[γ]έλαις
45 7 θυμὸν αὔξουσιν. τὸ μέλλον
   δ' ἀκ'ρίτους τίκτει τελευτάς,
  9 πᾶ τύχα βρίσει. τὸ μὲν κάλλιστον, ἐσθλόν
   ἄνδρα πολλῶν ὑπ' ἀνθρώπων πολυζήλωτον εἶμεν·
49 1 οἶδα καὶ πλούτου μεγάλαν δύνασιν,

---

25 P[, I[sim. | Jur. alii; τετράκι δ' ἄκρον Schw. longius spatio ‖
26 Ψ[, T[sim. ‖ **26** et **27** J. ‖ **27** sq. ЄYBOI⁝AΩN: A³ (superscr. Λ) ‖
28 ἀεθλάρχων Platt, Κορινθίων Fennell, Drachm., δίκας ψάφων
Schw. ‖ **29** sqq. Pind. O. 13, 32—46. 97—112 conf. K. ‖ **30** J. ‖
32 Σεκυών Rossbach ‖ **34**]N,]ι sim. ‖ **35** N[, I[sim. | AIΓЄIN
scriptum esse spatio testatur, cf. 12, 6 ‖ **36** cf. 14, 7 ‖ **37** Bl. ‖
38 ЄΠICTATAI: A³ ‖ **39** prius Γ supra v. additum | σοφός est et
poeta (39 sq.) et vates (41), cf. Sol. 1, 51 sqq. D. | ἢ (non ῆ) Sn. |
TIMᾹN ‖ **42** sc. ὁ φιλήδονος (Wil.) ‖ **44** ἔργοισιν de agricultura
(Sol. 1, 47 sq.) ‖ **45** Sol. 1, 63—66 ‖ **47** ΠΑ: ΠᾹI A³ cf. 5, 160 et 191
τᾱδε, sed 18, 30 ὅπᾱι | BPICЄNOMЄN: A³ | ЄCЄΛΩN: ἐσθλῶν K.
ἐσθλὸν Wil. ‖ **48** ἔμμεν K. ut 5, 144 etc. ‖ **49** ΔYNAMIN: A³

50 ἃ καὶ τ[ὸ]ν ἀχ|ρεῖον τί[θησ]ι
    ³ χρηστόν. τί μακ|ρὰν γ[λ]ῶ[σ]σαν ἰθύσας ἐλαύνω
    ἐκτὸς ὁδοῦ; πέφαται θνατοῖσι νίκας
    ὕστε]ρον εὐφροσύνα,

col 23 (19)   ⁶ αὐλῶν [δὲ ᴗ‿ᴗᴗ‿‿
55 μείγν[υτ‿. ‿ᴗ‿‿
    χρή τιν[‿‿‿ᴗ‿‿

11 (10)

ΑΛΕΞΙΔΑΜΩΙ ΜΕΤΑΠΟΝΤΙΝΩΙ

ΠΑΙΔΙ ΠΑΛΑΙΣΤΗΙ ΠΥΘΙΑ

metrum: dactyloepitr (v. p. XXV) $A'-Γ'$

$ΣΤΡ$ _ D _ E _ ||³ _ D̆e̯e _ ||⁵D| _ De _ d¹|
             18.60
    ⁸ _ D |⁹ _ D̯̆e _ ||¹⁰ _ D _ D |¹² _ D̯e _ ||
       9.107
    ¹³ _ D _ E _ |||
$ΕΠ$ _ D | _ D| ᴗe _ |³D|⁴ _ DE _ ||
    ⁶ _ D _ E || _ D̯e|
        8 120
    ⁹ _ D| _ D||¹¹E _ eↄ|¹²D _ DE _ |||

A' ¹ Νίκα γₗλυκύδωρε·[ᴗ_ γὰρ
    σοὶ πατ[ὴρ ‿‿ᴗ‿‿
   ³ ὑψίζυ[γος ‿ᴗᴗ‿
   4 ἐν πολₗυχ|ρύσωι ⟨τ'⟩ Ὀλύμ₎πωι

11 metri causa correctum 21 -νικοι⟨ο⟩, 43 ἐφόβησε⟨ν⟩, 54 στή-θεσ⟨σ⟩ι{ν}, 114 ⟨ἐς⟩; notandum 114 πόλῑν, 77 κάμοῦ aut κάμον ‖ ; corruptum 119 sq. πρόγονοι ἐσσάμενοι

11 1 et 4—7 aff. Ursinus ex Stob. Flor. 3, 3, 66 (3, 219 W.-H.) Βακχ. δὲ τὴν Νίκην γλυκύδωρόν φησι καὶ ἐν πολ. Ὀλ. Ζ. παριστα-μένην κρίνειν τ. ἀθ. τε καὶ θνητοῖς ἀρετῆς (fr. 9 B.)

50 extr. Ι an ΙΝ[. ‖ **51** Γ[, Π[| ΪΟΥCΑCΕΛ : ΪΘΥC⟦ΑC⟧ΕΛ A¹: Υ super ϊ A³ | Bl. Housm. alii ‖ **51**sq. Sol. 1, 3 sq. ‖ **52** πέφαται ,,dicta = constituta est" Herw. ‖ **54**sq. cf. Sapph. 44, 24 L.-P. αὖλος δ' ἀδυμέλης . . . ὀνεμείγνυτο ‖ **55** ΜΙΓΝ[, ΜΙΓΗ[sim. ‖ **56** Ν[, vix Η[| ἐπεὶ νῦν] χρή τιν[' ὑμνῆσαι e. g. Sn. cf. 14, 20

11 1 Γ[vel Π[‖ 1 sqq. κλυτὰν γὰρ σ. π. τιμὰν ἔδωκεν ὑψ. Οὐρα-νίδας Hense, Sn. μόνᾱι γάρ Ed. Fraenkel ‖ 4 ⟨τ'⟩ Sn., ⟨δ'⟩ Neue

5 5 Ζηνὶ ⌊παρισταμένα⌋
κρίνε⌊ι⌋ς τέ⌊λ⌋ο⌊ι⌋ς ἀθανάτοι-
σίν τε ⌊καὶ θ⌋νατοῖς ἀρετᾶς ·
8 ἔλλαθι, [βαθυ]π'λοκάμου
κούρα Σ[τυγὸς ὀρ]θοδίκου · σέθεν δ' ἕκατι
10 10 καὶ νῦ[ν Μετ]απόντιον εὐ-
γνίων κ[ατέ]χουσι νέων
12 κῶμοί τε καὶ εὐφροσύναι θεότιμον ἄστυ ·
ὑμνεῦσι δὲ Πυθιόνικον
παῖδα θαητ[ὸ]ν Φαῖσκον.

15 1 ἵλεῴι [ν]ιν ὁ Δα[λ]ογενὴς υἱὸς βαθυζώνο[ιο] Λατοῦς
3 δέκτ[ο] β'λεφ[άρω]ι · πολέες
δ' ἀμφ' Ἀλεξ[ίδα]μον ἀνθέων
5 ἐν πεδίωι στέφανοι
20 Κίρρας ἔπεσον κρατερᾶς
ἧρα παννίκοι⟨ο⟩ πάλας ·
8 οὐκ ε[ἶ]δέ νιν ἀέλιος
κείνωι γε σὺν ἅματι πρὸς γαίᾱι πεσόντα.
10 φάσω δὲ καὶ ἐν ζαθέοις
25 ἀγ'νοῦ Πέλοπος δαπέδοις
12 Ἀλφεὸν πάρα καλλιρόαν, δίκας κέλευθον
εἰ μή τις ἀπέτ'ραπεν ὀρθᾶς,
παγξένωι χαίταν ἐλαίαι
1 γλαυκᾶι στεφανωσάμενον
30 πορτιτ'ρόφον [. . . .].'[. . . . .]ραν θ' ἱκέσθαι.

---

8 ἔλλᾱθι = ἴληθι, forma Aeolica sec. Hdn. 2, 499, 19 et Et. Gud. s. v. χίλιοι; ἔλληθι postulat Wackern. | βαθυπλ. J. ‖ **9** Στ. Bl., Fennell ‖ **10** extr. ει: Α¹ ‖ **11** κ[, ι[sim. |]Χ,]Υ,]κ | Bl. alii cl. Aesch. Pers. 427 ‖ **15** ιο . ωδιν: ιλεωινιν Α¹? ‖ **17** -Ω]Ν? (sec. K. fort. οι]ν): Α³? ‖ **21** νικοι: K. ~ 49 | παλλας: Α³ ‖ **23** τε: Α¹? | cΥΝ—πεcοΝτα add. Α⁴ ‖ **24** επι: εΝ Α²? δέ κ' ἐπὶ Housm., ut non necesse sit κε vel ἂν v. 30; sed aptum καί ‖ **26** δίκαν κελεύθου Herw. | ~ 96 ‖ **28** Ξεινωι Α¹? | ελαιαc: Α³ ‖ **30** οι[, εΝ[sim. |]Ρ,]Β,]π | Α potius quam ο vel ε | 'Ιταλίαν χ' ἕδραν J., 'Ιταλίαν πάτραν (cf. ad 24, vel 28 ⟨κ'⟩ ἐλαίαι) Platt, ⟨ἂν⟩ πεδίον πάτραν Bl. (non est spatium verbi ΑΝ) | cΘΑι ·

31 3 _⌣⌣_⌣⌣_]

col 24 (20)　παῖδ᾽ ἐν χθονὶ καλλιχόρωι
　　　ποικίλαις τέχ᾽ναις πέλασσεν·
　　6 ἀ]λλ᾽ ἢ θεὸς αἴτιος, ἢ
　35　γ]νῶμαι πολύπ᾽λαγκτοι βροτῶν
　　　ἄ]μερσαν ὑπέρτατον ἐκ χειρῶν γέρας.
　　9 νῦν δ᾽ Ἄρτεμις ἀγ᾽ροτέρα
　　　χρυσαλάκατος λιπαράν
　　　Ἡμ]έρα τοξόκ᾽λυτος νίκαν ἔδωκε.
　40 12 τ]ᾶι ποτ᾽ Ἀβαντιάδας
　　　β]ωμὸν κατένασσε πολύλ-
　　)　λ[ι]στον εὔπεπ᾽λοί τε κοῦραι·
　B′　1 τὰς ἐξ ἐρατῶν ἐφόβησε⟨ν⟩
　　　παγκρατὴς Ἥρα μελάθ᾽ρων
　45 3 Προίτου, παραπλῆγι φρένας
　　　καρτερᾶι ζεύξασ᾽ ἀνάγκᾶι·
　　5 παρθενίᾶι γὰρ ἔτι
　　　ψυχᾶι κίον ἐς τέμενος
　　　πορφυροζώνοιο θεᾶς·
　50 8 φάσκον δὲ πολὺ σφέτερον
　　　πλούτωι προφέρειν πατέρα ξανθᾶς παρέδ᾽ρου
　　10 σεμνοῦ Διὸς εὐρυβίᾶ.
　　　ταῖσιν δὲ χολωσαμένα
　　12 στήθεσσι παλίντροπον ἔμβαλεν νόημα·
　55　φεῦγον δ᾽ ὄρος ἐς τανίφυλλον
　　　σμερδαλέαν φωνὰν ἱεῖσαι,
　57 1 Τιρύνθιον ἄστυ λιποῦσαι

47 sqq. schol. MV Hom. Od. ο 225 his versibus usa esse docuit
C. Robert, Herm. 52, 308

31 οὔτις ἐπιχθονίων Taccone οὔ τι δόλος κακόφρων J. ἀντιπάλω
δύ᾽ ἐπεὶ παῖδ(ε) Bl. plene interpungens post 33, non post 30 ‖
33 CCEN· ‖ 35 ΠΛΑΓΚΟΙ ‖ 36 ἄμερσαν Palmer ‖ 39 Bl. cf. Callim.
h. 3, 236; Paus. 8, 18, 8; IG 5 (2) 398 (Lusis); de forma dorica
cf. p. XIX ‖ 40]A vel]Λ ‖ 42 Λ[, Α[sim. ‖ 43 Bl. ‖ 45 ΠΑΡΑ-
ΠΛΗΓΙ παραπλᾶγι Bl. ‖ 52 ΒΪΑΙ· (quod def. Maas cf. 16, 31) ‖
54 CΤΗΘΕCIN | ΕΜΒΑΛΕΝΟΜΜΑ

37

58   καὶ θεοδ'μάτους ἀγυιάς.
    ³ ἤδη γὰρ ἔτος δέκατον
60   θεοφιλὲς λιπόντες Ἄργος
    ⁵ ναῖον ἀδεισιβόαι
    χαλκάσπιδες ἡμίθεοι
    σὺν πολυζήλωι βασιλεῖ.
    ⁸ νεῖκος γὰρ ἀμαιμάκετον
65   βληχρᾶς ἀνέπαλτο κασιγ'νήτοις ἀπ' ἀρχᾶς
col 25 (21)   ¹⁰ Προίτωι τε καὶ Ἀκ'ρισίωι·
    λαούς τε διχοστασίαις
    ¹² ἤρειπον ἀμετ'ροδίκοις μάχαις τε λυγ'ραῖς.
    λίσσοντο δὲ παῖδας Ἄβαντος
70   γᾶν πολύκ'ριθον λαχόντας
    ¹ Τίρυνθα τὸν ὁπ'λότερον
    κτίζειν, πρὶν ἐς ἀργαλέαν πεσεῖν ἀνάγκαν·
    ³ Ζεύς τ' ἔθελεν Κρονίδας
    τιμῶν Δαναοῦ γενεὰν
75   καὶ διωξίπποιο Λυγκέος
    ⁶ παῦσαι στυγερῶν ἀχέων.
    τεῖχος δὲ Κύκ'λωπες κάμον
    ἐλθόντες ὑπερφίαλοι κλεινᾶι π[όλ]ει
    ⁹ κάλλιστον, ἵν' ἀντίθεοι
80   ναῖον κλυτὸν ἱππόβοτον
    Ἄργος ἥρωες περικ'λειτοὶ λιπόντ[ες.
    ¹² ἔνθεν ἀπεσσύμεναι
    Προίτου κυανοπ'λόκαμοι
    φεῦγον ἄδ'ματοι θύγατ'ρες.
Γ'   85 ¹ τὸν δ' εἶλεν ἄχος κραδίαν, ξεί-
    να τέ νιν πλᾶξεν μέριμνα·
    ³ δοίαξε δὲ φάσγανον ἄμ-
    φακες ἐν στέρνοισι πᾶξαι.
89 ⁵ ἀλλά νιν αἰχμοφόροι

---

68 ΗΡΙΠΟΝ ‖ **69** ΠΑΙΔΕΣ: A³ ‖ **70** λαχόντα Wil. ‖ **77** -μον elementum anceps ut videtur et finis periodi (cf. 119) ‖ **83** -ΠΛΟ-ΚΑΜΟΣ: A¹ ‖ **86** ΜΕΡΙΜΝΑΙ: A¹

90   μύθοισί τε μειλιχίοις
      καὶ βίᾱι χειρῶν κάτεχον.

8 τρισκαίδεκα μὲν τελέους
    μῆνας κατὰ δάσκιον ἠλύκταζον ὕλαν
10 φεῦγόν τε κατ᾽ Ἀρκαδίαν
95   μηλοτ'ρόφον· ἀλλ᾽ ὅτε δή
12 Λοῦσον ποτὶ καλλιρόαν πατὴρ ἵκανεν,
    ἔνθεν χρόα νιψάμενος φοι-
    νικοκ[ραδέμνο]ιο Λατοῦς

1 κίκ'λη[ισκε θύγατ'ρ]ᾳ βοῶπιν,

col 26 (22)   100   χεῖρας ἀντείνων πρὸς αὐγάς
3 ἱππώκεος ἀελίου,
    τέκ'να δυστάνοιο λύσσας
5 πάρφρονος ἐξαγαγεῖν·
    „θύσω δέ τοι εἴκοσι βοῦς
105   ἄζυγας φοινικότριχας."

8 τοῦ δ᾽ ἔκ'λυ᾽ ἀριστοπάτρα
    θηροσκόπος εὐχομένου· πιθοῦσα δ᾽ Ἥραν
10 παῦσεν καλυκοστεφάνους
    κούρας μανιᾶν ἀθέων·

110 12 ταὶ δ᾽ αὐτίκα οἱ τέμενος βωμόν τε τεῦχον,
    χραῖνόν τέ μιν αἵματι μήλων
    καὶ χοροὺς ἵσταν γυναικῶν.

1 ἔνθεν καὶ ἀρηϊφίλοις
    ἄνδρεσσιν ⟨ἐς⟩ ἱπποτρόφον πόλῑν Ἀχαιοῖς
115 3 ἔσπεο· σὺν δὲ τύχᾱι
    ναίεις Μεταπόντιον, ὦ
    χρυσέα δέσποινα λαῶν·
6 ἄλσος τέ τοι ἱμερόεν
119   Κάσαν παρ᾽ εὔυδ'ρον †πρόγο-

93 ΖΟΝ, non ΞΟΝ fuisse vid. | ἀλύσκαζον Bl. Herm. 36, 281 ‖
94 ΚΑΤΑΚΑΡΔΙΑΝ: Palmer ‖ 99]Α vel]Λ ‖ 106 om. A, add. A³ in
mg. superiore ‖ 110 ΓΑΙ: Bl. alii | ΤΕΤΕΤΕΥΧΟΝ: A¹ ‖ 114 ⟨ἐς⟩
J. ∼ 72, cf. 5, 184 | de πόλῑν cf. p. XXI | -τρόφους πόλεις Schw.;
alii alia ‖ 119sq. πρὸ τοῦ ἔσσαμ Πύλιοι Wil. GV. 422, 2; ἄλσος,
τό τοι ἱμερόεν Κάσα παρ᾽ εὔυδρον ῥόον ἔσσαντο, ⟨κλυτὰν⟩ Πριάμοι·
ἐπεὶ Maas Resp. 2, 19 (Wil. et Maas post elem. octav. v. 119 finem

39

120   νοι ἐσσάμενοι† Πριάμοι᾽ ἐπεὶ χρόνωι
 9 βουλαῖσι θεῶν μακάρων
   πέρσαν πόλιν εὐκτιμέναν
   χαλκοθωράκων μετ᾽ Ἀτ|ρειδᾶν. δικαίας
 12 ὅστις ἔχει φρένας, εὐ-
125   ρήσει σὺν ἅπαντι χρόνωι
   μυρίας ἀλκὰς Ἀχαιῶν.

12 (11)

ΤΕΙΣΙΑΙ ΑΙΓΙΝΗΤΗΙ

ΠΑΛΑΙΣΤΗΙ ΝΕΜΕΑ

metrum: dactyloepitr (v. p. XXV) *A'—Γ'*

ΣΤΡ _e_D_e_|³D|_D∪e|⁵_D_|⁶E_||
   ⁷_E_e|||

ΕΠ _D|²_D_||³e_D|⁴_e_|⁵[e]_D_|
   [⁶⁻⁹]||||

A'   ῾Ωσεὶ κυβερνήτας σοφός, ὑμνοάνασ-
     σ᾽ εὔθυνε Κλειοῖ
   3 νῦν φρένας ἁμετέρας,
   εἰ δή ποτε καὶ πάρος· ἐς γὰρ ὀλβίαν
 5 ξείνοισί με πότ|νια Νίκα
 6 νᾶσον Αἰγίνας ἀπάρχει
   ἐλθόντα κοσμῆσαι θεόδ|ματον πόλιν
 8 τάν τ᾽ ἐν Νεμέᾱι γυιαλκέα μουνοπάλαν̣
col 27-   (desunt vv. 9—32)
B' 3   ].[   ]π̣ι̣δ̣[
   34 ξεινον̣ [....]νιοι αστ[×_∪_

periodi statuunt, cf. v. 77); τὸ τιμῶσ᾽ Theiler, Mus Helv. 3, 24, qui
confert Hdt. 1, 66 (W. Schulze, Kl. Schr. 354, 4); alia v. ap. J. et
Cataudella Aeg. 31, 1951, 232 | ad *Κάσαν* fluvium Diels, Herm.
33, 334 || **120** επι: A³
12 6 ad ἀπάρχειν et ἄπαρχος v. Wil. ad Aesch. Pers. 327; Ed.
Fraenkel ad Aesch. Ag. 1227 || **33—42** = fr. Flor. B (cf. p. VIII
et XLV) || **33**]γ[,]φ[,]ρ[,]τ[sim. | [ναέται __]πιδ᾽ [εὐ-] ⁞ ξείνου-
[∪∪_]νιοι ἄστ[εος e. g. Sn. || **34** γ[pot. qu. τ[

40

35 5 ἀμφικ[τιόν]ων ἐν ἀέθ'λοι[ς
σὺν τρι[άκο]ντ' ἀγ'λααῖσιν
7 νίκαις [ἐκ]ωμάσθησαν οἱ μει[_◡_,
οἳ δ' ἐν Πέλοπος ζαθέας
νάσον π[ι]τνώδεϊ δείρāι,
40 3 οἱ δὲ φοινικοστερόπα τεμένει
Ζηνὸς Νεμεαίου·
5 . . .(. . .)] ταύτας καὶ ἐπ' ἀργυροδίνα

col 28   (desunt vv. 43−69)

13 (12)

[*ΠΥΘΕΑΙ ΑΙΓΙΝΗΤΗΙ*
ΠΑΓΚΡΑΤΙΑΣΤΗΙ ΝΕΜΕΑ]

metrum: dactyloepitr (v. p. XXV) *A'−Z'*

                 102 148.169.202
ΣΤΡ _D◡e_ ||³ _ _ _◡◡_σ|e ◡ e_ ||
                 54?
  5 _D_ ||⁶E_D◡e_ ||⁹D◡||¹⁰Dσ|
     123.156
  ¹¹D_e◡e_ |||
   58   60?
ΕΠ _Dσe|_Dσe_ |⁴e_D_E||
     63−162? 196   131 66
  6 _D◡ | e◡e◡e||⁸D◡e◡e_ |||

A'   (desunt vv. 1−7)
col 29 (23)   _ _◡_ _]
    9 _◡◡_◡◡] *Κλειώ*
  10 _◡◡_◡◡]'.. ερ[_
  11 _◡◡_◡◡_]

13 metri causa correctum 62 παύροισ{ι}, 100 υἱ{ε}ας, 110 ὅ⟨π/-
ποτε; notandum 64 κύάνεον, 69 πανθāλέων. colometria: antistr.
γ' 6/7 (v. 84sq.) et epod. ε' 3/4 (v. 159sq.) in unum contracti, illi
quidem non sine gravi corruptela

35 M. Norsa ‖ **36** Sn. ‖ **37** M. Norsa | οἱ μεγασθενεῖς vel οἱ μὲν
Πνθόι Sn. (Πνθίαις P. Maas) ‖ **39** πιτ. agn. Sn. ‖ **40** ΡΌΠ ‖
41 ΑΙΟΥ· ‖ **42** ταύτας Sn. ‖ **43** ὄχθαισιν Ἀλφειοῦ vel Ἀλφεοῖ'
ὄχθαις e. g. Sn. cf. 8, 26sq.
13 de inscr. v. p. XLV ‖ **9**]Κ vel]Α, tum Λ pot. qu. Α ‖ **10** ΕΡ[
potius quam ΕΒ[

12 ‿‿∪‿‿‿∪‿]δαν·

B′) (desunt ant. α′ et epod. α′ = vv. 13—33)

(desunt vv. VI)

40 7 ‿‿∪∪‿∪∪]ις

×‿∪‿‿]

9 ‿∪∪‿∪∪‿×]·

‿∪∪‿∪∪‿‿]

col 30 (24)   11 ὕβ'ριος ὑψινόου

45 παύσει δίκας θνατοῖσι κραίνων·

1 οἴαν τινὰ δύσλοφον ὠ-

μηστᾶι λέοντι

3 Περσείδας ἐφίησι

χεῖρα παντοίαισι τέχ'ναις·

50 οὐ γὰρ] δαμασίμβροτος αἴθων

6 χαλ]κὸς ἀπ'λάτου θέλει

χωρε]ῖν διὰ σώματος, ἐ-

(20) γ'νάμ]φθη δ' ὀπίσσω

9 φάσγα]νον· ἦ ποτέ φαμι

55 τᾶιδε] περὶ στεφάνοισι

11 παγκ]ρατίου πόνον Ἑλ-

λάνεσσι]ν ἱδρώεντ' ἔσεσθαι."

1 ἐκ τοῦ παρ]ὰ βωμὸν ἀριστάρχου Διός

Νίκας] φ[ε]ρ[ε]κυδέος ἀν-

60 στεφθε]ῖσιν ἄ[ν]θεα

---

58 Apollon. de constr. 2, 161 (256, 1 Uhl.) (fr. 52 B.⁴): καθὼς
ἔχει τὸ ἀρίσταρχος Ζεὺς παρὰ τοῖς περὶ τὸν Βακχυλίδην (cf. etiam
Simonidis fr. 614 P.)

40 fr. 30 K. ‖ **44** sqq. Wil. et Bl. nymphae Nemeae verba tri-
buunt. J. vasculorum figuris in usum vocatis Minervam patro-
nam Herculis ad Nemeam verba facere putat, sed cf. Wil. Pind.
172, 2. orationem Minervae usque ad v. 66 producit Sitzler |
ad str. *β′* v. 37 sq. cf. infra fr. 30 ‖ **51**]Κ,]Α,]Λ ‖ **52** extr. ε
add. A³ | Bl. ‖ **53** ΟΠΙϹϹΩ: alterum ϲ del. A³? | Bl., Tyrrell ‖
55 Bl. ‖ **56**]Ρ,]Β pot. qu.]ϲ vel]π, non]Ν ‖ **58** ἐκ τοῦ Wil.
ἔνθεν Bruhn longius spatio ‖ **58** sqq. cf. Wil. Pind. 173, 1 ‖
59 νίκας J. | φ[, Υ[, Ρ[, Τ[|]Ρ[,]Τ[,]Ι[sim. φερεκ. Wil. ἐρικυδέος
(ut 190) legi non potest ‖ **60** Sn.; ἀνδεθεῖσιν Housm. brevius
spatio | ἄνθεα est subi.: 'flores alunt famam victoribus' Wil. l. l.

61 4 χρυσέ]αν δόξαν πολύφαντον ἐν αἰ-
  ῶνι] τ᾿ρέφει παύροις βροτῶν
(30) 6 α]ἰεί, καὶ ὅταν θανάτοιο
  κυάνεον νέφος καλύψηι, λείπεται
65 8 ἀθάνατον κλέος εὖ ἐρ-
) χθέντος ἀσφαλεῖ σὺν αἴσᾳ.
Γ″ 1 τῶν κα[ὶ σ]ὺ τυχὼν Νεμέᾳι,
  Λάμπωνος υἱέ,
  3 πανθαλέων στεφάνοισιν
70 ἀνθ]έ[ων] χαίταν [ἐρ]εφθείς
  . . . . .]πόλιν ὑψιάγυιαν
  6 . . . . τε]ρψιμ[β]ρότων
(40) .[. . . . .] ἀβ[ροπν]όων
  κώμ[ων] πατρ[ώια]ν
75 9 νᾶσο[ν], ὑπέρβι[ον] ἰσχύν
  παμμαχίαν ἄνα φαίνων.
  11 ὦ ποταμοῦ θύγατερ
  δινᾶντος Αἴγιν᾿ ἠπιόφ᾿ρον,
col 31 (25) 1 ἦ τοι μεγάλαν [Κρονίδας
80 ἔδωκε τιμάν
  3 ἐν πάντεσσιν [ἀγῶσιν,
  πυρσὸν ὣς Ελλ[ασι _⌣
(50) φαίνων· τό γε σὸν [κλέος αἴ]νεῖ
  6 καί τις ὑψαυχὴς κό⟨ρα
85 _ _⌣⌣_⌣⌣⟩ραν

61 sq. J. ‖ 62 ΠΑΥΡΟΙϹΙ: Platt, al. | ∼ 128 ‖ 63 ΟΤΑΘ: Α³ ‖
70 . . .] ′[. .] cf. Sapph. fr. 98 (a) 8 L.-P. ‖ 71]Π,]ι sim. | αὔξων
(. . . 72 ἦλνθες) J., στείχεις Herw.; breviora spatio γενέϊς, ἦλθες
simm. ‖ 72 Αἰακοῦ Bl. | ∼ 183 ‖ 73 Ω[vel Δ[?, certe non Α[|
ὥστε β᾿ρύεν e. g. Sn. | Β[vel Ρ[pot. qu. Ϲ[, non Δ[ἁβρ. Bl.¹ ‖
74 Μ, Η, Ν, ΡΓ, ΙΤ sim. | de κώμων vix dubitari potest, quam-
quam pap. post Μ litt. Α, non Ω fuisse videtur ‖ 76 ΧΙΑΝ παμμα-
χιᾶν ἀναφ. Κ. ‖ 78 ΔΙΝΑΝΕΟϹ: Α¹ ‖ 79 Bl. ὅδε παῖς Κ. ‖ 81 Bl.
-σι? ∼ 48 Barrett ἀέθλοις Κ. ‖ 82 τῆλε Bl. -σιν ἀλκάν Κ. -σι
παντᾷ J. ‖ 83 Ν[, ι[sim. ‖ 84 ΚΑΤΙϹ: Α²? | ΥΦΑΥΧ: J. | ΧΑϹ: Α³ |
ΚΟ[. . . . .]ΡΑΝ (vel ΟΑΝ) duo vv. in unum contracti, neque
spatium sufficit ad tot syllabas ‖ 85 στείχουσ᾿ (λευκοῖς J.) ἀνὰ γᾶν
ἱερὰν Bl.

ΒΑΚΧΥΛΙΔΟΥ

86 πόδεσσι ταρφέως
9 ἠΰτε νεβ'ρὸς ἀπεν[θής
ἀνθεμόεντας ἐπ[' ὄχθους
11 κοῦφα σὺν ἀγχιδόμ[οις
90 θρώισκουσ' ἀγακ'λειτα[ῖς ἑταίρα]ις·
1 ταὶ δὲ στεφανωσάμε[ναι φοιν]ικέων
ἀνθέων δόνακός τ' ἔ[πιχω-
(60) ρίαν ἄθυρσιν
4 παρθένοι μέλπουσι τ[........]ς, ὦ
95 δέσποινα παγξε[ίνου χθονός,
6 Ἐν]δαΐδα τε ῥοδό[παχυν,
ἃ τρ[..].' [..]ων ἔτι[κτε Πηλέα
8 καὶ Τελαμ[ῶ]να [κρα]τ[α]ι[ὸν
) Αἰακῶι μιχθεῖσ' ἐν εὐ[νᾶι·
Δ' 100 1 τῶν υἷας ἀερσιμάχ[ους,
ταχύν τ' Ἀχιλλέα
3 εὐειδέος τ' Ἐριβοίας
(70) παῖδ' ὑπέρθυμον βοά[σω
Αἴαντα σακεσφόρον ἥ[ρω,
105 6 ὅστ' ἐπὶ π'ρύμνᾶι σταθ[εὶς
ἔσχεν θρασυκάρδιον [ὀρ-
μαίνοντα ν[ᾶας
9 θεσπεσίωι πυ[ρὶ __
109 Ἕκτορα χαλ[κεομίτ'ρα]ν,

86 C in extr. valde certum ‖ 87 ΝΕΚΡΟC: A² | ΑΠΕΝ: ΑΠΕΝ
A¹? ‖ 89 Μ[, ι[sim. | J. ‖ 90 ΘΡΩCΚ: Bl. ‖ 91]ΙΚ (Edm.) potius
quam]ΙΧ, suppl. Headlam ‖ 92 J. ‖ 94 τεὸν κράτος Bl. τεὸν
κλέος J. ‖ 95 ΠΑΓΞ A: ΠΑΙΞ A³? suppl. Housm. ‖ 96 Palmer J. ‖
97 ΑΤΟ[vel ΑΤΩ[|]Ω pot. qu.]A | ἔτικτεν Palmer J., sed cf. legem
Maasianam p. XXIX ‖ 98]Τ[,]Φ[sim. |]ι[hasta | κραταιόν K. ‖
99 μειχθεῖσ' Bl. | ΕΙ[: ΕΥ[A³? suppl. Sitzler; εὐναῖς J. ‖ 100 τῶν
⟨θ'⟩ υἷας J. cetera ut penderent a μέλπουσι. supplendus igitur
erat vers. 103 βοατάν (Bl.) aut βοαθόον (K.). neutrum placet;
βοάσω Housm. Wil. puellae canunt Aeginam et Endaidem. poeta
sibi proposuit Achillem et Aiacem celebrandos | ΥΙΕΑC: υἷας Chr.
(cf. 3, 77); aut pro ΑΕΡCΙΜ ἀρσιμ. (Bl.) ‖ 101 ∼ 134 ‖ 105 ∼ 150 ‖
106 ἴσχεν Ludw. ‖ 108 καίειν K. καῦσαι Bl. πέρθειν Page ‖ 109—114
suppl. fr. 18K. ‖ 109]Ν vel]ΑΙ | cf. fr. 20A, 14; Pind. N. 10, 90
aut χαλκοκορυστάν (E 699) | ∼ 154

44

110 11 ὁππότε Πη[λεΐδας

＿＿ τρα[χ]εῖαν [Ἀτ'ρείδαισι μ]ᾶνιν

1 ὥρίνατ[ο, Δαρδανίδας

(80) τ' ἔλυσεν ἄ[τας ·

3 οἳ πρὶν μὲν [πολύπυργο]ν

col 32 (26) 115 Ἰ[λ]ίου θαητὸν ἄστυ

οὐ λεῖπον, ἀτυζόμενοι [δέ

6 πτᾶσσον ὀξεῖαν μάχα[ν,

εὖτ' ἐν πεδίωι κλονέω[ν

μαίνοιτ' Ἀχιλλεύς,

120 9 λαοφόνον δόρυ σείων ·

ἀλλ' ὅτε δὴ πολέμοι[ο

11 λῆξεν ἰοστεφάνο[υ

(90) ＿＿ Νηρῆιδος ἀτ'ρόμητο[ς υἱός,

1 ὥστ' ἐν κυανανθέϊ θ[υμὸν ἀνέρων

125 πόντωι Βορέας ὑπὸ κύ-

μασιν δαΐζει,

4 νυκτὸς ἀντάσας ἀναπ[‿◡◡‿

λῆξεν δὲ σὺν φαεσιμ[βρότωι

6 Ἀοῖ, στόρεσεν δέ τε πό[ντον

130 οὐρία · Νότου δὲ κόλπ[ωσαν πνοαὶ

ἱστίον ἁρπαλέως ⟨τ'⟩ ἄ-

132) ＿＿ ελπτον ἐξί[κ]οντο χέ[ρσον.

123 Ammon. de voc. diff. 333 Nickau

110 ΟΠΟΤΕ | Ι[, Η[sim. ‖ 111]ΗΝΙΝ: Α³? | Ἀργείοισι Bl.¹ Ἀτρεί-
δαισι Bl.² spatio favente (Edm.) ‖ 112 ΩΡΕΙΝ: Bl. | Δαρδανίδας
. . . ἄτας Desrousseaux Τρωσὶ δὲ πάντ' ἔλυσεν αἰνά Bl. ‖ 114 Bl.
θεότιμον Jur., Smyth ‖ 116 οὐ Bl. ‖ 118 ΠΕΔΙΟΝ: Α³ ‖ 120 ΛΑΙΟΦ:
Α³? ‖ 123 ΡΗΙΔ | 124 Schw. cf. Ο 624sqq. (629 ὥς ἐδαΐζετο θυμός).
imagines ab Achaeis ad Troas transtulit B. Θρηκὶ ναυβάτας Herw. ‖
125—127 suppl. fr. 38ᵇ K. ‖ 127 ΑΝΤΑCΑΝΥΜ[: Α³ | Π[pot. qu.
ΤΕ[vix ΤΟ[| ἀνατελλομένας Bl. ἀναπεπταμένας Crusius ‖ 128 ΤΕ:
ΔΕ Α²? | φαυσιμβρότῳ sec. Pind. Ο. 7, 39 Bl. ‖ 129 ΑΟΪ | cf.
γ 158; Soph. Ai. 674; Verg. Aen. 3, 69 *placataque venti dant maria*
5, 763 *placidi straverunt aequora venti* ‖ 130 ΟΥΡΑΝΙΑ: ΟΥΡΙΑΙ Α¹
(quod cum πνοᾶι coniungi voluisse vid.) | ΟΛ![| κόλπωσαν πνοιαῖς
Bl. cf. 5, 28 πνοᾶι J. | A.P. 9, 363, 10 πνοιῇ ἀπημάντῳ Ζεφύρου λίνα
κολπώσαντες ‖ 131 ΛΕΩΤΑ: mutavit Τ in Ϲ Α³? τ' Bl. ‖ 132 Ξ.'[.]Ο

E' (100) 1 ὡς Τρῶες, ἐπ[εὶ] κλύον [αἰ-
χματὰν Ἀχιλλέα
135 3 μίμνο[ντ'] ἐν κλισίηισιν
εἴνεκ[ε]ν ξανθᾶς γυναικός,
B]ρ[ι]σηΐδος ἱμερογυίου,
6 θεοῖσιν ἄντειναν χέρας,
φοιβὰν ἐσιδόντες ὑπαὶ
140 χειμῶνος αἴγλαν·
9 πασσυδίαι δὲ λιπόντες
τείχεα Λαομέδοντος
(110) 11 ἐ]ς πεδίον κρατερὰν
ἄϊξαν ὑ[σ]μίναν φέροντες·
145 1 ὦρσάν τ[ε] φόβον Δαναοῖς·
ὤτρυνε δ' Ἄρης
3 ἐ]ϋεγχής, Λυκίων τε
Λοξίας ἄναξ Ἀπόλλων·
ἱξόν τ' ἐπὶ θῖνα θαλάσσας·
col 33 (27) 150 6 ν]αυσὶ δ' εὐπρύμνοις παρα⟨ὶ⟩
μάρναντ', ἐναριζ[ομέν]ων
δ' ἔρ]ευθε φώτων
(120) 9 αἷμα]τι γαῖα μελα[_
Ἑκτορ]έας ὑπὸ χει[ρός,
155 11 . . . .]εγ' ἡμιθέοις
. . . . .] ἰσοθέων δι' ὁρμάν.
157 1 . . . . .]ρονες, ἢ μεγάλαισιν ἐλπίσιν

133 Π[pot. qu. Γ[| amplum spatium litt. [ει] ‖ 135 ∼ 48 | cf.
p. XIX de forma epica κλισίηισιν ‖ 138 ΘΕ . . ΗΝ: ΟΙC supra v.,
H in I mut. A³? | Ν, Χ, Λ, non Δ ‖ 139 ΦΟῚΒΑΝ ‖ 141 ΠΑCCΥΔΙΑC |
ΜΕΛΠΟΝΤΕC: ΔΕΛΙΠΟΝΤΕC A³? ‖ 149 ΘΕΙΝΑ (ut Aristarchus scripsisse dicitur) ‖ 150 παραὶ Bl. cf. p. XX ‖ 152]ΕΥΘΕ: ΤΟ supra v.
add. A³ | ad usum insolitum activi Wil. Herm. 34, 637 cf. Hippocr.
π. νούσων 4, 38 ‖ 153 μέλα[ινα K. μελα[νθεῖσ' Page ‖ 154 ∼ 109 ‖
155 sq. ἦν δὲ μέγ' (longius spatio) ἡμιθέοι꞉σιν πένθος (idemque
longius) Schw. πῆμα μέγ' (longius spatio) . . . ὀξεῖαν J. ἦε μέγ'
Pfeiffer ‖ 156 ΙC[.]ΘΕΩΝ: Ο supra v. add. A³? | ΔΙ ΟΡΜΑΝ· Α
Δ' ΟΡΜΑΝ· A³? ‖ 157—169 ope minorum frr. suppl. Bl. ‖ 157]Ρ
vel]Υ vel]ϊ esse vid. ἆ δύσφρονες Bl., sed hasta litt. φ appareret

158   . . . .]οντες ὑπερφ[ία]λον

      ㆆ‿‿――

160 4 . . . .]ς ἱππευταὶ κυανώπιδας ἐκ-

      ――‿――] νέας

     6 ――‿‿ εἰλα]πίνας τ᾽ ἐν

(130)   . . . . .]ρεις ἕξειν ϑ[εόδ᾽]ματον πόλιν.

    8 μ]έλλον ἄρα π⏑ρότε[ρο]ν δι-

165)   ν]ᾶντα φοινίξει[ν Σκ]άμανδρ[ον,

F′   1 ϑ]νάισκοντες ὑπ᾽ [Αἰα]κίδαις

      ἐρειψ[ιτ]οί[χοις ·

    3 τῶν εἰ καὶ τ[‿‿――

169 ἢ βαϑυξύλῳ[ι ‿――

    (desunt vv. V)

175 οὐ γὰρ ἀλαμπέϊ νυκ[τός

    11 πασιφανὴς Ἀρετ[ὰ

      κρυφϑεῖσ᾽ ἀμαυρο[ῦται ‿――

    1 ἀλλ᾽ ἔμπεδον ἀκ[αμάται

      βρύουσα δόξαι

180 3 στρωφᾶται κατὰ γᾶν [τε

    καὶ πολύπ⏑λαγκτον ϑ[άλασσαν.

    καὶ μὰν φερεκυδέα ν[ᾶσον

(150) 6 Αἰακοῦ τιμᾶι, σὺν Εὐ-

184   κλείαι δὲ φιλοστεφ[άνωι

---

158 χαίροντες s. κλάζοντες K. αὐχέοντες Rich. πνέοντες Bl.
πνείοντες Ludw. Jur. ‖ **159** μάταν ἔφαντο Schw. δόκευν Ἀχαιῶν
Bl. φρόνημ᾽ ἐθάρσευν J. ‖ **160—162** νᾶας ἱ. κ. ἐ. εἰρήνας νέας
βλέψειν φάος εἰλαπίνας τ᾽ ἐν ἑσπέραις ἕξειν ϑ. π. Schw. ‖ **160** Τρῶες
Nairn alii νᾶας Bl. ‖ **161** ἐκ ː πέρσαντες ἐξ ἀρχᾶς νέας (a νέος!) Bl.
ἐκ ː φλέξασιν εὐσέλμους νέας Nairn ἐκ ː πέρσασιν Ἀργείων νέας J. ‖
163 de P vix dubitandum, ϵ pot. qu. Α ‖ **164** ϵ[, ι[sim. ‖ **165** ϵι[
non Αι[‖ **167**]᾽.ι[, suppl. K. ‖ **168** τ[pot. qu. Υ[‖ **168**sqq. sententia haec fere: quorum (Aeacidarum) etsi corpora obruta sunt
βαϑυξύλῳ πυρᾷ sive (nempe Aiacis) terrae aggere, fama tamen
                    ΜΠ
immortalis viget (Bl.) ‖ **169** Ω[, Ο[, ϵ[‖ **175** ΑΛΛΕΠΙː ΑΛΑϵ[Π]ϊ
Α³ | Κ[, ι[sim. ‖ **177** καλύπτραι Housm. ἀλαμπέσι (175) . . . ὀνόφοι-
σιν K. et Tyrrell ‖ **178** -μάται Bl. Platt -ματος K. ‖ **181** ΠΛΑΓΚΤΑΝː
Α³ ‖ **183** de Eunomia et Eucleia cf. Wil., Glaube d. Hell. 1, 184sq.

47

ΒΑΚΧΥΛΙΔΟΥ

col 34 (28)　185　πόλιν κυβερνᾶι,
　　　　　9 Εὐνομία τε σαόφ'ρων,
　　　　　ἃ θαλίας τε λέλογχεν
　　　　　11 ἄστεά τ' εὐσεβέων
　　　　　ἀνδρῶν ἐν εἰ[ρ]ήνᾱι φυλάσσει·
　　190 1 νίκαν τ' ἐρικυ[δέα] μέλπετ', ὦ νέοι,
　　　　　Π]υθέᾱ, μελέτᾱ[ν τε] βροτω-
　　　　　φ[ε]λέα Μενάνδρου,
　(160) 4 τὰν ἐπ' Ἀλφειοῦ τε ῥο[αῖς] θαμὰ δὴ
　　　　　τίμασεν ἁ χρυσάρματος
　　195 6 σεμνὰ μεγάθυμος Ἀθάνα,
　　　　　μυρίων τ' ἤδη μίτραισιν ἀνέρων
　　　　　8 ἐστεφάνωσεν ἐθείρας
　　　　　ἐν Πανελλάνων ἀέθ'λοις.
Ζ'　　　)̅1̅ε]ἰ μή τινα θερσι[ε]πὴς
　　200　φθόνος βιᾶται,
　　　　　3 αἰνείτω σοφὸν ἄνδρα
　　　　　σὺν δίκᾱι. βροτῶν δὲ μῶμος
　(170)　πάντεσσι μέν ἐστιν ἐπ' ἔργοι[ς·
　　　　　6 ἁ δ' ἀλαθεία φιλεῖ
　　205　νικᾶν, ὅ τε πανδ[α]μάτω[ρ
　　　　　χρόνος τὸ καλῶς
　　　　　9 ἐ]ργμένον αἰὲν ἀ[έξει·
　　　　　δ̣ι̣υ̣ι̣σ̣ι̣μενέι̣ωι̣ν δὲ μα[ταία
　209 11 γλῶσσ'] ἀϊδ̣ὴς μιν[ύθει
　　　　　(desunt vv. X)
col 35 (29)　220　ἐλπίδι θυμὸν ἰαίν[-

208sq. Cram. An. Ox. 1, 65, 22 Βαρυτόνως τὸ Ἀίδης· τὸ γὰρ ἐπι-
θετικὸν ὀξύνεται. δυσμενέων δ' ἀϊδὴς λέγει Βακχυλίδης (fr. 46 B⁴);
fortasse ex Herodiano, cf. 1, 80, 2 Lentz

193 θαμὰ Nairn alii ‖ 199 C̣ỊΠ ‖ 202 ΒΡΥΩΤΩΝ: Α¹? ‖ 203 huc
fr. 30K. traxit Edm., sed cf. v. 40 ‖ 207 ἀργμ.? Wackern., conferens ὑπαργμ. Hdt. 7, 11, 13 ‖ 208]Υ[fere certum ‖ 208sq. Bl. ‖
209]Η,]ι sim. | ~ 176, 155 ‖ 220sq. cf. Schw., Herm. 39, 638.
Körte, Herm. 53, 142. Wil. Pind. 172, 1

221 11 τᾶι καὶ ἐγὼ πίσυνο[ς
___ φοινικοκραδέμνοις [τε Μούσαις
(190) 1 ὕμνων τινὰ τάνδε ν[εόπ'λοκον δόσιν
φαίνω, ξενίαν τε [φιλά-
225 4 γ'λαον γεραίρω,
4 τὰν ἐμοὶ Λάμπων [∪∪_∪∪_
βληχρὰν ἐπαθ'ρησαιστ[∪_
6 τὰν εἰκ ἐτύμως ἄρα Κλειὼ
πανθαλὴς ἐμαῖς ἐνέσταξ[εν φρασίν,
230 τερψιεπεῖς νιν ἀ[ο]ιδαὶ
8 παντὶ καρύξοντι λα[ῶ]ι.

14 (13)

ΚΛΕΟΠΤΟΛΕΜΩΙ ΘΕΣΣΑΛΩΙ

ΙΠΠΟΙΣ ΠΕΤΡΑΙΑ

metrum: dactyloepitr. (v. p. XXV)
ΣΤΡ e _ D _ e _ ||³ E _ E ∪ ||⁵ _ D _ E _ E |||
ΕΠ _ D | _ D _ |³ e _ d¹ e _ D _ |⁵ D |
⁶ _ E _ D _ |⁸ E ∪ e _ |||

A′   Εὖ μὲν εἱμάρθαι παρὰ δαίμ[ονος ἀνθρώποις ἄριστον·

14 metri causa correctum v. 3 ἐσθλόν ⟨τ'⟩

222 C[potius quam O[-οισι Μούσαις Bl. -οις τε Μούσαις
Nairn, alii aliter ‖ 223 ΔΕ I[: ΔΕΝ A³ | ἰοπλοκ. A, νεοπλοκ. A³
scripsisse suspic. Bl. νεοπλόκων δόσιν Bl. νεόπλοκον J. ‖ 224 ΦΑΙ-
ΝΩΝ: A¹? ‖ 227—230 extrema sunt in fr., quod adiunxit Bl. ‖
226 sq. παρέχων χάριν (J.) οὖ (Housm.) βληχρὰν ἐπαθρήσαις
(Platt: part. aor. vix recte) τίει (Bl.) Bl. et J.; eadem, sed ἐπ-
αθρῆσαι στόμα Wil. τὰν ἐμοί, Λάμπων, σὺ νέμων δόσιν οὖ βλ. ἐπαθρήσαις (optat.) τέκνωι Schwartz; σὺ νέμεις· χάριν . . . τέκνου
Sn. ‖ 228 ΕΙΚ': εἴ γ' Bl. alii, sed εἰκ = εἰ W. Schulze et dubitanter Wil., qui conf. Hdt. 1, 174 et Ar. Lys. 1099 (cf. Wil. ad l.) ‖
229 J., sed φρασίν; φρασίν Bl. Housm.
14 Wil. S. u. S. 183 ‖ 1 Μ[et 5 Υ[in parvo fr. conserv. huc
traxit Edm. ‖ 1 δαίμοσιν K. -ονος Bl. alii

3 σ]υμφορὰ δ᾽ ἐσθλόν ⟨τ᾽⟩ ἀμαλδύ-
νει β]αρύτ'λ[α]τος μολοῦσα
5 5 καὶ τ]ὸν κακ[ὸν] ὑψιφανῆ τεύ-
χει κ]ατορθωθεῖσα· τιμὰν
__ δ᾽ ἄλ]λος ἀλλοίαν ἔχει·
1 μυρί]αι δ᾽ ἀνδρῶν ἀρε[ταί,] μία δ᾽ ἐ[κ
πασᾶ]ν πρόκειται,
10 3 ὃς τὰ] πὰρ χειρὸς κυβέρνα-
σεν δι]καίαισι φ'ρένεσσιν.
5 οὔτ᾽ ἐ]ν βαρυπενθέσιν ἁρμό-
ζει μ]άχαις φόρμιγγος ὀμφὰ
__ καὶ λι]γυκ'λαγγεῖς χοροί,
15 1 οὔτ᾽ ἐ]ν θαλίαις καναχά
χαλκ]όκτυπος· ἀλλ᾽ ἐφ᾽ ἑκάστωι
3 καιρὸς] ἀνδρῶν ἔργματι κάλ-
λιστος· [ε]ὗ ἔρδοντα δὲ καὶ θεὸς ὀ[ρθοῖ.
5 Κλεοπτολέμωι δὲ χάριν
20 νῦν χρὴ Ποσειδᾶνός τε Πετ'ρ[αί-
ου τέμενος κελαδῆσαι
)8 Πυρρίχου τ᾽ εὔδοξον ἱππόνικ[ον υἱόν,
Β′ ὃς φιλοξείνου τε καὶ ὀρθοδίκου

col 36   (desunt reliqua = vv. XXI?)

14 A

metrum: dactyloepitr.? ... E | 6__e__? |||
(deest initium)

3 ⟨τ᾽⟩ J., cf. Maas Resp. 1, 8, 3 ‖ 4 ΟΥϹΑ· ‖ 5 καὶ τὸν Suess,
Wil. | ....]ΟΝ ΗΔΗ ΥΨΙΦ: ΗΔΗ del. A³ et superscr. ΚΑΙ[κακὸν
Schw. ‖ 8sq. ἐ[κ πασᾶ]ν Jur. | extr. vv. 8. 10—13 adi. K. ‖ 10 ὃς
τὸ Headl. Pearson εἰ τὸ Richards ὃς τὰ Wil., Bruhn | ΒΕΡΝΑΙ: Α¹ ‖
10sq. -νασεν Wil. ‖ 12sq. οὔτ᾽ ἄν ... ἁρμόζοι Platt οὐκ ἐν ...
ἁρμόζει K. ‖ 13]Α vel]Λ | μάχαις J. ‖ 14]Γ vel]Τ ‖ 15 οὔτ᾽
ἂν Platt ἐν K. ‖ 16 K. ‖ 17 J. | Theogn. 401 καιρὸς δ᾽ ἐπὶ πᾶσιν
ἄριστος ἔργμασιν ἀνθρώπων ‖ 18 ΕΡΔΟΝΤΙ: Α³? | ὀρθοῖ J. (cf. Ar-
chil. 58, 2 D.) ὁρμᾶι Turyn cf. 18, 41; v. p. XX ‖ 20 ΠΟϹΙΔΑΝΟϹ ‖
22sq. extr. vv. adi. Edm. ‖ 22 Bl. ‖ 24 πατρὸς πεφυκώς Herw.
14A = pap. L 1—6

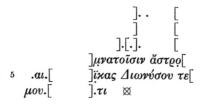

].. [
        ]   [
].[.].   [
]μνατοῖσιν ἄστρο[
5 .αι.[   ]ϊκας Διωνύσου τε[
μου.[   ].τι ⊠

14 B

[ΑΡΙΣΤΟΤΕΛΕΙ ΘΕΣΣΑΛΩΙ (vel *ΛΑΡΙΣΑΙΩΙ*)

ΙΠΠΟΙΣ __]ΓΙΑ

metrum: dactyloepitr. (v. p. XXV)
ΣΤΡ E_D_e|³_D_|e͜e_|⁵_e_D|_D|
⁷_D_E|⁹D_E|...

pars
col 37? *A'*

Ἑστία χρυ⌋σόθ'ρο⌊ν', εὐ-
δόξων Ἀ⌋γαθοκ'⌊λεαδᾶν ἅτ' ἀφ'νε̣[ῶν
ἀνδρῶν⌋ μέγα⌊ν ὄλβον ἀέξεις
ἡμένα⌋ μέσαι⌊ς ἀγυιαῖς
5 Πηνειὁ⌋ν ἀμφ' ⌊ε⌋ὑώδεα Θεσσα⌊λία[ς
μηλοτ'ρόφου⌋ ἐν γυάλοις·
κεῖθεν καὶ Ἀρισ⌋τοτέλης Κ⌊ιρ-
ραν πρὸς εὐθαλ⌋έα ⌊μο⌋λών
δὶς στεφανώσατο Λα-
10 ρίσα[ς ἀ]ναξίππου χάριν [
κλυ[   ].ος
(desunt reliqua)

1]ΑC,]ΛΟ sim. ‖ 4 ΟῖC | ΑC ‖ 5 Ν[, Π[sim.? |]ϊ,]ῑ,]ὶ,]·ι |
τὲ[‖ 6 C[legi potest |]Κ vel]ϒ, siquidem vestigia ad litteram
quandam pertinent; Διωνύσου τε [καί] ∶ Μουσ[ᾶν ἕκα]τι Sn.
14B = pap. L 7—17 + fr. 22K. (v. 1—5) + fr. 11K. (v. 5—8)
inscr. dubitanter suppl. Lobel;]ΓΙΑ,]ΤΙΑ vel etiam]Π^Α = Π(ΥΘΙ)Α?
(cf. v. 7) sec. Lobel ‖ 2 suppl. Lobel ‖ 4 ΜΕCΑΙ[A, ΜΈC̄CΑΙC L |
schol. marg. [ ] *τὴν Ἑστίαν λέ[γει __].ᵒ τὸ πῦρ τοῦτο .*[(suppl.
Lobel) ‖ 5 suppl. Lobel ‖ 7 schol. marg. *Πηυιο .*[? ‖ 10 suppl.
Lobel ‖ 11]ι sim.

8*   51

ΒΑΚΧΥΛΙΔΟΥ ΔΙΘΥΡΑΜΒΟΙ

15 (14) = dith. 1

ΑΝΤΗΝΟΡΙΔΑΙ

Η ΕΛΕΝΗΣ ΑΠΑΙΤΗΣΙΣ

metrum: dactyloepitr. (v. p. XXV) *A'—Γ'*

ΣΤΡ _D | _D ◡ e || ³ ◡ e _ D | _ E | ⁵ E _ e _ |
    D _ D || ⁷ E _ e _ |||
ΕΠ _ e _ D | ² _ E _ | e _ D | ⁴ _ D _ E _ D |
    ⁷ _ E _ |||

col 1 (30) *A'*   Ἀντή]νορος ἀντιθέου
       . . . . . .]ρακοιτις Ἀθάνας πρόσπολος
    3 ◡_◡__] Παλλάδος ὀρσιμάχου
       __◡__χ]ρυσέας
    5   _◡___◡]ν Ἀργείων Ὀδυσσεῖ
       Λαρτιάδαι Μενελ]άωι τ' Ἀτ¹ρεΐδᾱι βασιλεῖ
    7 _◡___βαθύ]ζωνος Θεανώ
       __◡◡_◡◡]ον
       __◡◡_◡◡_]ν προσήνεπεν·
    10 3 __◡___◡ ἐ]ϋκτιμέναν
       __◡___◡_]

15 metri causa correctum 13 ⟨τε⟩ ?, 47 ἆρχεν λόγων, 63 ὤλεσ⟨σ⟩εν

15 inscriptio et dithyramborum et Antenoridarum inest in sillybo, qui adfixus erat pap. **O**; cf. p. IX ‖ **1**]Ν,]Ι sim. | cf. Quint. Smyrn. 14, 321 ἀντιθέου Ἀντήνορος, unde Tryphiod. 656 Ἀντήνορος ἀντιθέοιο (Sn.) ‖ **2**]ΡΑΚΟΙΤΙC,]CΑΙΩΤΙC,]ΟΛΙΩΙΤΙC κεδνὰ πα]ράκοιτις? κο]ρακῶπις Edm.; τερ]ενῶπις (Bl.) legi non potest; cf. Z 297 ‖ **3** sq. ὤϊξεν ἀγνὸν Π. ὄ. ⁞ ναὸν πύλας τε χρ. Cr.; ἔχουσα σεμνᾶς . . . κλαῖδας αἰεί e. g. Körte ‖ **5**]Ν,]Ι sim. ἀγγέλοις δισσοῖσι]ν J. ‖ **6**]Α vel]Λ | τ' supra v. add. Α³ | Nairn Cr. Wil. | ~ 48 ‖ **7** ὥς ποτ' ἤντησεν e. g. Körte ‖ **9** ΠΕΝ· ‖ **10** sc. Troiam?

12   _ᴗ___ᴗ__]δων τυχόντες

    _ᴗᴗ_ᴗᴗ___ᴗᴗ_]ς σὺν θεοῖς†

   7 _ᴗ___ᴗ___ᴗ_]δους

        (deest epod. α′)

B′   __ᴗᴗ_ᴗᴗ_]

23   __ᴗᴗ_ μεσονύ]χτιος κέαρ

        (desunt vv. XII)

ΕΠ. Β′ 36   __ᴗ___ᴗᴗ_ᴗᴗ_]

col 2 (31)   ἆγον, πατὴρ δ᾽ εὔβουλος ἥρως

    πάντα σάμαινεν Πριάμωι βασιλεῖ

    4 παίδεσσί τε μῦθον Ἀχαιῶν.

40   ἔνθα κάρυκες δι᾽ εὐ-

    ρεῖαν πόλιν ὀρνύμενοι

) Τρώων ἀόλλιζον φάλαγγας

Γ′   δεξίστρατον εἰς ἀγοράν.

    πάντᾱι δὲ διέδ|ραμεν αὐδάεις λόγος·

45 3 θεοῖσ⟨ιν⟩ δ᾽ ἀνίσχοντες χέρας ἀθανάτοις

    εὔχοντο παύσασθαι δυᾶν.

    Μοῦσα, τίς πρῶτος λόγων ἆρχεν δικαίων;

    Πλεισθενίδας Μενέλαος γάρυϊ θελξιεπεῖ

    7 φθέγξατ᾽, εὐπέπ|λοισι κοινώσας Χάρισσιν·

50   ,,ὦ Τρῶες ἀρηΐφιλοι,

    Ζεὺς ὑψιμέδων δ,ς ἅπαντα δέρκεται

52 3 οὐκ αἴτιος θνατοῖς μεγάλων ἀχέων,

Schol. Townl. Ω 496 (fr. 59 B.): πιθανὸν μίαν τεκεῖν ἐννεακαίδεκα, οὐχ ὡς *B*. πεντήκοντα τῆς Θεανοῦς ὑπογράφει παῖδας (quod exstitit in parte deperdita). ‖ **50—56** affert sine poetae nomine Clem. Alex. Str. 5, 136, 5 (fr. 29 B.)

12]ᴅ aut]ᴧ ‖ ᴛʏχοɴᴛᴀϲ: Α³ ‖ **13** γε vel τε vel δὲ post σὺν add. J.: vel]σὺν[ ]σ⟨ι⟩ θεοῖς? ‖ **23** hic coll. Bl. fr. 9 K. (ᴛιοϲκєᴀᴘ) |]ᴋ,]х, vix]ᴀ | spatium vacuum est et post ᴋєᴀᴘ et magnum supra hunc versum; sed negat Edm. id huic columnae attribuendum esse ‖ 30 sq. Bl. inseruit fr. 26 ‖ **37** ἆγον] Antenoris filii Menelaum et Ulixem in forum ‖ **38** ad impf. cf. Pind. pae.8a,14‖ **45** θεоιϲ: Barrett (v. p. XXIV n. 1) ‖ **46** cf. Hom. Γ 112′ | λυᾶν Pfeiffer ‖ **47** ᾱ́ᴘχєɴ ᴧοɢωɴ: Purser ‖ **48** sq. suppl. fr. 27 K. ‖ 51 sqq. cf. α 32 sqq.

53 ἀλλ᾽ ἐν ˌμέσˌωι κεῖται κιχεῖν
πᾶσιν ἀνθρώποις Δίκαν ἰθεῖαν, ἁγˈνᾶς
55 Εὐνομίας ἀκόλουθον καὶ πινυτᾶς Θέμιτος·
7 ὀλβίων πˌαῖδέςˌ νιν αἱρεῦνται σύνοικον.
ἁ δ᾽ αἰόλοις κέρδεσσι καὶ ἀφˈροσύναις
ἐξαισίοις θάλλουσ᾽ ἀθαμβής
Ὕβˈρις, ἃ πλοῦτ̣[ο]ν δύναμίν τε θοῶς
60 4 ἀλλότˈριον ὤπασεν, αὖτις
δ᾽ ἐς βαθὺν πέμπει φθόρον,
κε]ίνα καὶ ὑπερφιάλους
Γᾶς] παῖδας ὤλεσσεν Γίγαντας.᾽᾽

16 (15) = dith. 2

[*ΗΡΑΚΛΗΣ* (vel *ΔΗΙΑΝΕΙΡΑ*?)

ΕΙΣ ΔΕΛΦΟΥΣ]

metrum: dactyli (v. p. XXXVI sq.)

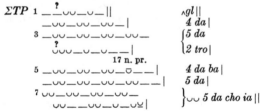

16 de metro cf. EFraenkel, Kl. Beitr. I 209. metri causa correctum: 11 τόσ{σ}α, 34 {ποταμῶι}. str. 1 (v. 13) πρίν γε κλέομεν potius _ _υυ_ quam _υυυ_, cf. ep. 6. str. 4 (v. 16) ἵκετο potius υυυ quam _υυ ep. 2 ταλαπενθέα aut υυ_ _ (cf. 10) aut υυ_υ_ (cf. 7. 12)

54 ΔΙΚΑΛΗΘΗΑΝ: A³ | -ποισι Δ. ὁσίαν ἀγνάν Clem. ‖ 55 ΑΚΟΛΟΥΘΟΝ supra v. add. A³ | Θέμιδος Clem. ‖ 56 παῖδες ὢ νιν εὑρόντες Clem. | CYNΔΙΚΟΝ: A³ ‖ 63 ΩΛΕCΕΝ | finem carminis hunc esse def. HFränkel, Wege u. Formen 85, 2

```
        _∪∪__ ||                    crᵛᵛ sp ||
10 _∪∪__ |                          adon |
   ∪∪∪___ |                         ᵛᵛcr sp |
   _∪∪__ |∪∪_∪∪_⌣|||               adon ʌpher |||
ΕΠ 1 _∪∪_∪∪_        ?        }6 da ||
     ∪∪_∪∪_∪∪__ ||
   3 ∪∪_∪∪__∪_ |                    ∪∪ 2 da cr |
     ∪∪_∪∪_∪∪_                     {∪∪ 5 da |
     ∪∪_∪∪_|∪∪∪___ ||              {∪∪cr sp ||
   6 __∪∪_∪_ _∪∪_∪_ |              ʌgl_∪∪_∪_ |
     ∪∪_∪∪_∪∪_∪_ |                  ∪∪ 3 da⌣- |
   8 ∪∪_∪∪_∪_
     _∪∪_∪∪_                       }ʌgl 6 da |
     ∪∪_∪∪_∪∪__ |
  11 _∪∪__ |∪∪_∪∪_∪_ |||           adon | ʌgl |||
```

1 . . .]ιον . ιο . . . ἐπεί
  ὁλκ]άδ᾽ ἔπεμψεν ἐμοὶ χρυσέαν
3 Πιερ]ίαθεⁿ ἐ[ύϑ]᾽ροιος [Ο]ὐρανία,
  πολυφ]άτων γέμουσαν ὕμνων
5 5 . . . . .]ι ειτις ἐπ᾽ ἀνθεμόεντι Ἔβ᾽ρωι
  . . . . . ἀ]γάλλεται ἢ δολιχαύχενι κύ[κνωι
7 . . . . .]δεῖαν φρένα τερπόμενος
8 . . . . . .]δ᾽ ἵκηι παιηόνων

col 3 (32) ἄνθεα πεδοιχνεῖν,

1]ΙΟΥΑΤΟΙϹ vel]ΙΟΥΝΓΕΙϹ vel]ΙΟΥΚΡΕΝ sim.; Φαί]νου Διὸς
υἱ᾽ Milne ‖ 2 Sandys ‖ 3 ΙΑ ex]ΕΙΑ videtur correctum esse;
suppl. Bl. ‖ 5]Ν vel]ΑΙ σάμερον Jur. ἐς θεόν J. | ε vel C, ειτ,
εΥΓ, εΓΓ sim., non ειΓ (Kuiper) εἴτ᾽ ἄρ᾽ J., εἴ τις (quod vestigiis
optime convenit) Milne | de hiatu cf. p. XX ‖ 6 θηρσὶν J. |
Η, non Η̄ ‖ 7 ϊ, vix Υ vel Τ |]ΔΕΪΑΙ:]ΔΕΪΑΝ Α³? (non Ν in Ι
correctum, nam Φ propius adest) ὀπὶ ἀδεῖαι Palmer J., sed et
hiatus et dihaeresis maxime displicent; ἁδεῖαν φρένα (Jur.) in-
eptum; κιθάρας δὲ ἰᾶι Kuiper non dicens quomodo ᾽δὲ᾽ particula
explicari possit; θαλίαισ᾽ ἀ]δινὰ Milne ‖ 8 spatium sex litterarum
(vel maxime octo angustarum) vix quinque syllabis expleri
potest; itaque initium corruptum esse vid. | σὺ δὲ πρίν γ᾽ οἴκαδ᾽
Jur. μέχρι Πυθῶνάδ᾽ J. ἄχρι Πυθῶ⟨νά⟩δ᾽ Milne ἱ⟨ε⟩ρὰν Φωκίδ᾽
Morel | ΙΚΗ: ϊ add. Α¹

10 10 *Πύθι᾽ Ἄπολλον,*
    τόσα χοροὶ Δελφῶν
    σὸν κελάδησαν παρ᾽ ἀγακ|λέα ναόν,
  1 *πρίν γε κ|λέομεν λιπεῖν*
    Οἰχαλίαν πυρὶ δαπτομέναν
15 3 *Ἀμφιτρυωνιάδαν θρασυμηδέα φῶ-*
    θ᾽, ἵκετο δ᾽ ἀμφικύμον᾽ ἀκτάν·
  5 *ἔνθ᾽ ἀπὸ λαΐδος εὐρυνεφεῖ Κηναίωι*
    Ζηνὶ θύεν βαρυαχέας ἐννέα ταύρους
  7 *δύο τ᾽ ὀρσιάλωι δαμασίχθονι μέ[λ-*
20   *λε κόραι τ᾽ ὀβ|ριμοδερκεῖ ἄζυγα*
    παρθένωι Ἀθάναι
 10 *ὑψικέραν βοῦν.*
    τότ᾽ ἄμαχος δαίμων
    Δαϊανείραι πολύδακ|ρυν ὕφα[νε
25 1 *μῆτιν ἐπίφ|ρον᾽ ἐπεὶ*
    πύθετ᾽ ἀγγελίαν ταλαπενθέα,
  3 *Ἰόλαν ὅτι λευκώλενον*
    Διὸς υἱὸς ἀταρβομάχας
    ἄλοχον λιπαρὸ[ν] ποτὶ δόμον πέμ[π]οι.
30 6 *ἆ δύσμορος, ἆ τάλ[αι]ν᾽, οἷον ἐμήσατ[ο·*
    φθόνος εὐρυβίας νιν ἀπώλεσεν,
  8 *δνόφεόν τε κάλυμμα τῶν*
    ὕστερον ἐρχομένων,
    ὅτ᾽ ἐπὶ ῥοδόεντι Λυκόρμαι
35 11 *δέξατο Νέσσου πάρα δαιμόνιον τέρ[ας.*

---

11 ΤΟCCΑ: K.; relativum esse cont. Bl. J., vix recte, sed omnia valde obscura ‖ **12** ΑΚΛΕΑ: ΓΑ add. A³ ‖ **13** sententiam explanare conatus est Wil., Textg. d. gr. Lyr. 42, 4 | γ᾽ ἐκλέομεν Maas Resp. 2, 23, 2 ‖ **18** θύεν infin., cf. p. XIX; θύειν Maas ‖ **20** ΚΟΡΑΙΔ: Τ superscr. A²? | de -δερκεῖ ἄζυγα ∼ 8 παϊηόνων cf. p. XXI | cf. 11, 104 βοῦς ἄζυγας ‖ **22** ΚΕΡᾹΝ ‖ **29** λιπαρὰν (ut 5, 169) Platt ‖ **32**—17, 7 Bl. inseruit fragm. angustum ‖ **34** ΕΠΙ-ΠΟΤΑΜΩ[Ι]ΡΟΔ: ποταμῶι scholion del. Ludw. Wil. ‖ **35** ΠΑΡ: A add. A³

17 (16) = dith. 3

ΗΙΘΕΟΙ Η ΘΗΣΕΥΣ

⟨*ΚΗΙΟΙΣ ΕΙΣ ΔΗΛΟΝ*⟩

metrum e iambis ortum, sed periodi non *κατὰ μέτρον* compositae (cf. p. XXXIV) *A′—B′*

$$ΣΤΡ \quad 1 \overset{90}{\smile}\smile\smile\_\smile\_\_\smile\_\smile\_$$

$$\overset{68?}{\_}\smile\smile\smile\_\smile\_\smile\underset{\smile}{} | \smile\_\overset{91}{\smile}$$

$$\_\_\smile\_\smile\_ |$$

$$\overset{27.70}{}$$

$$4 \quad \_\smile\_\_\smile\smile\smile\underset{\smile}{} ||$$

$$5 \quad \_\_\smile\overline{\overline{\smile}}\_\_\smile\smile$$

$$\overset{72}{}$$

$$\smile\_\smile\_\overset{\smile\smile}{}\smile\_\_$$

$$\smile\_ | \smile\_\smile\smile\smile\_\smile\smile\smile\_\_ ⋮$$

$$\overset{74}{}$$

$$8 \quad \smile\_\smile\_\_\smile\smile\smile$$

$$\_\smile\_\smile\_\smile\_ |$$

$$10 \quad \_\smile\smile\_\smile\_\smile$$

$$\_\smile\_\smile\smile\_\smile\smile\_$$

$$\overset{35}{\smile}\overset{}{\smile}\_\smile\_\smile\_ | \smile\_$$

$$\overset{101}{}$$

$$\overset{102}{}$$

$$13 \quad \smile\_\_\overset{\smile}{}\_\smile\_$$

$$\overset{103}{}$$

$$\smile\_\smile\overline{\overline{\smile}}\overset{\smile\smile}{}\smile\_\smile$$

17 colometria: consentiunt in versibus dividendis papyri **A** et **O** omnibus locis duobus exceptis, quibus **O** negligentia erravit (posuit *μῆτιν* non in initio v. 52, sed in fine v. 51; *Ποσειδᾶνι* v. 59 adscripsit). colometriam papyri, quae certo consilio confecta maximo usui est ad textum recensendum (v. p. XXXV), non mutavi (exceptis v. 37 et 95) quamquam finem periodi esse suspicor str. 2 post elementum nonum (?), str. 12 post elem. sextum, ep. 12 post elem. septimum. licentiae metri: non correxi a) elem. anceps in initio periodi: str. 1. 8. 18. 20. 21 vel in nomine proprio str. 13, b) ⏒ in initio 'iambi': str. 12, 17 (v. p. XXXV),

17 ed. Maas, Resp. 2, 4. Wil., GV. 299. ep. *a′* OSchroeder, Grundriß 60 Inscr. suppl. Sn.

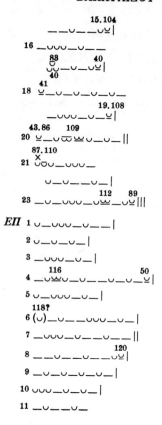

c) iambum pro cretico in initio periodi: str. 21 ep. 6, d) elementum anceps in fine periodi: passim, e) ⌣ inter elementum longum et breve: str. 5. 6. 23. ep. 18. 20; inter elem. brevia ep. 4 (cf. p. XXXV); sed correxi v. 91 ἐξοπι{θε}ν, f) ⌐⌐ ⌣ cum rhythmus 'scandens' mutatur in 'cadentem': str. 14. 20. metri causa corrigenda esse putavi: 4 τάμνε{ν}, *37 sq. corruptum, 42 ἀμβρό-τοι᾽: -τον, 68 Μίνωι: -οϊ?, 72 χέ{ι}ρα{ς}, *74 τάδ᾽ ἐ⟨μά⟩, 80 εὔ-δενδρον: ἠύ-, 88 ἴσχε{ι}ν, 93 ⟨—⟩, *97 {ἐν}αλιναιέται, 102 ἔδεισε Νηρέος: -σεν Νηρῆος, 108 ὑγροῖσι{ν ἐν} ποσ⟨σ⟩ίν, 112 ἀμφέβαλ-{λ}εν (asterisco notavi eas corruptelas, quas iam in libris grammaticorum Alexandrinorum fuisse conicio, cf. p. XXXV)

∪＿∪＿＿∪＿ | ＿＿∪∪

∪＿∪＿＿∪＿

＿∪＿∪＿∪＿ ‖

15 ＿∪＿∪∪∪＿

∪＿∪＿∪＿＿∪＿ |

129
17 ∪＿∪＿＿∪∪∪＿∪̱ |

130
18 ＿∪�̱＿∪＿∪＿

∪∪∪＿＿ |

132
20 ∪＿∪ᷱ＿∪＿＿∪＿ ‖‖

A′

1 Κυανόπρωιρα μὲν ναῦς μενέκτυ[πον
Θησέα δὶς ἑπτ[ά] τ᾽ ἀγ|λαοὺς ἄγουσα
κούρους ᾿Ιαόνω[ν
4 Κρητικὸν τάμνε{ν} πέλαγος·
5 5 τηλαυγέϊ γὰρ [ἐν] φᾱρεϊ
βορήϊαι πίτ|νο[ν] αὖραι
κλυτᾶς ἕκατι π[ε]λεμαίγιδος Ἀθάν[ας·

col 4 (33)

8 κνίσεν τε Μίνωϊ κέαρ
ἱμεράμπυκος θεᾶς
10 10 Κύπ|ριδος [ἁ]γ|νὰ δῶρα·
χεῖρα δ᾽ οὐ[κέτι] παρθενικᾶς
ἄτερθ᾽ ἐράτυεν, θίγεν
13 δὲ λευκᾶν παρηΐδων·
βόασέ τ᾽ Ἐρίβοια χαλκο-
15 θώρα[κα Π]ανδίονος

2 Serv. ad Verg. Aen. 6, 21 (fr. 17 B.) *quidam septem pueros
et septem puellas accipi volunt, quod et Plato dicit in Phaedone*
(58 A) *et Sappho in lyricis* (fr. 206 L.-P.) *et Bacchylides in dithyrambis et Euripides in Hercule* (1326 sq.), *quos liberavit secum
Theseus.* (Et Eur. l. l. et Plato l. l. ῾δὶς ἑπτά᾽ dicunt.)

7 Wackern., Housm. cf. Aspis 344. Eur. Ion. 210 (Maas);
Bacch. aut is, qui verbum πελεμ. invenit, verbum hom. αἰγίοχος
idem valere atque σακέσπαλος putavit (cf. γαιάϜοχος); πολεμ. K.,
Taccone ‖ 8 ΜΙΝΩ ‖ 10]ΓΝΑ,]ΙΝΑ (spatio illi favente): Bl. αἰνὰ K. ‖
14 litt. Τ᾽ ΕΡ frg. parvulo, quod ex Kenyonis schedis exscripsi,
suppl. Bl.

16 16 ἔκγ[ο]ι̯ον· ἴδεν δὲ Θησεύς,
μέλαν δ᾽ ὑπ᾽ ὀφ̯ρύων
18 δί̯α[σ]εν ὄμμα, καρδίαν τέ οἱ
σχέτ̯λιον ἄμυξεν ἄλγος,
20 20 εἰρέν τε· ,,Διὸς υἱὲ φερτάτου,
21 ὅσιον οὐκέτι τεᾶν
ἔσω κυβερνᾶις φρενῶν
23 θυμ[όν]· ἴσχε μεγαλοῦχον ἥρως βίαν.
1 ὅ, τι μ[ὲ]ν ἐκ θεῶν μοῖρα παγκρατὴς
25   ἄμμι κατένευσε καὶ Δίκας ῥέπει τάλαντον, πεπρωμέν[α]ν
4 αἶσαν [ἐ]κπλήσομεν, ὅτ[α]ν
5 ἔλθηι· [σ]ὺ̯ δὲ βαρεῖαν κάτε-
χε μῆτιν. εἰ καί σε κεδ̯νὰ
30   τέκεν λέχει Διὸς ὑπὸ κ̯ρόταφον ῎Ιδας
8 μιγεῖσα Φοίνικος ἐρα-
τώνυμος κόρα βροτῶν
10 φέρτατον, ἀλλὰ κἀμὲ
Πιτθ[έ]ος θυγάτηρ ἀφνεοῦ
35   πλαθεῖσα ποντίωι τέκεν
13 Ποσειδᾶνι, χρύσεόν
τέ οἱ δόσαν ἰόπ̯λοκοι κά-
λυμμα† Νηρηῖδες.
16 τῶ σε, πολέμαρχε Κνωσίων,

29 sqq. Schol. *M* 292: (Europa, filia Phoenicis, Iovi peperit filios tres) Μίνωα, Σαρπηδόνα καὶ Ῥαδάμανθυν. ἡ ἱστορία παρὰ Ἡσιόδῳ (fr. 140 M.-W.) καὶ Βακχυλίδη (huc traxit Schw., v. fr. 10) ‖ 38 non recte ad hunc v. et ad v. 102 verba Didymi supra in adn. ad 1,8 allata referuntur, nam erant in commentariis epinicorum

18 ΔΙΝΑ.ΕΝ hyperdorismus (v. p. XIX) δίνησεν dubitanter Maas; cf. Eur. Or. 1458, Pind. pae. 20, 13; cf. Forssman, Unters. z. Sprache Pindars 59 sqq. ‖ 20 εἰρεν cf. 74 (sed εἶπεν 47. 52) | φερτάτοι᾽ Wil. Platt, ut coniungantur vv. 20. 21 ‖ 23 μεγάλαυχον dubitanter K. μεγαλουχία· μεγαλαυχία, ὑψηλοφροσύνη Hesych. μεγ]άλαυχόν τε βίαν Philicus, hymn. Dem. 28 (Maas) ‖ 26 [ΤΑ]-ΛΑΝΤΟΝ ‖ 36 ∼ 79 ‖ 37 sq. ΚΟΙ|ΚΑ ‖ 38 κάλυμμ᾽ ἁδὺ Ludw. ‖ 39 τῶ (Bl. Platt) sine ι ut Β 250 al. (Lentz ad Herod. 1, 492, 19, Ludw.; oxytonos notari vult vocem Herod.) | ΚΝΩCCΙΩΝ: Herw. cf. 1, 123 Κνωσσίων K. (v. p. XXI)

40   κέλομαι πολύστονον

18 ἐρύκεν ὕβ'ριν· οὐ γὰρ ἂν θέλοι-

col 5 (34)   μ' ἄμβροτον ἐραννὸν Ἀο[ῦς

20 ἰδεῖν φάος, ἐπεί τιν' ἠϊθέ[ων

21 σὺ δαμάσειας ἀέκον-

45   τα· πρόσθε χειρῶν βίαν

23 δε[ί]ξομεν· τὰ δ' ἐπιόντα δα[ίμω]ν κρινεῖ.''

1 τόσ' εἶπεν ἀρέταιχμος ἥρως·

2 τ]άφον δὲ ναυβάται

3 φ]ωτὸς ὑπεράφανον

50 4 θ]άρσος· Ἀλίου τε γαμβρῶι χόλωσεν ἦτορ,

5 ὕφαινέ τε ποταινίαν

6 μῆτιν, εἶπέν τε· ,,μεγαλοσθενές

7 Ζεῦ πάτερ, ἄκουσον· εἴ πέρ με νύμ[φα

8 Φοίνισσα λευκώλενος σοὶ τέκεν,

55 9 νῦν πρόπεμπ' ἀπ' οὐρανοῦ θοάν

10 πυριέθειραν ἀστραπάν

11 σᾶμ' ἀρίγ'νωτον· εἰ

δὲ καὶ σὲ Τροιζηνία σεισίχθονι

φύτευσεν Αἴθρα Ποσει-

60   δᾶνι τόνδε χρύσεον

15 χειρὸς ἀγ'λαὸν

ἔνεγκε κόσμον ἐκ βαθείας ἁλός,

17 δικὼν θράσει σῶμα πατρὸς ἐς δόμους.

18 εἴσεαι δ' αἴκ' ἐμᾶς κλύηι

65   Κρόνιος εὐχᾶς

20 ἀναξιβρέντας ὁ πάντω[ν με]θ[έω]ν.''

)—

40 transp. πολύστ. κέλομαῖ Wil. || 42 ΒΡΟΤΟΙ': Maas cl. Ap. Rh.
2, 669 -του Wackern. Wil. | ΑÔ[| 43 ἔτ', εἰ Herw. Headl. ||
46 fr. ΝΚΡΙΝ contin. add. Bl. || 47—78 pap. O || 47 ἀρέσαιχμος
Wackern., sed cf. Specht Zvergl Spr. 59 (1931) 38 || 50 scil. ἥρως,
nam sententia praecedens τάφον δέ . . . more Homerico idem
valet quod apud Atticos sententia secundaria || 51 ὕφανε Bl. ||
53 ΕῑΠΕΡ Ο || 55 ΠΕΜΠΟΥC ΑΠ Ο:Ο² Α || 58 Τροζ. Bl. (Kühner-
Bl. 1, 137) sed cf. WMCalder III, Cl. Phil. 60, 1965, 279 sqq. ||
62 ΕΚ Ο, om. A, recte add. Bl. || 63 om. O, falso inter 61 et 62
inser. A. verum viderat Bl. | ΙΡΑCΕΙ?: A³? || 66 -βρέντας, de for-
ma v. p. XIX | Ω[. . .]Δ·'[·]Ν A, Δ pot. qu. Α vel Λ

Β′   67 1 κλύε δ᾽ ἄμεμπτον εὐχὰν μεγασθενὴ[ς
              Ζεύς, ὑπέροχόν τε Μίνωϊ φύτευσε
              τιμὰν φίλωι θέλων
          70 4 παιδὶ πανδερκέα θέμεν,
             5 ἄστραψέ θ᾽ · ὁ δὲ θυμάρμενον
              ἰδὼν τέρας χέρα πέτασσε
              κ¹λυτὰν ἐς αἰθέρα μενεπτόλεμος ἥρως
            8 εἰρέν τε · ,,Θησεῦ τάδ᾽ ἐ⟨μὰ⟩
          75   μὲν βλέπεις σαφῆ Διός
            10 δῶρα · σὺ δ᾽ ὄρνυ᾽ ἐς βα-
              ρύβ¹ρομον πέλαγος · Κρονί[δας
col 6 (35)   δέ τοι πατὴρ ἄναξ τελεῖ
            13   Ποσειδὰν ὑπέρτατον
          80   κλέος χθόνα κατ᾽ ἠΰδενδρον.''
              ὣς εἶπε · τῶι δ᾽ οὐ πάλιν
           16 θυμὸς ἀνεκάμπτετ᾽, ἀλλ᾽ εὐ-
              πάκτων ἐπ᾽ ἰκ¹ρίων
           18 σταθεὶς ὄρουσε, πόντιόν τέ νιν
          85   δέξατο θελημὸν ἄλσος.
           20 τάφεν δὲ Διὸς υἱὸς ἔνδοθεν
           21 κέαρ, κέλευσέ τε κατ᾽ οὖ-
              ρον ἴσχεν εὐδαίδαλον
          23 νᾶα · μοῖρα δ᾽ ἑτέραν ἐπόρσυν᾽ ὁδόν.

---

67 ΑΜΕΜΠΤΟΝ Ο ΑΜΕΠΤΟΝ Α ‖ 68 ΝΙΝ[Ο ΜΙΝ[Ο² ΜΙΝΩΙ Α
Μινόϊ Wil. *Μίνῳ* Bl. Housm. ‖ 69 cf. τιμαὶ φύτευθεν Pind. P. 4,
69 ‖ 70 ΠΑΝΔΕΡΚΕΑ Α ΠΑΝΤΑΡΚΕΑ Ο (plur. neutr.: τῷ υἱῷ
πάντα τὰ ἀρκοῦντα ποιῆσαι θέλων Kapp) ‖ 69 sq. φίλον . . . παῖδα
Housm. ‖ 71 Τ᾽ Ο Θ᾽ Α ‖ 72 ΧΕΙΡΑΣ ΑΟ: ΧΕΙΡΑ Ο¹: Richards;
πέτασε χεῖρας Ludw. Wil. alii ‖ 74 ΤΑΔΕ[Α ΤΑΔΕ[Ο: Platt,
Πιτθεῖδα τάδε μὲν P. Maas ‖ 75 ΒΛΕΠΕΙ Ο: Α ‖ 76 ΣΥΝ Ο: Α |
ΝΥΣ᾽ΟΕΣ Ο ο del. Ο²: Α cf. Ω 63 δαίνυ(ο) ‖ 80 ΕΥΔ: Κ.; cf. Pind.
P. 4, 74 εὐδένδροιο ματέρος de terra ‖ 83 ΠΗΚ | εὐπαγῶν Christ ‖
87 ΚΑΤΟΥΡΟΝ adiectivum *κάτουρον* intellegunt Housm., Mrose,
παρ᾽ οὖρον Schroeder Sokr. 10, 45. sed sententia haec est: iussit
Minos nautas navis cursum dirigere ita ut vento secundo aufferre-
tur, ipseque adversarii superbiam effugeret (cf. 120 et 89 μοῖρα);
cur enim in mare eum misisset, nisi perdere eum voluisset? cf.
v. 50 sq. ‖ 88 ΙΣΧΕΙΝ ‖ 89 ΕΠΟΡΣ: Ε del. Α²

90 1 ῗετο δ᾽ ὠκύπομπον δόρυ· σόει
νιν βορεὰς ἐξόπιν πνέουσ᾽ ἀήτα·
τρέσσαν δ᾽ Ἀθαναίων
4 ἠϊθέων ⟨—⟩ γένος, ἐπεί
5 ἥρως θόρεν πόντονδε, κα-
95 τὰ λειρίων τ᾽ ὀμμάτων δά-
κ⌐ρυ χέον, βαρεῖαν ἐπιδέγ⌐μενοι ἀνάγκαν.
8 φέρον δὲ δελφῖνες {ἐν} ἁλι-
ναιέται μέγαν θοῶς
10 Θησέα πατ⌐ρὸς ἱππί-
100 ου δόμον̄· ἔμολέν τε θεῶν
μέγαρον. τόθι κ⌐λυτὰς ἰδών
13 ἔδεισε⟨ν⟩ Νηρῆος ὀλ-
βίου κόρας· ἀπὸ γὰρ ἀγ⌐λα-
ῶν λάμπε γυίων σέλας
105 16 ὧτε πυρός, ἀμφὶ χαίταις
δὲ χρυσεόπ⌐λοκοι
18 δίνηντο ταινίαι· χορῶι δ᾽ ἔτερ-
πον κέαρ ὑγροῖσι ποσσίν.
20 εἶδέν τε πατ⌐ρὸς ἄλοχον φίλαν
110 21 σεμνὰν βοῶπιν ἐρατοῖ-.
σιν Ἀμφιτρίταν δόμοις·
23 ἅ νιν ἀμφέβαλεν ἀϊόνα πορφυρέαν,

---

90 ΩΚΥΠΟΔΟΝ: A³ ‖ **91** ΝΕΙΝ: Housm. Wil. alii | ΒΟΡΕΟΥΣ:
ΒΟΡΕΑΣ (i. e. adi. fem. cf. Aesch. fr. 327 M.) A³ | ΕΞΟΠΙΘΕΝ: K. |
ΑΗΤΑ: ἀήτα Housm., Smyth⌐ἀῆτα Wil.: in versibus respondentibus ultima syll. brevis, sed grammatici hic anceps admiserunt
(v. p. XXXV) ‖ **92** de -αἴ- cf. p. XXI ‖ **93** ⟨πᾶν⟩ K. ⟨γᾶς⟩ Weil ‖
94 ἔθορε Purser ‖ **95** sq. δά ⁞ κρυ χέον J. recte pro δάκρυ ⁞ χέον ‖
97 ἐΝΑΛΙ⁞ΝΑΙΕΤΑΙ: Palmer cf. αἰθέρι ναίων Hes. op. 18 ἁλίπλους
sim. ‖ **100** δόμονδ᾽ Chr. Jur. aut verbis insequentibus trans-
positis numeros sanant: μέγαρόν τε θ. μόλεν (Bl. Housm. Wil.
alii), sed cf. p. XXI ‖ **102** ΕΔΕΙΣΕΝΗΡΕΟΣ: K. ‖ **105** ΩΙΤΕ ('ut
pap. Alcman.' Pfeiffer) ‖ **107** ΔΕΙ: ε del. A² | ΝΗΝΤΟ: Bl. ‖
108 ΥΓΡΟΙΣΙΝ ΕΝ ΠΟΣΙΝ ‖ **109** ΙΔ.Ν: ΕΙΔΕΝ A³ ‖ **110** ΒΟΩΠΙ: A³? ‖
112 ΒΑΛΛΕΝ | ἀϊόνα vestimentum lineum Aegyptium esse cogn.
Latte (Philol. 87, 271; Glotta 34, 1955, 192) coll. Wilcken,

113 1 κόμαισί τ᾽ ἐπέθηκεν οὔλαις
2 ἀμεμφέα π¹λόκον,
115 3 τόν ποτέ οἱ ἐν γάμωι
4 δῶκε δόλιος Ἀφ¹ροδίτα ῥόδοις ἐρεμνόν.
5 ἄπιστον ὅ τι δαίμονες
6 θέλωσιν οὐδὲν φρενοάραις βροτοῖς·
7 νᾶα πάρα λεπτόπρυμνον φάνη· φεῦ,
120 8 οἴαισιν ἐν φροντίσι Κ¹νώσιον
9 ἔσχασεν στραταγέταν, ἐπεί
10 μόλ᾽ ἀδίαντος ἐξ ἁλός
11 θαῦμα πάντεσσι, λάμ-
πε δ᾽ ἀμφὶ γνίοις θεῶν δῶρ᾽, ἀγ¹λαό-
125 θρονοί τε κοῦραι σὺν εὐ-
θυμίᾳι νεοκτίτωι
15 ὠλόλυξαν, ἔ-
κλαγεν δὲ πόντος· ἠίθεοι δ᾽ ἐγγύθεν
17 νέοι παιάνιξαν ἐρατᾶι ὀπί.
130 18 Δάλιε, χοροῖσι Κηΐων
φρένα ἰανθείς
20 ὄπαζε θεόπομπον ἐσθλῶν τύχαν.

Chrestom. 126 col. 2, 21 ὠνησάμενον ἀόνας (col. 3, 2 ὠνησάμενοι
τὰ ὀθόνια); Hesych. ἔλυμα . . . καὶ ἡ ἀιών ‖ 116 ΔΟΛΙC: Α² | ΡὸΔ ‖
118 θέωσιν Cr. coll. ϑ 465; λῶσιν Palmer; cf. 3, 57. Pind. P. 10,
48 ‖ 119 ΛΑΑ: Α²? ‖ 120 ΦΟΝΤΙCCΙ: Α¹? ‖ 121 i. e. ἐτέτατο μὲν
ὁ Μίνως προσδοκῶν φευξεῖσθαι, ἀλλ᾽ ἔπαυσεν αὐτὸν ὁ Θησεύς ‖
124 ΑΓΛΟ: Κ. ‖ 129 de -αΐ- cf. p. XXI ‖ 131 φρένας J., sed
v. p. XXI, Maas, Resp. 2,17 sq.¹

18 (17) = dith. 4

ΘΗΣΕΥΣ ⟨*ΑΘΗΝΑΙΟΙΣ*⟩

metrum: glyconei (v. p. XXXII) *A′—Δ′*

				17.32		
1 ∪∪—	—∪∪—∪—	—‖×	—∪∪—∪—	∪—⏝‖		*2 gl ba* ‖
3 ∪∪∪	—∪∪—∪—:	—⁝—	—∪∪—∪—	∪——‖		*2 gl ba* ‖
20						
5 ⏝×	—∪∪—∪—⁝	—:×	—∪∪—∪—	—‖×—∪—∪—‖		*2 gl lec* ‖
8 ——	—∪∪—∪⏝‖					*gl* ‖
				40		
9 —∪	—∪∪—∪—	—‖—	—∪∪—∪⏝‖			*2 gl* ‖
11 —×	—∪∪—∪—	—‖×	—∪∪—∪—	∪—∪—‖		*2 gl ia* ‖
13 —×	—∪∪—∪—	—∪—∪—∪—‖				*gl lec* ‖
15 ——	—∪∪—∪—	∪——‖‖				*gl ba* ‖‖

A′ ⟨*ΧΟΡΟΣ*⟩ 1 Βασιλεῦ τᾶν ἱερᾶν Ἀθανᾶν,
τῶν ἀβ'ροβίων ἄναξ Ἰώνων,
3 τί νέον ἔκ'λαγε χαλκοκώδων
σάλπιγξ πολεμηΐαν ἀοιδάν;
5 5 ἦ τις ἁμετέρας χθονὸς
δυσμενὴς ὅρι' ἀμφιβάλλει
στραταγέτας ἀνήρ;
8 ἦ λῃσταὶ κακομάχανοι
9 9 ποιμένων ἀέκατι μήλων

18 metri causa correctum: 16 ἦλθε⟨ν⟩, 24 Κρεμ⟨μ⟩υῶνος,
28 ἐξέβαλ{λ}εν, 33 ὅπλοισιν: ὅπάοσιν, 51 ὕπερ: πέρι, 56 ἔμ⟨μ⟩εν

18 2 Syrian. 1, 47 Rabe (fr. 42 B.) ἀβρότεροι ἐξ ἀρχαίου οἱ
Ἴωνες, ὡς B. τε ὁ λυρικός φησι ὁ Σιμωνίδου τοῦ μελοποιοῦ ἀδελφιδοῦς 'τῶν ἀβροβίων Ἰώνων ἄναξ'. eodem spectat Joh. Sicel. 6,
241 Walz: ἁβροὶ γὰρ τὸ παλαιὸν οἱ Ἴωνες, ὥς που καὶ Βακχυλίδης
φησὶ τῶν σφῶν αὐτῶν ῥυθμὸν δηλῶν. 'ἁβρότητι ξυνέασιν Ἴωνες
βασιλῆες' (cf. Wil. Pind. 93, 4)

18 Maas, Resp. 1, 30 ‖ **2** ΑΒΡΟΒΙΚΩΝ et ΙΕΡΩΝΩΝ: A³? ‖ **3** ΤΙ:
ΤΙC A³? | ΧΑΛΚΟΔΩΔΩΝ: A³ ‖ **5** ὕμετ. Maas cf. 5, 11; Pind. pae.
6, 139; Callim. fr. 228, 70 ‖ **6** ΟΡΕΙ: A¹? ‖ **8** ΛΕΙΤΑΙ: ΛΗCΤΑΙ A³ |
cf. ι 405 ἦ μή τίς σευ μῆλα βροτῶν ἀέκοντος ἐλαύνει; (Maas) ‖
9 Δ'ΕΚΑΤΙ: Palmer, van Branteghem

10   σεύοντ᾽ ἀγέλας βίᾳ;
11 ἢ τί τοι κραδίαν ἀμύσσει;
   φθέγγευ· δοκέω γὰρ εἴ τινι β'ροτῶν
13 ἀλκίμων ἐπικουρίαν
   καὶ τὶν ἔμμεναι νέων,
15 15 ὦ Πανδίονος υἱὲ καὶ Κρεούσας.

Β'⟨ΑΙΓΕΥΣ⟩ 1 Νέον ἦλθε⟨ν⟩ δολιχὰν ἀμείψας
col 8 (37)   κᾶρυξ ποσὶν Ἰσθμίαν κέλευθον·
   3 ἄφατα δ᾽ ἔργα λέγει κραταιοῦ
   φωτός· τὸν ὑπέρβιόν τ᾽ ἔπεφ'νεν
20 5 Σίνιν, ὃς ἰσχύϊ φέρτατος
   θνατῶν ἦν, Κρονίδα Λυταίου
   σεισίχθονος τέκος·
   8 σῦν τ᾽ ἀνδροκτόνον ἐν νάπαις
   9 Κρεμμυῶνος ἀτάσθαλόν τε
25   Σκίρωνα κατέκτανεν·
   11 τάν τε Κερκυόνος παλαίστραν
   ἔσχεν, Πολυπήμονός τε καρτεράν
   13 σφῦραν ἐξέβαλεν Προκόπτας, ἀρείονος τυχών
30 15 φωτός. ταῦτα δέδοιχ᾽ ὅπᾳ τελεῖται.

Γ' ⟨ΧΟ.⟩ 1 Τίνα δ᾽ ἔμμεν πόθεν ἄνδρα τοῦτον
   λέγει, τίνα τε στολὰν ἔχοντα;
   3 πότερα σὺν πολεμηΐοις ὅ-
   π'λοισι στρατιὰν ἄγοντα πολλάν;
35 5 ἢ μοῦνον σὺν ὀπάοσιν

---

10 ϹΕΥΟΝΤΙ: Α¹ ‖ **12** ΦΘΕΓΓΟΥ: Bl. Wackern. ‖ **13** ΑΛΚΙΜΟΥ: Α³ ‖
16 v. add. in extr. pag. Α⁴ | Ν vel Η, vix Μ | de ε dubitari non
potest | ΗΛΘΕ ‖ **18** ΛΕΓΕΙΝ: Α² ‖ **24** ΚΡΕΜΥΩΝΟϹ ‖ **25** cf.
Kretschmer, Gr. Vaseninschr. 131 sq., Pfeiffer ad Callim. fr. 296 ‖
26 ΚΕΡΚΥΝΟϹ: Α³ ‖ **27** sqq. coniungendum est Πολυπήμονος σφῦραν. Προκόπτας = att. Προκρούστης. Paus. 1, 38, 5 Πολυπήμων
ὄνομα, Προκρούστης δὲ ἐπίκλησιν, itaque Πολυπήμονος hic nomin.
esse volunt Wil. et Maas, cf. P. Ox. 1087, 21—61,
sed cf. Ov. Ib. 407, qui 'cum Polypemone' filium Procrustem
necatum esse narrat; cf. Robert, GrHeldens. 2, 272 ‖ **28** εΞ-
εΒΑΛΛεΝ ‖ **30** vel potius ὅπα, cf. ad 10, 47 | ∼ 45 ‖ **32** ∼ 47 ‖
34 ϹΤΡΑΤΑΝ: Α³ ‖ **35** ΟΠΛΟΙϹΙΝ (33 sq.): Weil, Festa, alii

36   *στείχειν ἔμπορον οἵ᾽ ἀλάταν*
ἐπ᾽ ἀλλοδαμίαν,
8 *ἰσχυρόν τε καὶ ἄλκιμον*
9 *ὧδε καὶ θρασύν, ὃς τ⟨οσ⟩ούτων*
40   *ἀνδρῶν κρατερὸν σθένος*
11 *ἔσχεν; ἦ θεὸς αὐτὸν ὁρμᾶι,*
δίκας ἀδίκοισιν ὄφ'ρα μήσεται·
13 *οὐ γὰρ ῥάιδιον αἰὲν ἔρ-*
δοντα μὴ ᾽ντυχεῖν κακῶι.
45 15 *πάντ᾽ ἐν τῶι δολιχῶι χρόνωι τελεῖται.*

Δ' ⟨ΑΙΓ.⟩   1 *Δύο οἱ φῶτε μόνους ἁμαρτεῖν*
λέγει, περὶ φαιδίμοισι δ᾽ ὤμοις
3 *ξίφος ἔχειν ⟨◡◡_◡__⟩*
ξεστοὺς δὲ δύ᾽ ἐν χέρεσσ᾽ ἄκοντας
col 9 (38)   50 5 *κηΰτυκτον κυνέαν Λάκαι-*
ναν κρατὸς πέρι πυρσοχαίτου·
χιτῶνα πορφύρεον
8 *στέρνοις τ᾽ ἀμφί, καὶ οὔλιον*
9 *Θεσσαλὰν χλαμύδ᾽· ὀμμάτων δὲ*
55   *στίλβειν ἄπο Λαμνίαν*
11 *φοίνισσαν φλόγα· παῖδα δ᾽ ἔμμεν*
πρώθηβον, ἀρηΐων δ᾽ ἀθυρμάτων
13 *μεμνᾶσθαι πολέμου τε καὶ*
χαλκεοκτύπου μάχας·
60 15 *δίζησθαι δὲ φιλαγ'λάους Ἀθάνας.*

---

36 CTIXΕΙΝ ‖ **39** ΟCΤΟΥΤΩΝ: Platt *ὅστε* Palmer *ὃς τοιούτων* K. ‖
40 ΚΑΡΤΕΡΟΝ ‖ **41** ΕΧΕΝ: A³? ‖ **43** cf. Pind. N. 4, 32 *ῥέζοντα καὶ*
παθεῖν ἔοικεν, Aisch. Cho. 313 etc. ‖ **46** *ὁμαρτεῖν* K., sed cf.
Bechtel, Gr. Dial. 3, 275 ‖ **47** cf. Soph. fr. 415 N. (Maas) ‖ **48** *ἐλε-*
φαντόκωπον Desrouss. cf. Alc. 350 L.-P. Long. 4, 21. Ov. Met. 7,
422 (Liddell-Scott-Jones s. v. *ἐλεφαντόκωπος* p. 2067; Herter, Rh.
Mus. 88, 1939, 279, 166) ‖ **51** ΫΠΕΡ: Bl. | -*χαῖτα* Maas cf. *εὐχαίτας*
χρυσοχαίτας ‖ **52** sq. *τε* inusitate quarto loco ut vox *στέρνοις*
extollatur; *στέρν. τε πορφ. χιτῶν᾽ ἄμφι* Wil. Platt, sed obstat
metrum ‖ **53** CΤΕΡΝΟΙCΙ A¹ | *ἀμφί* sec. gramm., non *ἄμφι* (Headl.) ‖
55—57 add. A³ in marg. superiore ‖ **56** ΕΜΕΝ ‖ **59** ΧΑΛΚΕΝΚΤΥ-
ΠΟΥ: A³ ‖ **60** ΙΖΗCΘ (pro Θ ab initio A fuit) ΑΙΔΕ add. A³ in spatio
quod A vacuum reliquerat

ΒΑΚΧΥΛΙΔΟΥ

19 (18) = dith. 5

ΙΩ

ΑΘΗΝΑΙΟΙΣ

metrum: v. p. **XXXI**.

ΣΤΡ 1 ⏑ ⎯ ⏑ ⎯ ⏑ ⎯ ⏑ ⎯ ⏑ ⎯ ⏑ |
⎯ ⏑⏑ ⎯ ⏑⏑ ⎯ |
3 ⏑ ⎯ ⏑⏑ ⎯ ⏑⏑ ⎯ ⏑
⎯ ⏑ ⎯ ⏑ ⎯ ⎯ ‖
5 ⏑ ⎯ ⏑⏑ ⎯ ⏑⏑ ⎯ **?**
⏑ ⎯ ⏑⏑ ⎯ ⏑⏑ ⎯ |
⏑ ⎯ ⏑ ⎯ ⏑ ⎯ ⎯ |
8 ⎯ ⎯ ⏑⏑ ⎯ ⏑⏑ ⎯
⎯ ⏑⏑ ⎯ ⏑ ⎯ ⏑ ⎯ ⏑ |
⎯ ⏑ ⎯ ⏑ ⎯ ⎯ |
11 ⎯ ⎯ ⏑⏑ ⎯ ⏑ ⎯ ⏑ ⎯ **?** ⏑ |
⏑ ⎯ ⏑ ⎯ ⏑ ⎯ ⏑ ⎯ ⏒ |
13 ⏑ ⎯ ⏑⏑ ⎯ ⏑⏑ ⎯ ⏑
⎯ ⏑ ⎯ ⏑ ⎯ ⏑ ⎯ |
15 ⏒ ⎯ ⏑⏑ ⎯ ⏑ ⎯ ⏑ ⎯ ⏑ |
⎯ ⏑ ⎯ ⏑ ⎯ ⎯ ‖
17 ⎯ ⎯ ⏑⏑ ⎯ ⏑ ⎯ ⏑ ⎯ ⏑ ⎯ ⏑ ⏒ |
⎯ ⏑ ⎯ ⏑⏑ ⎯ ⏑ ⎯ ⏑ ⎯ ⫴

ΕΠ 1 ⏑ ⎯ ⏑ ⎯
⎯ ⏑ ⎯ ⏑⏑ ⎯ [
⏑ ⎯ ⏑ ⎯ ⏑ ⎯ [
4 ⎯ ⏑⏑ ⎯ ⏑ [
⎯ ⎯ ⏑ ⎯ ⏑ ⎯ [
⏑⏑⏑ ⎯ ⏑ [
7 ⏑ ⎯ ⏑ ⎯ ⏑ [⏑ ⎯
⏑⏑⏑ ⎯ ⏑ ⎯ [
⏑ ⎯ ⎯ ⏑ ⎯ [
10 ⏑ ⎯ ⏑⏑ ⎯ ⏑⏑ [⎯

19 metri causa correctum: 21 κέλευσε{ν}, 50 τίκτε⟨ν⟩; licen-
tiam str. 15 non correxi; non enim existunt in hoc carmine tot
versus initium ⎯⏑⎯⏑⏑... praebentes (str. 18 ep. 2. 15), ut de
versibus respondentibus diiudicari possit; accedit ut hoc initium
in dactyloepitritis non inveniatur. sed est in aeolicis, et certe
str. 15 phalaeceus (= gl + ba) nominari potest. itaque et hic et
str. 18. ep. 2, 15 et ep. 6. 8. 13 'basim aeolicam' agnoscendam esse
non ausim negare.

```
∪_∪∪_[
__∪∪[_
13 _∪_∪__[
__∪∪_∪[
_∪_∪∪[_...|||
```

1 Πάρεστι μυρία κέλευθος
  ἀμβροσίων μελέων,
3 ὃς ἂν παρὰ Πιερίδων λά-
  χῃσι δῶρα Μουσᾶν,
5 5 ἰοβ'λέφαροί τε κ⟨όρ⟩αι
  φερεστέφανοι Χάριτες
  βάλωσιν ἀμφὶ τιμάν
8 ὕμνοισιν· ὕφαινέ νῦν ἐν
  ταῖς πολυηράτοις τι καινὸν
10 ὀλβίαις Ἀθάναις,
11 εὐαίνετε Κηΐα μέριμνα.
  πρέπει σε φερτάταν ἴμεν
13 ὁδὸν παρὰ Καλλιόπας λαχοῖσαν ἔξοχον γέρας.
15 15 †τιην† Ἄργος ὅθ' ἵππιον λιποῦσα
  φεῦγε χρυσέα βοῦς,
17 εὐρυσθενέος φραδαῖσι φερτάτου Διός,
  Ἰνάχου ῥοδοδάκτυλος κόρα;
1 ὅτ' Ἄργον ὄμμασι β'λέποντα

---

19 15 Schol. Pind. O. 13, 27 d τὸ δὲ Ἄργος ἵππειον λέγουσιν
οἱ ποιηταί. Εὐριπίδης (I. T. 700)· ὅταν εἰς Ἑλλάδ' ἵππειόν τ'
Ἄργος μόλῃς

19 1 cf. 5, 31 ‖ **4** ΛΑΧΗΙϹΙ: Bl., cf. fr. 20 B, 7 et Wackern.
Verm. Beitr. 50sq. ‖ **5** pro καί coni. κλυτάν Wil. GV. 393 θεαί
Maas, Resp. 2, 8, 1 κ⟨αλ⟩αί Schadew. κ⟨όρ⟩αι Erbse ‖ **7** ἀμφὶ
cf. ad 18, 53 ‖ **9** ΚΑΙΝΟΝ: ΚΛΕΙΝΟΝ A³ ‖ **15** τί ἦν in dubium
vocatum et propter numeros (v. supra) et propter elocutionem
singularem et propter hiatum (v. p. XX), cf. J. ed. p. 492 et
Maas, Resp. 2, 20 qui ipse coni. δῖον; πῖον J. apud K., ἦεν Headl.,
ἦν ποτ' K. | ΟΤ: A³ ‖ **19** τότ' K., Maas

20   πάντοθεν ἀκαμάτοις
3 μεγιστοάνασσα κέλευσε
χρυσόπεπ'λος "Ηρα
5 ἄκοιτον ἄϋπ'νον ἐόν-
τα καλλικέραν δάμαλιν
25   φυλάσσεν, οὐδὲ Μαίας
8 υἱὸς δύνατ᾽ οὔτε κατ᾽ εὐ-
φεγγέας ἁμέρας λαθεῖν νιν

col 10 (39)   οὔτε νύκτας ἀγ'ν[άς.
11 εἶτ᾽ οὖν γένετ᾽ ε̣[ᴗ_ᴗ_ᴗ
30   ποδαρκέ᾽ ἄγγελο]ν Διός
13 κτανεῖν τότε̣ [Γᾶς ᴗᴗ_ᴗ
ὀβ'ριμοσπόρου λ̣[ᴗ≍
15 Ἄργον· ἦ ῥα κἄι .[_ᴗ_ᴗ_ᴗ
ἄσπετοι μέριμι̣[αι·
35 17 ἦ Πιερίδες φύτευ[σαν _ᴗ_ᴗ≍
καδέων ἀνάπαυσ[ιν _ᴗ≍
1 ἐμοὶ μὲν οὖν
ἀσφαλέστατον ἁ προ[
ἐπεὶ παρ᾽ ἀνθεμώ[δεα
40 4 Νεῖλον ἀφίκετ᾽ ο[ἴστρο . . .
Ἰὼ φέρουσα παῖδ[α . . .
Ἔπαφον· ἔνθα νι[ν . . .
43 7 λινοστόλων πρύτ[ανιν . .

---

21 ΚΕΛΕΥΣΕΝ: Platt ‖ **22** add. in margine infer. A³ ‖ **28** ΟΥΔΕ: A³? | J., Sandys ‖ **29** ΝΕΤ᾽ | ε̣[, vix ς̣[, non ᴧ̣[| ἐν μάχας ἀγῶνι J. ‖ **30** J. ‖ **31** ε[incertissimum; J. τέκος αἰνόν Sn. ‖ **32** ΟΜΒΡΙ A³ | ᴧ[vel Χ[, vix ᴕ[λίθῳ Deubner coll. Apollod. 2, 7 Διὸς δὲ ἐπιτάξαντος Ἑρμῇ κλέψαι τὴν βοῦν . . . ἐπειδὴ λαθεῖν οὐκ ἠδύνατο (cf. 26), λίθῳ βαλὼν ἀπέκτεινε τὸν Ἄργον; id. ap. schol. D ad Β 103; λόγος Maas ‖ **33** ᴴ | ᴵ[vel ε[fuisse videtur | αἰνὰ γυῖ᾽ ἔλυσαν Jurenka ὄμματ᾽ αἰνὰ λῦσαν J. κλεῖσαν Taccone ‖ **34** ΡΙΜ, non ΡΙΜ J. ‖ **35** ἀδύμῳ μέλει (Ov. Met. 1, 677) J. Ἰνάχου κόρᾳ Wil. ἄμβροτον κλέος Schadew. ‖ **36** ἁμέραν Wil. ἐμπέδων J. ‖ **38** ᴀΠΡΟ[vel ε[ἁ πρὸς τέρμαθ᾽ ὁρμά e. g. Schadew. ‖ **40** οἰστροπλὰξ Bl., Festa ‖ **41** γαστρὶ τὸν Διός J. ‖ **42** ΕΝΘΕΝΙ[: A³? | νιν τέκ᾽ ἀνδρῶν Bl., Αἰγυπτίων Sn.

ὑπερόχωι βρύοντ[α . . .
45 μεγίσταν τε θνα[τ . . .
10 ὅθεν καὶ Ἀγανορί[δας
ἐν ἑπταπύλοισ[ι Θήβαις
Κάδ¹μος Σεμέλ[αν φύτευσεν,
13 ἇ τὸν ὀρσιβάκχα[ν
50 τίκτεν Διόνυσον [. . . .
καὶ χορῶν στεφα₁[αφόρων ἄνακτα.

20 (19) = dith. 6

ΙΔΑΣ

ΛΑΚΕΔΑΙΜΟΝΙΟΙΣ

metrum: v. p. **XXXI**.

Σπάρτāι ποτ᾽ ἐν ε[ὐρυχόρωι
ξανθαὶ Λακεδα[ίμονι . . .
τοιόνδε μέλος κ[. . . .
ὅτ᾽ ἄγετο καλλιπά[ραιον
5 κόραν θρασυκάρ[διος ῎Ιδας
Μάρπησσαν ἰοτ̣[. . . .
7 φυγὼν θανάτου τ[. . . . .

20 Ad hoc carmen pot. qu. ad fr. 20 A referendum schol. Pind.
I. 4, 92 (fr. 61 B.): ἰδίως τὸν Ἀνταῖόν φησι (Pind.) τῶν ξένων τῶν
ἡττωμένων τοῖς κρανίοις ἐρέφειν τὸν τοῦ Ποσειδῶνος ναόν· τοῦτο
γὰρ ἱστοροῦσι Διομήδην τὸν Θρᾶικα ποιεῖν, Βακχυλίδης δὲ Εὔηνον
ἐπὶ τῶν τῆς Μαρπήσσης μνηστήρων· οἱ δὲ Οἰνόμαον, ὡς Σοφοκλῆς
(fr. 432 N.)

44 βρύοντα τιμᾷ Bl. ǁ 45 θνατῶν ἔφανεν γενέθλαν J. ǁ 46 ΡΙ[ǀ
Bl. alii ǁ 47 sq. J. ǁ 48 ΚΑΛΟC: Α³ ǀ ΜΕΛ[ǁ 50 ΤΙΚΤΕ: Jurenka
additis verbis ἀγλαῶν τε κώμων ǁ 51 Wil.; possis etiam στεφά-
ν[ων τ᾽ ἄνακτα
20 1 ΕΝΕ[editores, equidem ε non video; εὐρυχόρῳ Rossb.
alii ǁ 2 sq. Λακεδαιμονίων . . . κόραι ᾆδον Wil. Λακεδαιμόνιαι . . .
κελάδησαν Maas, Ed. Fraenkel ǁ 4 aut καλλίπαχυν (K.); Εὐηνίδα
vel Αἰτωλίδα add. Maas DLZ 1913, 2206 ǁ 6 ΙΟΤ[potius quam
ΙΟΥ[, non ΙΟΠ[ἰοτρόφου πὰρ ποταμοῦ Bl. ἰότριχ᾽ ἐς οἴκους J. ǁ
7 sq. τέλος αἰπύ Pingel; θανάτου τελευτὰν ἐπεὶ ∶ ἂν. Π. ἄρηγεν Bl.

71

? ἀναξίαλος Ποσει[δὰν . . . .
Ἵππους τέ οἱ ἴσαν[έμους
10 Πλευρῶν᾿ ἐς ἐϋκτ[ιμέναν
χρυσάσπιδος υἰὸ[ν Ἄρηος
(desunt reliqua)

DITHYRAMBORVM vel EPINICORVM
FRAGMENTA

21 (20) = fr. 2 K.

metrum incertum.

col 12?

Ποσει‚δάνιον ὦ‚ς
Μαντ‚ινέες τριό‚δοντα χαλκοδαιδάλοισιν ἐν
ἀσπίσι‚ν φορεῦν‚τες . . . .
. . . . . .]οφευγε[
. . . .

(a) = fr. 14 K.   (b) = fr. 16 a K.

. . .
]λμο[   ]ελεων
].σιο[   ]των
]αινει‚[. . .
. . .

21 Schol. Pind. Ol. 10, 83 a (fr. 41 B.) Δίδυμος (p. 223 Schm.)
. . . τὴν Μαντινέαν φησὶν ἱερὰν τοῦ Ποσειδῶνος καὶ παρατίθεται τὸν
B. λέγοντα οὕτω· Ποσειδάνιον ὡς . . . φορεῦντες | pap. A fr. 2 K.
(a) et (b) fragmenta pap. A ad epinicia vel ad dithyrambos
pertinentia (cf. p. VIII)
8 ΠΑΣΙ[: ΠΟΣΙ[A²? | Bl. ‖ 9 K. velut πόρεν, ταί νιν Πλ. ἐς
ἐϋκτιμέναν (K.) πόρευσαν. ἠ μὰν − Bl. ‖ 10 vel εὔκτιτον ‖ 11 υἰὸν
Ἄρηος (de Eueno) Sandys, Reinach
21 fr. 2 K. spatium vacuum quod est supra v. 1 paginam
summam indicat. titulum 'Cassandram' esse coni. Bl., v. p. L.
metrum dactyloepitr. sec. J., sed obstat colometria.
2 Μαντινεῖς schol. (excepto E: μάντιν ἐς) -δαιδάλτοις ἐν Wil.
ms., ut dactyloepitr. eveniant ‖ 3 ἀσπίσι schol. ‖ fr. 8, 8 a, 29
ad idem carmen referunt Bl. alii

(b) 2]τ vel]ρ

**22

[ΑΝΩΝΥΜΟΝ]

] . θα σὺν[?   ⊠

**23

ΚΑΣΣΑΝΔΡΑ

[ΑΘΗΝΑΙΟΙΣ?]

metrum ex iambis ortum?

⊠   Ἀθ[ανᾶν (.) . . αν]δρον ἱερᾶν ἄωτο[ν]
               *   *   *
       . . . . . .]ειον τέμενος
               *   *   *
                   ]α δ' ἀχὼ κτυπεῖ
       λι[γ . . αι σὺν] αὐλῶν πνοᾶι
               *   *   *
          5   ]ελικτον
               *   *   *
          ἐπεὶ δὲ [?
               *   *   *
          χ]άρις πρέπει
               *   *   *

22 verba poetae sumpta sunt e scholiis pap. **B** col. 1, 5 quae
habes in p. 128

23 Porphyr. ad Hor. c. 1, 15: *Hac ode Bacchylidem* (fr. 8a Bl.)
*imitatur; nam ut ille Cassandram facit vaticinari futura belli
Troiani, ita hic Proteum.* verba poetae referuntur in scholiis pap. **B**
col. 1, 7sqq. quae habes in p. 128

22 1]ι sim. | [προθυμίαι(σιν)? cf. schol.

23 1 ε[pot. qu. Θ[, suppl. Lobel | φίλανδρον pot. qu. εὐανδρον
(Lobel) expectes et propter metrum et propter spatium (Sn.) ‖
2]ε,]Θ,]τ, ϑ]εῖον? (Sn.) ‖ **4** λιγείαι (Lobel) vel λιγυρᾶι (Sn.)

73

ΒΑΚΧΥΛΙΔΟΥ

] . ιονων νοο[

* * *

ταννₗάκης?

* * *

10   ₗἰή₋

**24

[ΑΝΩΝΥΜΟΝ]

metrum: dactyloepitr.

ΣΤΡ   __D?... |²e__ __...

ΕΠ   ... | ⁻⁷e__ __... | ⁻⁶__e__ __... | ⁻⁵__ __◡...|

⁻⁴__e__ __... | ⁻³e__ __... ⁻²e__D..? | ⁻¹__e__... |||

. . .

]αρα̣[

. . . .]δαλον χα[

. . . .]μα φαινω[

⁻⁹. . .] . φρονος λ[

5 . . . .]ηι γυναι[   ]τεκνος

θυμὸν αἱρείτω[

⁻⁶ οὐ γάρ τις ἀνθρώπ[ωι, τὸν ἂν εὐθύ]δικοι

Μοῖραι παρὰ χρυσ[

στᾶσαι φατίξωσιν [

10 ⁻³ φύξις, οὐδ᾽ εἰ χαλκέο[ις

τείχε]σιν, μίμνη{ση}ι κε τάδε β᾽ρο[τὸς __ __

---

23 10 v. schol. p. 128, 17
24 1—19 pap. C (v. p. XIII) fr. 2 ‖ **5—17** pap. D (v. p. XIV)
de colometria pap. C et D v. p. LI

23 8]Λ vel]Μ, vix]Α
24 1]ΛΥΤ[,]ΚΡ[Ι]Ο[sim. ‖ **2** εὐδαί]δ. Sn. ‖ **4**]ι,]Υ sim. | Λ[
pot. qu. Α[vel Δ[‖ **5** sententia: μήτε με __ __]ηι γυναι[κεία φιλό]-
τεκνος ϑ. αἰ. [μαλακία (?), nam ad v. 7 sqq. conferenda Ζ 487sqq.,
Callin. 1, 8 sqq., sim. (Sn.) ‖ **6** ᾱΙΡΕῙ ‖ **7** suppl. Lobel (vel ὀρϑόδικοι) ‖
8 χρυσ[αλάκατοι e. g. Sn. ‖ **9** φατίξωσιν C, φατίζωσιν D | [κακά Sn.
κακῶν Gallavotti ‖ **10** ΟΥΔ᾽ ΕΙ ΧΑΛΚ[C, [ΟΥ]ΔΙΧΑΛΚΕ·[D | Lobel
att. Pind. fr. 232 τὸ πεπρωμένον οὐ πῦρ, οὐ σιδάρεον σχήσει τεῖχος;
cf. etiam Hor. c. 3, 3, 65 et sim. | φράξεν vel φράξηι δόμον? Sn. ‖
11 ΜῙΜ[C,]ΜΝΗϚΗΙΚΕ D, CH secl. Sn. | βρο[τὸς εἴργων? Sn.

74

ὄλβος τε καὶ δόξα[

⟨*ΣΤΡ*⟩ ταῦτ᾿ ε[ἶ]πε φιλαγ᾿λαο[

παι τ[.]ς· ἄϊξεν δ᾿ ἀπ[

15 3 .[. . .]πινας ανο[

σ[(.) . . .]ων δ᾿ ἐκ δε[

(.) . . . .]. ποδ᾿ επιᵭ[

6 . . . . .]. ὗσεν κ[

19] . . . [

**25

[*ΜΕΛΕΑΓΡΟΣ*?]

metrum: dactyloepitr.?

-8? ∪_ϑ]έορτον στρατόν [

]ποικίλων

-6?]ον παιήονα

]. λωι·

5]. ιᾶν

-3?]. μιδος τεμ[

]

]

?)—— _]ἀπὸ λευκῶν

10]ιϲα γᾶρυν

3? ∪∪ϑ]αρσέα θηροδα[ϊκταν

25 pap. C (PAshmol. inv. 20) v. p. XIII

24 13 suppl. Lobel ‖ **14** C· Ᾱῐ Ξ C,]ῐ Ξ **D** | Π[pot. quam Γ[
vel Τ[‖ **15** Τ[, Υ[, Χ[? | Ο[pot. quam Θ[vel Ε[‖ **16**]ωΝΔ᾿·ΕΚΔ[C,
]ΝΤΕΚΔΕ[**D** ‖ **17**]Υ,]Κ pot. quam]Ε | Δ᾿ ΕΠ[C,]ΠΙΔ[,]ΠΙΧ[,
]ΠΙΝ[**D**, sed incertissima ‖ **18**]Φ,]Ψ vel etiam spiritus? | Ᾰ |
fort. erat Ᾱ[Ν]ῨϹΕΝ (Sn.) | Κ[, Η[pot. qu. Ν[sim.

25 1]έ, suppl. Lobel ‖ **3** Ή ‖ **4** fort.]Ε, vix]Γ vel]Τ ‖ **5**]ΟΙᾹΝ,
]ΑΙᾹΝ,]ΛΙᾹΝ pot. qu.]ΡΙᾹΝ ‖ **6**]Ε?, *Ἀρτ*]έμιδος τεμ[εν Sn., nam
aprum Calydonium misit Diana ab Oeneo neglecta ‖ **9** versum in
prima editione omissum minoribus litteris a C² suppletum agn.
Lobel ‖ **10** ΓᾸΡ ‖ **11** πολυϑ]αρσέα vel sim. Sn. | ΕΑ | ΘΗΡῸΔ̲Ᾱ agn.
et suppl. Lobel; de δἄ- cf. p. XXI

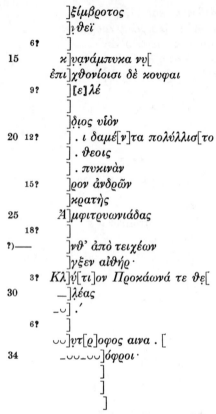

]ξίμβροτος

]ιθεϊ

6?]

15 κ]υανάμπυκα νυ[

ἐπι]χθονίοισι δὲ κουφαι

9?][ε]λέ

]

]διος υἱὸν

20 12?]. ι δαμέ[ν]τα πολύλλισ[το

]. θεοις

]. πυκινὰν

15?]ρον ἀνδρῶν

]κρατὴς

25 Ἀ]μφιτρυωνιάδας

18?]

?)——]νθ᾽ ἀπὸ τειχέων

]γξεν αἰθήρ·

3? Κλ]ύ[τι]ον Προκάωνά τε θε[

30 —]λέας

_ᴗ].´

6?]

ᴗᴗ]υτ[ρ]οφος αινα . [

34 _ᴗᴗ_ᴗᴗ]όφροι·

]

]

]

12 θελξίμβρ. pot. qu. ἀλεξίμβρ. propter metrum (Sn.) ‖ 13 post 12
potius expectes ... a]νθέϊ quam ... πε]νθέϊ ‖ 15 Νύ[κτα pot. qu.
νύ[μφαν, nam inferior pars litt. φ appareret (Sn.) | Y[pot. qu. X[‖
17 fort. Ο supra Є erasum ‖ 19 Διός? | ΥΪΟΝ ‖ 20]CΙ pot. qu.
]ΤΙ | ΛΎΛΛ ‖ 21]C? ‖ 22]Ι,]Ν? | cf. fr. 1, 1 φρένα καὶ πυκινὰν
κέρδος ἀνθρώπων βιᾶται ‖ 24 ΡΑΤ | παγκρατὴς pot. qu. πολυκρα-
τὴς propter metrum; cf. fr. 14 ἀνδρῶν δ᾽ ἀρετὰν σοφία τε παγκρα-
τής τ᾽ ἐλέγχει ἀλάθεια (Sn.) ‖ 25 i. e. Iolaus (Paus. 8, 45, 6 etc.)
vel Iphicles (Apollod. 1, 68)? ‖ 27 ἔ]νθ᾽? | ΤΙΧ: Є s. l. add. C² ‖
28 ἔκλα]γξεν Sn. ‖ 29].´[, suppl. Lobel coll. Σ Τ Ι 567 et Stesich.
POx. 2359, 4 | ΚΑ | ΝΑ | propter metrum expectes Προκάωνα |
θε[ίους sc. Meleagri? (Sn.) ‖ 33 ἐύτροφος vel πολύτροφος Sn. ‖
34]όφ ἀπ]όφροι? Sn.

76

**26

[ΠΑΣΙΦΑΗ?]

metrum: *ΣΤΡ* cr ia? | ²⌣⌣‒⌣⌣‒[...] | ³⌣⌣‒⌣⌣‒[

. . .

φρα . [
Πασι[φ]ά̣[α
εν κυπ[
π̇όθον [
5) Εὐπαλά[μοι'] υἱε[ῑ
τεκτόν[ω]ν σοφῳ[τάτωι
φράσε Δαιδάλωι ἀ . [
3 νόσον· ὅρκια πισ[τ
τ]ε τεύχειν κέλευ[σε
10 μείξειε ταυρείωι σ[
6 κρύπτουσα σύννο̣[μον
Μίνωα [τ]οξοδάμαν[τα
Κνωσσίων στρατα[γέταν·
ὁ δ' ἐπεὶ μάθε μῦθο[ν
15 3 σχέτο φροντίδι· δε[
. . . .] ἀλόχου[

**27

[ΧΙΡΩΝ?]

metrum: dactyloepitr. (v. p. XXVI)
⁻¹⁰‒ e ‒D | ⁻⁹‒D | ⁻⁸E‒e‒ ||⁻⁷‒‒D |⁻⁶‒‒[] |⁻⁵‒‒‒⌣[] |
⁻⁴e[ ] | ⁻³‒‒‒⌣[ ] | ⁻²‒⌣⌣‒[] |⁻¹e[]|||

26 pap. C fr. 1 (v. p. XIII); paragraphos add. Sn. ‖ 1 ι[, ζ[,
Δ[, non C[‖ 2 Lobel ‖ 3 Κύπ[ρις φύτευσε Sn. ‖ 4 ΝΟΘΟΝ: corr. C¹ ‖
5 ΛΆ | Υϊ | suppl. Sn. ‖ 6 ΌΝ[| Ω[, Ο[, Ε[, C[, suppl. Lobel ‖
7 ΡΆC | ΆΩ[pot. qu. ΆC[vel ΆΟ[, ἄωρον Lobel; ἄφ[ρονα legi non
potest (Lobel); ἄσ[πετον Sn. ‖ 8 ΟΝ· | πισ[τὰ Lobel, temptes
πίσ[τ' ἔλαβε ξυλίναν τ]ε τεύχειν κέλευ[σε βοῦν, ἵνα] μείξειε ταυρείωι
σ[θένει δέμας (Sn.) ‖ 9 suppl. Lobel | ΚΈΛ ‖ 10 ι̣Ε ΐ | σ[ώματι
σῶμα Lobel ‖ 11 CΎΝ | Ο[, Ε[| suppl. Lobel qui σύνν. εὐνὰν
esse putat, sed fort. erat θῆρα sim. ‖ 12 ΜΤ | ΔΆ, suppl. Lobel ‖
13 ΤᾹ[suppl. Lobel ‖ 14 Δ' | Ά | suppl. Lobel ‖ 15 ΧΈΤ | ΔΙ· |
δε[ῖσε γὰρ Sn. ‖ 16 κ]ἀλόχου propter metrum Sn.

col. 1

  −9?

  5 −6?

       −3?

  10

  ?——

       3?

  15

```
        ]ζομέ[ν
     ]ον
   ] . [ ]ρον φ[   ]αν ·
     ]ω
   ]ᾱον δῖα[    ]
     ]στε
   ]ων ἐφοβ[    ]
   ]ητας ὁμ[    ]ς
     ]ν
   ]αν . φό . [    ]
            ]κα[    ]μαρ
            ]αρ . [       ]
            ]υσ[
   ] . εκ[
   ]   [
```

. . . . .

desunt vv. non minus 19

col. 2   ξανθᾱς νιν εὔβ[ο]υλ̣[ο]ς̣ θαμ[ὰ Φ]ιλλυρί[δας

  35 −9 ψαύωι̣ κεφ[αλ]ᾶς ἐνέπει ·

       φατί νιν [δινᾱ]ντα φοινίξειν Σκά[μανδρον

       κτείνον[τα φιλ]οπτολέμους

  (5) −6 Τρῶας · π . [. . . .].ʹ . . . . ʹ . ι̣ . . α̣[ ]μ̣ατ[

27 1—14 pap. C (cf. p. XIII) fr. 3 col. 1; 34—45 fr. 3 col. 2
+ frr. 9 + 4 + POx. 661 fr. 2 (POx. 20 p. 168); coni. Lobel, fr. 9
(v. 34 sq.) add. Sn. (nunc suo loco insertum in tab. VII). inter
3 Φ[ ]A, 8 M[ ]C, 11 A[ ]M fortasse singula lit. deest, sed lacunas
maiores esse metris vv. 5 et 10 evinci videtur.

27 1 ἐ[suppl. Sn. ‖ 2]O pot. qu.]Ω ‖ 3]O[.]P,]ΩP sim. |
φ[ν]άν Lobel ‖ 5]Ᾱ | Δ î ‖ 8 ὁ̄ | ὅμ[ω]ς Lobel; *Τ*]ήτας Ὀμ[ηρο]ς
(= fr. 48) vix metro convenit ‖ 10 NE vel NO? | ὁP[, ὁN[sim.;
quia]]ανοφόρ[nihil aptum reddere videtur, fort. ἐφόν[‖ 12 I[
sim. ‖ 13 C[, ε[? ‖ 14]Γ vel]T ‖ 34—37 suppl. Lobel (34 εὔβου-
λος Sn.) ‖ 34 ΘΛM ‖ 35 NεΠ ‖ 36 ΦX̆:ΦᾹ C²? | Τí | NíΞ | = 13,
164sq. | 'asyndeton' non removendum, cf. e. g. X 294 sq.; Barrett
Thetida vel Peleum loqui putat: 'perturbor (vel etiam 'gaudeo')
recordatione eorum quae . . . Φιλλυρίδας . . . ἐνέπει · φατί νιν κτλ.'
(cf. p. LI). ‖ 37 εí ‖ 38 ῇX̆C · | Y[vel P[|]όΠ,]εΤ sim., cetera
incertissima

78

```
        ξείναι τε . [                              ]   [
40      ἀλκίμουσ[                               ]τ᾽ ἐπ[
    -3  Μυσῶν τ᾽ ἀ[                             ]   [
        ταῦτ᾽ ἐνέπ[
(10)    καρδίαν π[
        φίλα[ι]ς δεχ[
45          δ᾽ εὔφυλλ[ο
```


**28

[*ΑΝΩΝΥΜΟΝ* (*ΟΡΦΕΥΣ*?)]

metrum: dactyloepitr.

(b)
```
                    ] . [ ]λευ[
                            ]χαρ[
                    ]. ἐπ᾽ ἀη[
                    ]ον σοφ.[ ].
                  5 ]ωσι γέρας·
        (a)         ]οι καὶ δένδρα κ[
    ]ποι[            ]ον τ᾽ [ε]ὐαγὲς οἰδ[μα
    ]κλε[            ]νετον Οἰαγρίδα[ν
    ]. .[            ]ι Μούσας ἐρασιπ[λοκ . . .
```

28 Pap. C 'addendum' (v. p. XIV) fr. 1 (a) + (b); fragmenta minora 2 et 3 praetermisi.

27 39 ΞΕῖΝΑΙ: ΞΕῖΝΑΙ C²; itaque τ(ε) particula est | Κ[pot. qu. Μ[, Ν[; κ[είσεσθαί νιν ἐν γᾶι vel sim. Sn. | Barrett conf. Hor. ep. 13, 15 sq., v. nunc et. E. Fraenkel, Horace 66, 6 ‖ 40]τ᾽ pot. qu.]ρ᾽ ‖ 41 ΩΝΤ᾽ | de Α[vix dubitandum ‖ 42 Τ᾽ ΕΝΕΠ ‖ 43 ΔΙΑΝ ‖ 44 paragraphus primum post 44 posita, tum deleta et ante 44 addita | δὲ χ[ερσίν vel sim. Sn. ‖ 45 Δ᾽ ΕΥ

28 3]C? | Η[? ‖ 6 Κ[pot. qu. Ν[‖ 7 Lobel ‖ 7—9 fr. 1 (a) quod iuxta vv. 7—9 collocandum esse e papyri fibris apparet, ita cum fr. 1 (b) coniungendum esse coni. Sn., ut in v. 7 πόν[τι]ον, in v. 8 κλε[. . .]νετον legatur, sed cum κλεαίνετον quod non nisi nomen proprium invenitur brevius esset spatio hoc frustulum fortasse praecedenti col. attribuendum, cf. Snell, Gnomon 40, 1968, 122 sq. ‖ 8 εὐαίνετον Οἰαγρίδαν Lobel ‖ 9 ἐρασιπ[λοκάμου Lobel

10   ]ἰ̓ ὁ τοξοδάμας
    ἐ]κάεργος Ἀπόλλ[ων·
    ὁ] μὲν κυρεῖ θεῶν[
    ] ὀψιγόνων
    ]μελιτευχέα παγ[άν
15   ]αι πιθεῖν εοθε[
    ] καὶ ἐμ᾽ ἀμ[β]ρ̣[οσ . . ?
    ]ι κατασπειρ . [
    ]τοριας
    ]σι καλυμμα[
20   ἰ]θύσας φρ . . . [
    ]αιω κλ . [.] . φ[
    ]θεᾳ καὶ γ[.] . [

**29

DITHYRAMBORVM (?)
FRAGMENTA MINORA PAPYRACEA

(a)   ]αι θεότ[
     ]ωνετι . εα[
     ]υφαινεσρ[. . .
     ] .᾽ [.]ροβρον[τ   ] . εἶ· κ[
  5 σχέ]τλιος ·[   ]ωνκ[
       . . .   ] . [
                  . . .

29 Pap. C: (a) = fr. 5a + b

28 10]N,]H sim., παῖδ᾽ ὁ]ν Sn. ‖ **11** τίμασ᾽ Sn. ‖ **11—12** Lobel ‖
12—14 [εὐρὼν ὁ] μὲν κ. θ. [δαίτεσιν] ὀψ. [τ᾽ ἀνδρῶν] e. g. Sn. ‖
15]A vel]Λ | ἑ[vel ὁ[‖ **16** Lobel ‖ **19** -οι]σι καλύμμα[σι Lobel‖
20 ἰθύσας Lobel | ΦΡ. . .[vestigia incertissima; φρένα? cf. 5, 6 sqq.‖
21 κλυ[τ]οφ[ορμιγ . . . ?

29 (a) **1** ΌΤ[; τ[ιμο, τ[ευκτο? ‖ **2** ΤΙΑϹΑ, ΤΙΛΕΑ sim. ‖ **3** Ο[
vel Ω[| Υ pot. qu. Ρ ‖ **4** ὁ βρον[τ Lobel | ΘΕῖ· vel ΟΕῖ· ‖
5 suppl. Lobel

(b)   . . .   (c)   *Π*]*υϑοῖ βρύει*[

        ] [   ]*ἀγλαΐα*

   ] . [ ] . *φε* . . [   ]*ον ξενίαισ*[

   ] . *ι*   ]*νο*[

   ]*εκρον*   5   ] . *τῳ*[

5]

   ]*αρσει* ·[. . .

29 Pap. **C**: (b) = fr. 8, (c) = fr. 12; non attuli fragmenta minora 6, 7, 10, 11, 13

(b) 2 ΡΕ[? ‖ 3]Ο? ‖ 4 *ν*]? ‖ 6 *ϑ*]?

(c) 1 ΘΟΪ:ΘΟῖ C² ut vid. ‖ 2 †Α ‖ 3]Ο,]Θ sim. ‖ 4 ò

FRAGMENTA

EPINIKOI

1 (4 Bgk.⁴)

metrum: dactyloepitr. e＿D | E＿

῾Ως δ᾽ ἅπαξ εἰπεῖν, φρένα καὶ πυκινάν
κέρδος ἀνθρώπων βιᾶται.

YMNOI

1 A

EIΣ ΑΠΟΛΛΩΝΑ
ΑΠΟΠΕΜΠΤΙΚΟΣ

. . .

ὄρνυ[
Λοξία[⊠

1 Stob. Flor. 3, 10, 14 (3, 411 W.-H.) *Βακχυλίδου Ἐπινίκων.*
ubi inserendum sit hoc fr. nescitur (cf. p. VIII sq.).
1 A Menander (Genethl.?) π. ἐπιδεικτικῶν 2 (3, 333 Sp. = 32
Burs.) τῶν ὕμνων οἱ μὲν κλητικοί, οἱ δὲ ἀποπεμπτικοί . . . κλητικοὶ
μὲν οὖν ὁποῖοί εἰσιν οἱ πολλοί τε τῶν παρὰ τῇ Σαπφοῖ ἢ Ἀνακρέοντι ἢ
τοῖς ἄλλοις μετρικοῖς, κλῆσιν ἔχοντες πολλῶν θεῶν. ἀποπεμπτικοὶ
δὲ ὁποῖοι καὶ παρὰ τῷ Βακχυλίδῃ ἔνιοι εὕρηνται, ἀποπομπὴν ὡς
ἀποδημίας τινὸς γινομένης ἔχοντες. id. 4 (336 Sp. = 35 Burs.) περὶ
ἀποπεμπτικῶν . . . ἐλάχιστον δὲ τοῦτο τὸ εἶδος . . . ἐπιλέγονται δὲ
ἀποδημίαις θεῶν νομιζομέναις ἢ γινομέναις, οἷον Ἀπόλλωνος ἀποδη-
μίαι τινὲς ὀνομάζονται παρὰ Δηλίοις καὶ Μιλησίοις, καὶ Ἀρτέμιδος
παρὰ Ἀργείοις. εἰσὶ τοίνυν καὶ τῷ Βακχυλίδῃ ὕμνοι ἀποπεμπτικοί.
ἀφορμὴ δ᾽ ὑποβέβληται τοῖς τοιούτοις ὕμνοις ἡ χώρα ἣν καταλείπει,
καὶ πόλεις καὶ ἔθνη, καὶ πρὸς ἣν ἄπεισι πόλιν ὁμοίως ἢ χώραν, αἵ
τε γραφαὶ τόπων, καὶ ὅσα τοιαῦτα. γινέσθω δὲ δι᾽ ἡδονῆς προϊὼν ὁ
λόγος. δεῖ γὰρ μετὰ ἀνειμένης τινὸς ἁρμονίας καὶ ἐμμελεστέρας
(Wil., εὐμεν. codd.) προπέμπεσθαι. διατριβὴν δὲ ἐνδέχεται πλείονα,
οὐχ ὥσπερ οἱ κλητικοί, ἐλάττονα. carmen Bacchylidis hic reddi
coni. Wil. Pind. 330 cf. schol. Callim. h. 4, 28 εἰ δὲ λίην πολέες σε
(sc. Delum) περιτροχόωσιν ἀοιδαί] αἱ Πινδάρου καὶ Βακχυλίδου.
cf. Preller-Robert 1, 245. 1—2 pap. H (v. p. XIV) 1—2.

1 A 1 ὄρνυο certe carmini ἀποπεμπτικῷ aptissimum ‖ **2** Γ͞Α[

1 B = 31 (40)

ΕΙ[Σ ΕΚΑΤΗΝ

⊠ Ἑκάτα[ˌδαϊδοφόρε
   ταν ἱε[ρ
   Νυκˌτὸς μεγαλοκόλπου θύγατερ
   σὺ κα[
5 βα . [
   . . .

2 (11)

metrum: dactyloepitr. _D|e_D_e_

Αἰαῖ τέκος ἁμέτερον,
μεῖζον ἢ πενθεῖν ἐφάνη κακόν, ἀφθέγκτοισιν ἴσον.

3 (12)

Κελεός

ΠΑΙΑΝΕΣ

4 = 22 (33) + 4 (13)

[ΑΠΟΛΛΩΝΙ ΠΥΘΑΙΕΙ ΕΙΣ ΑΣΙΝΗΝ]

metrum: dactyloepitr. (v. p. XXVI) *Α'—Γ*?

ΣΤΡ _E_D_|³E_e||⁴D_|⁵E_e||⁶E_|
     ⁷D|⁸_E|⁹D_e_|¹⁰E_|||
ΕΠ   D_e_D||³D|⁴_E_e_|⁵E_|⁶D
     _E[_]|⁸[_]D[⁹]D[¹⁰]E[|||

1B Schol. Ap. Rhod. 3, 467: *B. δὲ Νυκτός φησιν αὐτὴν* (Hecaten) *θυγατέρα· Ἑκάτα δαϊδοφόρε, Νυκτὸς μεγαλοκόλπου θύγατερ.* inscr. et 1—5 pap. H 3–8.

1B suppl. Lobel ‖ 1 ἙΚΆ | δαϊδοφόρε L, δαϊφόρου P, δαδοφόρου F ‖ 3 μελανοκόλπου coni. Ursin.; cf. κυανόκολπος PHib.2,172,11.
2 Stob. Flor. 4, 54, 1 (5, 1113 W.-H.) *B. Ὕμνων.*
3 Schol. Aristoph. Ach. 47 (*ΕΓ* Ald., cf. Ed. Fraenkel, Beob. z. Aristoph. p. 20, 4): *τοῦ δὲ Κελεοῦ μέμνηται Βακχυλίδης διὰ τῶν Ὕμνων.* hymno in Cererem sive Proserpinam frr. 2, 3, 47 tribuit Wil. ms.
4 metri causa correctum: **21** {ε}στα ‖ **22** ἔντυ{ν}ον ἔφα{σ'} ‖ **24** ⟨ἐς⟩ ‖ notandum non respondere 50 μάντις ἐξ, 80 παιδικοί θ' (|'_'∪_) ∼ 70 ἀραχνᾶν (|'∪'∪_); itaque aut licentia metrica agnoscenda (v. p. XXVII) aut corruptela v. 70 statuenda
De fabula, de papyro, de supplementis a vv. dd. propositis accuratius egit W. S. Barrett, Herm. 82, 1954, 421.

Α' ? (desunt stropha et antistropha = vv. 1–20)

(Ἡρακλῆς) ἦλθεν ἐπὶ τὸν Κήϋκος οἶκον,

21 στᾶ δ᾽ ἐπὶ λάϊνον οὐ-
δόν, τοὶ δὲ θοίνας ἔντυον, ὧδε τ᾽ ἔφα·
3 ᾽αὐτόματοι δ᾽ ἀγαθῶν
⟨ἐς⟩ δαῖτας εὐόχθους ἐπέρχονται δίκαιοι
25 φῶτες.᾽ _ _ _ ⌣ _ _

(desunt epodi versus 6–10,
incertum an desit trias tota,
Β' ? desunt strophae versus 1–8)

9 _ ⌣ ⌣ _ ⌣]τα Πυθω[_ ⌣ _ _
40 _ ⌣ _ _]ει τελευτ[_
‾(.)‾. . . . . .] κέλευσεν Φοῖβος [Ἀλ-
κμήνας] πολεμαίνετον υ[ἱόν
(5) 3 (.). . . . . .] ἐκ ναοῦ τε καὶ παρ[_ ⌣ _.

4 21–25 (= fr. 22 Bl.) Athen. 5, 5 p. 178 B (ex Herodico? Düring p. 115): *B. δὲ περὶ Ἡρακλέους* (περὶ τοῦ Κήϋκος **A**: corr. Schweigh.) *λέγων, ὡς ἦλθεν ἐπὶ τὸν τοῦ Κήϋκος οἶκον, φησίν· ἔστη — φῶτες.* fr. 22 huc traxit Barrett qui confert Apollod. 2, 153: *διεξιὼν δὲ Ἡρακλῆς τὴν Δρυόπων χώραν, ἀπορῶν τροφῆς, ἀπαντήσαντος Θειοδάμαντος βοηλατοῦντος τὸν ἕτερον τῶν ταύρων θύσας* (λύσας codd.: corr. Wagn. e *Σ* Ap. Rhod. 1, 1212) *εὐωχήσατο. ὡς δὲ ἦλθεν εἰς Τραχῖνα πρὸς Κήϋκα, ὑποδεχθεὶς ὑπ᾽ αὐτοῦ Δρύοπας κατεπολέμησεν* et Diod. 4, 36, 5–37, 1. ‖ **23** de proverbii formis duabus cf. Ath. l. l.: *αὐτ. δ᾽ ἀγαθοὶ ἀγαθῶν κτέ.* et *αὐτ. ἀγαθοὶ δειλῶν κτέ.* Zenob. Athous 1, 15 (p. 350 Miller, Mél. de litt. gr.) *αὐτ. δ᾽ ἀγαθοὶ ἀγαθῶν ἐπὶ δαῖτας ἵενται. οὕτως ὁ Βακχ.* (Zenob. vulg. 2, 19 Gotting. *Ἡράκλειτος) ἐχρήσατο τῆι παροιμίαι, ὡς Ἡρακλέους ἐπιφοιτήσαντος ἐπὶ τὴν οἰκίαν Κήϋκος (Κήτος* Ath.) *τοῦ Τραχινίου καὶ οὕτως εἰπόντος* (cf. Crusius, Anal. ad paroemiogr. 52). ‖ **39–70** (= fr. 4 Bl.) Pap. **T** (cf. p. XVI) ed. G(renfell)-H(unt); cum 61–80 coniunxit Sn.; Barrett contulit Paus. 4, 34, 9: *Ἀσιναῖοι* (v. 47) *δὲ τὸ μὲν ἐξ ἀρχῆς Λυκωρεῖταις ὅμοροι περὶ τὸν Παρνασόν* (v. 43?) *ὤικουν· ὄνομα δὲ ἦν αὐτοῖς, ὃ δὴ καὶ ἐς Πελοπόννησον διεσώσαντο, ἀπὸ τοῦ οἰκιστοῦ Δρύοπες. γενεᾶι δὲ ὕστερον τρίτηι, βασιλεύοντος*

4 21 *ἔστη*: Neue, Barrett ‖ 22 *ἔντυνον*: Neue ‖ *ἔφασ᾽*: Neue ‖ 24 *⟨ἐς⟩* Barrett ‖ 39]τ,]ρ,]ε ‖ 40]ειτ,]ϲυγ,]ορϝ sim. | ευτ[pot. qu. ειπ (G.-H.) sec. Barrett ‖ 41 *κείνους*] Barrett, *πάντας*] Sn. ‖ 41 sq. Barrett ‖ 42 fin. Edm. ‖ 43 *στέλλεν*] Barrett | *Παρ[νασσίας* (-ίδος) vel *παρ᾽* [*ὀμφαλοῦ* Barrett

ἀλλ᾽ ὅ γε τᾶ]ιδ᾽ ἐνὶ χώρα⟨ι⟩
45 (.) . . . .]χισεν ταν φυλλο . [_
 6 (.) . . . . στ]ρέψας ἐλαίας
   (.) . . . .]φ᾽ Ἀσινεῖς
(10) (.) . . . .]λε . .᾽ · ἐν δὲ χ῾ρόν[ωι
 9 (.) . . . . . .]ες ἐξ Ἁλικῶν τε . [_◡__
50 _μάντι]ς ἐξ Ἀργευς Μελάμ[πους_
    ἦλ]θ᾽ Ἀμυθαονίδας
    βω]μόν τε Πυθα⟨ι⟩εῖ κτίσε[_◡◡_
(15) καὶ] τέμενος ζάθεον
  3 κείν]ας ἀπὸ ῥίζας. τὸ δὲ χ῾ρ[__◡__

Φύλαντος, μάχηι τε οἱ Δρύοπες ὑπὸ Ἡρακλέους ἐκρατήθησαν καὶ
τῶι Ἀπόλλωνι ἀνάθημα ἤχθησαν ἐς Δελφούς (v. 39). *ἀναχθέντες δὲ*
ἐς Πελοπόννησον χρήσαντος Ἡρακλεῖ τοῦ θεοῦ (v. 41sq.), *πρῶτα*
μὲν τὴν πρὸς Ἑρμιόνι Ἀσίνην (v. 47) *ἔσχον, ἐκεῖθεν δὲ ἐκπεσόντες*
ὑπὸ Ἀργείων οἰκοῦσιν ἐν τῆι Μεσσηνίαι, Λακεδαιμονίων δόντων et
2, 28, 2: *ἐς δὲ τὸ ὄρος ἀνιοῦσι τὸ Κόρυφον ἔστι καθ᾽ ὁδὸν Στρεπτῆς*
καλουμένης ἐλαίας φυτόν (v. 46), *αἴτιον τοῦ περιαγαγόντος τῆι*
χειρὶ Ἡρακλέους ἐς τοῦτο τὸ σχῆμα· εἰ δὲ καὶ Ἀσιναίοις τοῖς ἐν
τῆι Ἀργολίδι ἔθηκεν ὅρον τοῦτον, οὐκ ἂν ἔγωγε εἰδείην, ἐπεὶ μηδὲ
ἑτέρωθι ἀναστάτου γενομένης ⟨τῆς⟩ χώρας τὸ σαφὲς ἔτι οἷόν τε
τῶν ὅρων ἐξευρεῖν et 2, 36, 5: *Ἀργεῖοι δ᾽ ἐς ἔδαφος καταβαλόντες*
τὴν Ἀσίνην καὶ τὴν γῆν προσορισάμενοι τῆι σφετέραι, Πυθαέως . .
Ἀπόλλωνος ὑπελίποντο ⟨τὸ⟩ ἱερόν, καὶ νῦν ἔτι δῆλόν ἐστιν. Et. Gen.
Ἀσινεῖς (Pfeiffer ad Callim. fr. 25)· . . . *Ἡρακλῆς τοὺς Δρύοπας*
ληιστεύοντας ἀπὸ τῶν περὶ Πυθὼ χωρίων ἐν τῆι Πελοποννήσωι
μετώικισεν, ἵνα διὰ τὴν πολυπληθίαν τῶν ἐνοικούντων εἴργοιντο
τοῦ κακουργεῖν. καὶ διὰ τοῦτο Ἀσινεῖς αὐτοὺς ὠνομάσθαι (v. 47) *ὡς*
μηκέτι κατὰ τὸ πρότερον σινομένους.

44 init. e. g. Sn.; *τᾶιδε* noluit Barrett, sed in Asinaeorum fini-
bus hic paean canitur | ⟨ι⟩ Höfer | **45**]X, vix]K | Λ[, Δ[, Λ[, Υ[
pot. qu. N[| corruptum videtur ‖ **46**]PE pot. qu.]CI vel]EI sec.
Barrett ‖ **47** σ]φ᾽ Barrett qui agn. nom. prop. ‖ **48**]ΛECC᾽ vel
]ΛE[I]T᾽ sec. Barrett; temptes *ἠδ᾽ ἐτέως σφ᾽ Ἀσινεῖς* (pro *-ῆς*
< *-έας*, Lobel) *εὔντας κάλεσσ᾽* (Lobel) | fin. G.-H. | **49** *Ἁλικῶν*
agn. Höfer | Λ[, M[, X[pot. qu. I[sim. *παγκλεὲς ἐξ Ἀ. τέλλων*
(? cf. fr. 61, 1) *ἄγαλμα* e. g. Sn. ‖ **50** I]C pot. qu. O]C, non Λ]C vel
E]C, suppl. Sn. | ΑΡΓΟΥΣ: T² | fin. G.-H. (vel *-πος*, cf. Pind. P. 4,
126; pae. 4, 28) ‖ **51**]Θ pot. qu.]P vel]᾽, suppl. Edm. | OMOΘ:
OMAΘ T¹, AMAΘ T²: G.-H. ‖ **52** in. Bl., cf. 11, 110; Alc. 129, 2sq.
L.-P. | ⟨ι⟩ Sn. ‖ **53** Bl. ‖ **54** in. Bl. | non post *ῥίζας*, sed post
ζάθεον (53) interpungit Maas cl. 1, 140. 11, 13 scribens *τόδε* |
χρ[υσ Bl., *χρ[ησμ* Ed. Fraenkel

85

55 ἐξό]χως τίμασ᾽ Ἀπόλλων
  6 ἄλσο]ς, ἵν᾽ ἀγ᾿λαῖαι
    τ᾽ ἀνθ]εῦσ[ι] καὶ μολπαὶ λίγ[ειαι
(20) (.) . . . . . .]ονες, ὦ ἄνα, τ . .[
  9 (.) . . . . . .]τι σὺ δ᾽ ὀλ[β
60)(.) . . . . . .] . αιοισιν[

Γ΄? τίκτει δέ τε᷂ θ᾿νατ᷂οῖσιν εἰρήνα μεγαλ᷂άνορα ᷂πλοῦτον
(25) καὶ μελιγ᷈λώ᷂σσων ἀ᷂οιδᾶν ἄνθεα
  δαιδαλέων τ᷂᷂ ἐπὶ βω᷂μῶν
65 θεοῖσιν αἴθε᷂σθαι βο᷂ῶν ξανθᾶι φλογί
  6 μηρί᷂ εὐ᷂μάλ]λων τε ᷂μήλων
  γυμνασίω᷂ν τε νέοι᷂ς
(30) αὐλῶν τε καὶ᷂ κώμω᷂ν μέλειν.
  9 ἐν δὲ σιδαρο᷂δέτοις ᷂πόρπαξιν αἰθᾶν
70 ἀραχνᾶν ἱστ᷂οὶ πέλ᷂ονται,
  ἔγχεα τε λογχωτὰ ξίφεα
  τ᷂ ἀμφάκεα δάμναται εὐρώς.
  3 ⟨‿‿_ _ _ ‿_ _ _ ‿_
  _ ‿‿_ ‿‿_ _ ⟩

75 (35) χαλκεᾶν δ᷂ οὐκ ἔστι σαλπίγγων κτύπος,
  6 οὐδὲ συλᾶται μελίφ᷈ρων
  ὕπ᷈νος ἀπὸ β᷈λεφάρων

61—80 Stob. Flor. 4,14,3 (4,371 W.-H.) Βακχυλίδου Παιάνων ‖
69—77 Plut. Num. 20, 6 sine poetae nomine

55 Bl. ‖ 56 Sn. ‖ 57 in. Barrett | [ι] vel [ε] | fin. Bl. ‖ 58 ε
pot. qu. ο | ρ pot. qu. ο, tum fort. ο supra lin. | τᾶν αἱμ]ονες _ _
Τρ[οζηνίων σε κούροι | κλείζον]τι e. g. Barrett ‖ 59 σὺ δ᷂ ὄλβον
ὀπάζοις vel ἔδωκας e. g. Sn. ‖ 60]ι,]ν,]η, tum a pot. qu. δ, λ ‖
62 εἰρήνη μεγάλα πλ. Stob. ‖ 63 ἀοιδῶν Stob.: Boeckh ‖ 65 ἔθεσθε
Stob.: LDindorf, Schneidew. ‖ 66 μηρίταν εὐτρίχων Stob.: Barrett ‖
69 sqq. .,,... πόρπ. ἔνθα δ᷂ ἀρ. ἔργα" καὶ „εὐρ. δάμν. ἔγχ. κτλ." Plut.|
ὄρπαξιν (ἔρπ.) Stob. ‖ 70 pro ἀραχνᾶν propter metr. ἐργανᾶν Headl.,
Maas qui 'ἔργα καὶ᷂ ap. Plut. corruptelam esse putat, qua vestigia
veri asserventur, sed potius verbum ἔργα e Callimachi Hecala (fr.
253, 12) vel e similibus versibus (cf. Pf. ad l.) invasit ‖ 72 εὐρώς
om. Stob., huc revoc. Bergk; cf. quae Pearson affert ad Soph. fr.
286 et Luc. 1, 243; Flor. 2, 30, 32 ‖ 73 sq. lacunam indicavit Maas ‖
75 χαλκέων δ᷂ οὐκέτι Stob. ‖ 76—80 Soph. Ai. 1198—1206 cf. Maas.

ἀῶιος ὃς θάλπει κέαρ.
9 συμποσίων δ᾽ ἐρατῶν βρίθοντ᾽ ἀγυιαί,
80 (40) παιδικοί θ᾽ ὕμνοι φλέγονται.

(deest epodus: versus 81—90)

5 (14)

metrum: aeolicum (v. p. XXXII)

ἕτερος ἐξ ἑτέρου σοφός   *gl*
τό τε πάλαι τό τε νῦν.   οὐδὲ γὰρ ῥᾶιστον *gl*...?
ἀρρήτων ἐπέων πύλας   *gl*
ἐξευρεῖν.

6 (15)

ἄρκτου παρούσης ἴχνη μὴ ζήτει.

ΔΙΘΥΡΑΜΒΟΙ

7 (16)

οἱ Ἕλληνες ἐκ Λήμνου μετεστείλαντο τὸν Φιλοκτήτην Ἑλένου
μαντευσαμένου· εἵμαρτο γὰρ ἄνευ τῶν Ἡρακλείων τόξων μὴ πορ-
θηθῆναι τὴν Ἴλιον.

4 78 ἅμος (ἄμος) Stob., corr. Bl. coll. [Eur.] Rhes. 554. Pind.
P. 9, 23. A. P. 7, 726. Mosch. 2, 3 ‖ 80 cf. Wil. Pindaros 311, 2.
GV. 423, 1

5 Clem. Alex. Strom. 5, 68, 5 (687P): ἕτερος δὲ ἐξ . . . νῦν, φησὶ
Β. ἐν τοῖς Παιᾶσιν· οὐδὲ γὰρ κτέ. (inde ab οὐδὲ et. Theodoret.
Therap. 1, 78 = 1, 23, 14 Raeder). ῥᾶ᾽ στίν Bgk., e. g. ἀνυστὸν Wil.
(ap. Stählin), sed οὐδὲ γὰρ ῥᾶιστον verba Clementis esse videntur.
ad poetarum artem quin spectet haec modestia Bacchylidea, vix
dubitari potest.

6 Paroemiogr. rec. Paris. (i.e. Zenob. vulg. 2, 36): Ἄρκτου—ζήτει·
ἐπὶ τῶν δειλῶν κυνηγῶν εἴρηται ἡ παροιμία· μέμνηται δὲ αὐτῆς Β.
ἐν Παιᾶσιν. Zenob. Athous. 1, 132 (p. 374 Miller, Mélanges): ἄρκτου
παρούσης τὰ ἴχνη ζητεῖς· ἐπὶ τῶν δειλῶν κυνηγῶν. rec. Bodl. 201:
ἄρκτου παρούσης τὰ ἴχνη ζητεῖς· ἐπὶ τῶν δήλων ἡ παροιμία·
εἴρηται δὲ ἀπὸ τῶν κυνηγῶν (hac sententia Aristaen. 2, 12 adhibet
proverbium dicens κατάδηλος ἡ γυνή· ἄρκτου παρούσης, φάσιν,
οὐκ ἐπιζητήσω τὰ ἴχνη Wil. ms.). Sud. s. v. ἄρκ⟨τ⟩ου· παρούσης
τὰ ἴχνη ζητεῖς· ἐπὶ τῶν τὰ παρόντα ζητεῖν προσποιουμένων.

7 Schol. Pind. P. 1, 100: τῇ ἱστορίᾳ καὶ Β. συμφωνεῖ ἐν τοῖς
διθυράμβοις, ὅτι οἱ Ἕλληνες — Ἴλιον. 'possis cum fr. 8 a coniungere,
nam inter futura belli Troiani est; sed in re tam trita nihil ad-
firmandum' Wil. ms.

8 (18)

Serv. Verg. Aen. 11, 93: Versis Arcades armis] Lugentum more mucronem hastae, non cuspidem contra terram tenentes, quoniam antiqui nostri omnia contraria in funere faciebant, scuta etiam invertentes propter numina illic depicta, ne eorum simulacra cadaveris polluerentur aspectu, sicut habuisse Arcades Bacchylides in dithyrambis dicit.

*8a = c. 23

*9 (32)

Serv. Verg. Aen. 2, 201: Sane Bacchylides de Laocoonte et uxore eius vel de serpentibus a Calydnis insulis venientibus atque in homines conversis dicit.

*10 (56)

Schol. D=A+B Il. *M* 292: *Εὐρώπην τὴν Φοίνικος Ζεὺς θεασάμενος ἔν τινι λειμῶνι μετὰ Νυμφῶν ἄνθη ἀναλέγουσαν ἠράσθη, καὶ κατελθὼν ἤλλαξεν ἑαυτὸν εἰς ταῦρον καὶ ἀπὸ τοῦ στόματος κρόκον ἔπνει. οὕτω δὲ τὴν Εὐρώπην ἀπατήσας ἐβάστασε καὶ διαπορθμεύσας εἰς Κρήτην ἐμίγη αὐτῆι· εἶθ' οὕτω συνώικισεν αὐτὴν Ἀστερίωνι τῶι Κρητῶν βασιλεῖ. γενομένη δὲ ἔγκυος ἐκείνη τρεῖς παῖδας ἐγέννησε, Μίνωα, Σαρπηδόνα καὶ 'Ραδάμανθυν. ἡ ἱστορία παρὰ 'Ησιόδωι (fr. 30 Rz. = fr. 140 M.-W.) καὶ Βακχυλίδηι.*

ΠΡΟΣΟΔΙΑ

11 (19) + 12 (20)

metrum: aeolicum (cf. p. XXXII).

2 tr gl | ²gl cho | ³2 gl || ⁵3 cr sp ? | ⁶ₓgl? | ⁷gl |

8 Haec ad Cassandram dithyrambum refert Bl., cf. c. 23

9 'Fuerit dithyrambus *Λαοκόων*, sicut fuit tragoedia Sophoclis' Bl.

10 Haec ad 17, 28sqq. spectare coni. Schw., Herm. 39, 642 et Wil. ms.; obloquitur Robert, Herm. 52, 311, cf. W. Bühler, Europa d. Moschos p. 19

11 Stob. Flor. 4, 44, 16 (5, 962 W.-H.) *Βακχυλίδου προσοδίων (προσωδιων* cod.); 1—3 *βίον* et 3, 1, 12 (3, 6 W.-H.) et Apostol. 6, 55sq.

(11) εἰς ὄρος, μία β᾿ροτοῖσίν ἐστιν εὐτυχίας ὁδός,
θυμὸν εἴ τις ἔχων ἀπενθῆ δύναται
3 διατελεῖν βίον· ὃς δὲ μυρία μὲν ἀμφιπολεῖ φρενί,
5 τὸ δὲ παρ᾿ ἆμάρ τε ⟨καὶ⟩ νύκτα μελλόντων
6 χάριν αἰὲν ἰάπτεται
κέαρ, ἄκαρπον ἔχει πόνον.

. . . .

(12) 3 τί γὰρ ἐλαφ᾿ρὸν ἔτ᾿ ἐστὶν ἄ-
π᾿ρακτ᾿ ὀδυρόμενον δονεῖν
καρδίαν;

13 (21)

metrum: dactyloepitr.: __ED | __e__ |

πάντεσσι ⟨__⟩ θνατοῖσι δαίμων ἐπέταξε πόνους ἄλλοισιν ἄλλους.

ΠΑΡΘΕΝΕΙΑ

[Plut.] de mus. 17 (1136 F): οὐκ ἠγνόει δέ (Plato), ὅτι πολλὰ Δώρια παρθένεια [ἄλλα] Ἀλκμᾶνι καὶ Πινδάρωι καὶ Σιμωνίδηι καὶ Βακχυλίδηι πεποίηται.

3 οἷς: Grotius ‖ 5 τὸ δὲ παρόμαρτε νύκτα: Grotius; τὸ δὲ πᾶν ἦμάρ τε καὶ Stephan. ‖ 6 αονι ἅπτεται: Boeckh; ἐὸν ἰ. Grotius, sed non est ap. B. ἑός; αονι om. Gesn., δάπτεται Steph. ἰάπτω = βλάπτω β 376, cf. Mosch. 4, 39 ἰάπτομαι ἄλγεσιν ἦτορ.

12 Stob. Flor. 4, 44, 46 (5, 969 W.-H.): Βακχυλίδου προσοδίων (προσωδιῶν cod.). est ex eodem carmine atque superius (Neue, Bgk.) | ἔτ᾿ ἔστ᾿: Bl.

13 Stob. Flor. 4, 34, 24 (5, 833 W.-H.): Βακχυλίδου προσοδίων (προσωδιῶν cod.) | ⟨γὰρ⟩ vel ⟨δὲ⟩ Sn.

89

ΒΑΚΧΥΛΙΔΟΥ

ΥΠΟΡΧΗΜΑΤΑ

14 (22)

metrum: iambi? (v. p. XXXIV)

Λυδία μὲν γὰρ λίθος	cr ia |
μανύει χρυσόν, ἀν-	2 cr
δρῶν δ' ἀρετὰν σοφία τε	cho ion? ||
παγκρατής τ' ἐλέγχει	cr ba ||
⁵ ἀλάθεια	ba . . .

15 (23)

metrum: 6 cr | 6 cr

⊠ Οὐχ ἕδρας ἔργον οὐδ' ἀμβολᾶς,
ἀλλὰ χρυσαίγιδος Ἰτωνίας
χρὴ παρ' εὐδαίδαλον ναὸν ἐλ-
θόντας ἁβ¹ρόν τι δεῖξαι ‿_

*15 A

(Athena) Ἀλαλκομενία

ΥΠΟΡΧΗΜΑΤΑ Athen. 14, 28, 631 C: ἡ δὲ ὑπορχηματική ἐστιν ἐν ᾗ ᾄδων ὁ χορὸς ὀρχεῖται. φησὶ γοῦν ὁ Β. (fr. 15).
14 Stob. Flor. 3, 11, 19 (3, 432 W.-H.): *Βακχυλίδου Ὑπορχημάτων*, et in lapide Lydio ('pierre de touche') ap. Caylum Rec. d' Ant. T. V. tab. 50, 4 (sine auctoris nomine); cf. Daremberg-Saglio 1, 2 p. 1548 A s. v. coticula; ubi haec coticula nunc sit ignotum esse videtur. cf. p. LII ‖ 1 μὲν γὰρ om. gemma ‖ 2 Bgk. cum hoc v. coniunxit fr. 33: χρυσὸν βροτῶν γνώμαισι μανύει καθαρόν ‖ 3 sq. σοφίαν τε (τε om. L) παγκρατὴς L Brux. | σοφία sc. poetae ‖ 5 ἀλήθ. Stob., ἀλάθ. gemma | παγκρ. ἀλήθεια Herodian. 1, 81, 30 et 2, 99, 3 Lentz (sine auctoris nomine) = schol. A Il. Π 57 – fr. ap. Stob. 3, 11, 20, quod in L hoc ipsum subsequitur v. fr. 57.
15 Dionys. Comp. verb. 25, 206 (de cretico): παρὰ Β.; Keil Anal. gramm. 7, 21 (= Studem. Anecd. 225, 30): φιλεῖ δὲ τὰ ὑπορχήματα τούτωι τῶι ποδὶ καταμετρεῖσθαι, οἷον Οὐχ . . . ἀμβολὰς (eodem exordio utuntur Ath. 14, 28, 631 C. Ael. H. A. 6, 1. Luc. Scyth. c. 11. Achill. Tat. 5, 12). ‖ 2 Ἰτωνίας: Ἰτανίας Dion. cod. **M¹** cf. Lactant. ad Stat. Theb. 7, 330 (et ad 2, 721) ‖ 4 ⟨μέλος⟩ Bl. | cf. p. LII.
15A Lactant. ad Stat. Theb. 7, 330 Itonaeos et Alalcomenaea Minervae agmina] in qua Itonus regnavit, Herculis filius; haec civitas Boeotiae est. hinc B. Minervam Itoniam dixit (fr. 15) et

90

*16 (31)

metrum: 5 cr

⊠ Ὦ Περίκ'λειτε, δῆλ' ἀγ'νοή-
σειν μὲν οὔ σ' ἔλπομαι.

ΕΡΩΤΙΚΑ

Apuleius de magia c. 8: fecere et alii talia (i. e. amatorios versus) ... apud Graecos Teius quidam (i. e. Anacreon) et Lacedaemonius (i. e. Alcman) et Cius cum aliis innumeris.

17 (24)

metrum: trochaei

..... εὖτε
τὴν ἀπ' ἀγκύλης ἵησι τοῖσδε τοῖς νεανίαις
λευκὸν ἀντείνασα πῆχυν.

*18 (25)

metrum: iambi

ἦ καλὸς Θεόκ'ριτος·
οὐ μοῦνος ἀνθρώπων ὁρᾶις. ⊠

Alchomenem significavit (Ἀλαλκομένην Mitscherlich, Ἀλαλκομενίην Sn. cf. Steph. Byz. s. v. Ἀλαλκομένιον); inscr. Arcad. saec. VI a. Chr. n. ap. K. Lehmann, Hesperia 28, 1959, 158

16 Hephaest. ench. 14, 7 (42, 25 Consbr.) καὶ ὅλα ἄισματα κρητικὰ συντίθεται, ὥσπερ καὶ παρὰ Βακχυλίδηι, ὦ κτέ. | δ' ἀλλ' codd. em. Wil. (cf. GV. 331, 2) περίκλειτε Δᾶλ' Bl. τ' ἀλλ Bgk., sc. haec autem tibi narrabo (Thierfelder) | huc rettulit Neue propter numeros (cf. ad fr. 15), vix recte (v.p. LII).

ΕΡΩΤΙΚΑ: civis cod.: Cius Bosscha. Cius aut Sim. (cf. Theocr. 16, 44) aut B. (cf. Luc. Scyth. 11) esse potest, sed cum ἐρωτικά B. commemorentur (v. fr. 17), hunc ab Apul. dictum esse verisimile est.

17 Athen. 15, 5 p. 667 C de cottabo: Β. ἐν Ἐρωτικοῖς (cf. epitom. 11, 22 p. 782 E (3, 20 K.): καὶ Βακχυλίδης). | τοῖσδε om. 782 E fort. recte (Maas) | ἐντείνουσα codd. CE, cf. Borthwick, JHS 84, 1964, p. 52, 18 | 'De meretrice dicit, quae iuvenum eorum conviviis interveniebat, quibus carmen factum est' Wil. ms.

18. 19 Affert Hephaest. de poem. 7, 3 (71, 21 Consbr.) ut exempla ἐπιφθεγματικῶν, quae dicit eo ab ἐφυμνίοις differre, quod ad sententiam ipsam aliquid conferant, cum ἐφύμνια singulis strophis adiecta (velut Ἰήϊε Παιάν) ad sensum plane supervacanea sint. tum post definitionem ἐπιφθεγματικῶν: οἶον τὸ Βακχυλίδου· ἦ κτέ. | μόνος: Wil. GV. 384, 1, qui trochaeos hos esse affirmat | ἐρᾶς Ursinus cf. Eur. Hippol. 439 | 'Noli iudicio tuo gloriari: quis non novit pueri tui venerem?' Wil. ms.

ΒΑΚΧΥΛΙΔΟΥ

*19 (26)

metrum: ⁴... ion ..⁵... ion | ⁶anacl | ⁷anacl*ₐba* ||| (v. p. XXXVIII)

6 σὺ δὲ⌋ σ]ὺν χιτῶνι μούνωι
παρὰ τ⌋ὴν φίλην γυναῖκα φεύγι ε⌋ις.

].μάχαις

```
                                    ]
5 3        ]o .. [.] . [           ]ς
.....]απατ[η]ς καὶ ψίθυ[ρος ]
.... ἐπ]ίορκος.
```

6 σὺ δὲ⌋ σὺ]ν χιτῶνι μούνι ωι
παρὰ τ⌋ὴν φίλην γυι ναῖκ⌋α φεύγεις.

⟨ΕΓΚΩΜΙΑ?⟩

*20

col 1? (a) ...   (b) ...

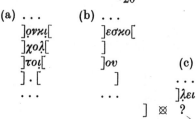

```
        ]ονκι[         ]εσκο[
        ]χολ[          ]
        ]τοι[          ]ον         (c)
        ] . [          ]           ...
        ...            ...         ]λει
                             ] ⊠ ?
```

19 1—9 pap. U (v. p. XVI); 1—2 et 8—9 Heph. l. c. (v. fr. 18)
καὶ πάλιν παρὰ τῶι αὐτῶι Βακχυλίδηι· σὺ — φεύγεις || 1 et 8 σὺ
δ' ἐν χ. Heph. || 3]! sim. || 5 !.[.]!, !.! sim. || 6 ξειναπάτης
Lobel | ΨΓΘ || 6sq. ψίθυρός | τε κάπίορκος Lobel, ut ion. anacl.
evadat || 7]ΓΟΡΚΟΣ· | in scholio ad hanc papyrum trahendo
(fr. 2 Lobel) Πίνδ(αρος) commemorari videtur. cf. L. W. Daly,
Am. Journ. Philol. 79, 1958, 296, qui cf. Hes. theog. 205. fort.
Anacreontis est? (Lloyd-Jones, Cl. Rev. 72, 1958, 17)

20—20E pap. P (v. p. XV sq.) et Q (v. p. XVI) || **20a** = P fr. 30
G.-H. **b** = fr. 31 G.-H. **c** = fr. 19, 1—2 G.-H. **20A, 1—6** = P
fr. 19, 3—8; 41 **7—31** = P fr. 5 + 6 + POx. 2081 (e) 1 + 29
(5 + 6 + POx. 2081 coni. Hunt).

ΕΓΚΩΜΙΑ tit. prop. Körte, *ΣΚΟΛΙΑ* G.-H. cf. Maas, Jahresber.
d. phil. Ver. Berl. 43, 1917, 81; 45, 1919, 37. A. Körte, Hermes
53, 1918, 124. erant in pap. P (vid. p. 133 sq.) fragmenta 50; nonnulla fragmenta minora quae ne coniectura quidem certae columnae attribuere potui hic non affero. incertus est ordo columnarum
et dispositio fragmentorum in col. 1, 3, 6, 8.

ΕΡΩΤΙΚΑ 19 — ΕΓΚΩΜΙΑ 20A

*20 A

metrum: glyconei et ioniḍi (v. p. XXXII et XXXVIII)

1 ∪∪__∪∪__   *ion ion*
  ∪∪_∪_∪__   *anacl*
3 ∪∪__∪∪_|₂₂.₂₈   *ion ion*ₐ|
4 ___∪∪_∪_○̆_∪_| *gl ia* |
5 ___∪∪_∪_   *gl*
  ___∪∪_∪_∪_∪_|| *gl ia* |||

A′? ∪∪__∪∪__   ]

  ∪∪_∪_∪__   ]

3 ∪∪__∪∪_   ]

  ___∪∪_∪_   κ]αθημένη

5]. ọ[.]π[∪]μας
  ___] καὶ ὑπέρ[μορ᾽ ἄχθε]ται πατρί,

⟨—⟩

ol 2? B′? ἰκ[ε]τεύει δὲ κα[__
  χ[θ]ονίας τάλαι[ν᾽ Ἀρὰς] ọ̄-
3 ξ[ύ]τερόν νιν τελ[έσαι
10 γῆρας καὶ κατάρατ[ον . . . .]ν
(5) μούνην ἔνδον ἔχω[ν ∪_
  λε]υκαὶ δ᾽ ἐν [κ]εφαλ[ῆι . . . . τ]ρίχες.

⟨—⟩

20 A metri causa correctum: 14 χαλκ{ε}ομίτραν, 22 Ποσειδα-
ονίας: -αωνίας, 8 δξ. initio v. 9 scriptum, 31 ἔμολεν ad versum
sequentem trahendum est. — Ionicos agn. Maas, qui conf. Aesch.
Ag. 744—6, idemque initia stropharum statuit.
20 A 5]ΝΟ[pot. qu.]ΙC[sim. | δέ]μας Sn. || **6** Ρ[pot. qu. Ι[sim. |
suppl. Sn. cf. Hes. theog. 155 σφετέρωι δ᾽ ἤχθοντο τοκῆϊ | fortasse
fr. 34 et 'new fr.' 3 adiungenda:

κ[	]τε .[	κ]αθημένη
ἐχθ[	]νọ[. . . .]π[	]νω[	]μας
τοξ[	]καὶ ὑπερ[	]. τ .[	]ται πατρί

7 ΙΚ[, ΙΜ[sim., vix Δ[|]τ vel]Γ | ἰκετ. H. Fränkel | καμόντων
vel καλοῦσα Maas καμοῦσα Sn. || **8** χ[ρ]ο propter spatium legi
non potest | ΑCΤΑΛΛΙ | **8** fin. et **9** suppl. Maas Κῆρας vel Ἐρινῦς] |
στυγερόν Sn. || **9** ΟΞ[pot. qu. CΤ[esse affirmat Maas adnuenti-
bus Milne, Roberts, Skeat |]Γ vel]Τ | ΡΌΝ || **10** Ρ, Ι, Τ, Γ sim. |
ΚΑΤΑ |]Ν pot. qu.]ι | ἤνυσε ζόη]ν vel εἴλκυσεν βίο]ν Maas ὅστ᾽
εἴργει κόρη]ν Kapp || **11** Ω[potius quam Ο[vel Є[| κόρην Maas
γάμων Kapp || **12** suppl. Hunt | ΚΑΙ | λ[ᾶι Hunt, λ[ῆι Sn., cf.
p. XIX | μένουσί νιν Kapp γένοιντό οἱ vel γενήσονται Sn. γένοντό
οἱ Maas | Schol. ὑπὸ πατρὸς ἐν [οἴκωι ἐχομένη γηράσεται vel sim.

93

Γ″?   Ἄρ]ερς χρυσολόφου παῖ[-
        δα] λέγουσι χαλκ{ε}ομίτραν
  15 3 τα]νυπέπ'λοιο κόρης
  (10) Εὐ]εανό[ν] θρασύχειρα καὶ μιαι[φόνο]ν
      Μ]αρπήσσης καλυκώπιδος
      τοι]οῦτον πατέρ' ἔμμεν· ἀλλά ι[ιν] χρόνος
    ⟨—⟩
Δ′?   ἐδά]μασσε κ'ρατερά τ' ἔκ-
  20 δικος ο]ὖ θέλοντ' ἀνάγκη{ι}.
  (15) 3 ◡◡——   ]ελίου
       ———◡◡   ]εν Ποσειδαωνίας
    ἵππους _◡◡   ]ας ἐλαύ-
    νων ″Ιδας Ἀφάρ]ητος ὄλβιον τέκος.
    ⟨—⟩
Ε′? 25 ἐθέλουσαν δ]ὲ κόρην ἥρ-
  (20) πασεν εὐέθει]ραν ἥρως·
    3 ◡◡——◡◡   ]τον

23 Schol. CE³BT *I* 557 Ἴδας ὁ Ἀφαρέως μὲν παῖς κατ' ἐπίκλησιν, γόνος δὲ Ποσειδῶνος, Λακεδαιμόνιος δὲ τὸ γένος, ἐπιθυ-
μήσας γάμου παραγίνεται εἰς Ὀρτυγίαν τὴν ἐν Χαλκίδι καὶ ἐν-
τεῦθεν ἁρπάζει τὴν Εὐηνοῦ θυγατέρα Μάρπησσαν· ἔχων δὲ ἵππους
Ποσειδῶνος ἠπείγετο. ὁ δὲ Εὐηνὸς εἰς ἐπιζήτησιν ἐξῆλθε τῆς θυ-
γατρός ... οὗτ(ως) δὴ Σιμωνίδης (= fr. 216 B.⁴; sic CE³B: ὡς διά-
σιμον [i. e. διάσημον, quod probat Robert, Gr. Myth. 1, 312, 2]
οὖν T) τὴν ἱστορίαν περιείργασται. cf. Apollod. 1, 60 sq. et ad c. 20.

13]..ΟC,]..CE,]..ΘΟ sim. Ἄρεος Sn. | ΑΙ.[, ΑΝ[sim., certe
non ΑΤ.[παῖδα Maas, Sn. ‖ **14** ποιοῦσι legi non potest, nam tertia
litt. non Ι, sed Τ vel pot. Γ erat | ΚΕΟΜ: Sn. | ΡΑΝ ‖ **15** sq. Hunt ‖
16]ὲλ | CΥΧ | **18** ΟΫ̈ | ΤΕΡ'ΕΜΜΕΝ̇ːλλλά | Ν[, Μ[, ι[sim. ‖
19 Hunt, Sn. | CCΕΝ: Ν del. Ρ¹ | ΕΡᾹ | Schol. *Πτολ(εμαῖος·)*
καρτε[ρ.....]ειν | ΤΕΚ potius quam ΤΕΚ' (Hunt) τ' ἔκ | [δικος
Sn. cf. AP. 12, 35, 3 χρόνος ἔκδικος; ἐκ [Διὸς Maas, quod brevius
spatio vid. esse ‖ **20** ΓΚΗΙˑ: ΓΚΑΙ Ρ¹, {ι} H. Fränkel, cf. *Χρόνος* u.
ad Ἀνάγκη Orph. fr. 54 K. (Maas); ad κρατερὰ ἀνάγκη cf. Ζ 458.
Bacch. 11, 46. fr. mel. chor. ad 1017 P. ‖ **21**]ε vel]c | ὀτραλέως
δ' ἀελίου (G.-H.) ‖ **22** τέλλοντος πέλασεν e. g. Sn. | ΑΟΝ: Sn. cf.
AP. 6, 4, 5 Ποσειδαώνιον ‖ **23** ἵππους ὠκυδρόμας (cf. 5, 39) ἐλαύ-
νων | **24**]Ν,]Η pot. qu.]ι | suppl. Maas ‖ **25** ἐθ. Maas, δ]ὲ Sn. ‖ **26** ἥρπασε G.-H. |
εὐέθειραν Maas ‖ **27**]Τ vel]Γ

94

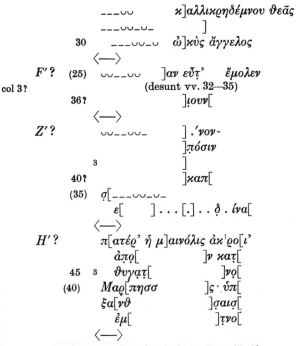

```
                  ___∪∪        κ]αλλικρηδέμνου θεᾶς
                  ___∪∪_∪_                    ]
         30       ___∪∪_∪     ὠ]κὺς ἄγγελος
                  ⟨—⟩
F'?      (25)     ∪∪__∪∪      ]αν εὖτ' ἔμολεν
col 3?                        (desunt vv. 32—35)
         36?                  ]ιουν[
                  ⟨—⟩
Z'?               ∪∪__∪∪_     ] .'νον-
                                     ]πόσιν
              3                      ]
         40?                         ]καπ[
         (35)     σ[___∪∪_∪_
                       ε[     ]...[.]..ὅ . ἵνα[
                  ⟨—⟩
H'?               π[ατέρ' ἤ μ]αινόλις ἀκ'ρο[ι'
                       ἀπο[            ]ν κατ[
         45   3        θυγατ[          ]νο[
         (40)     Μαρ[πησσα           ]ς · ὑπ[
                  ξα[νθ                ]σαισ[
                  ἐμ[                   ]τνο[
                  ⟨—⟩
```

col 3 = fr. 5 col. 2, fr. 10, 11 + 15 + 17, 42.

28 AC· vel AC | sc. Artemidis? cf. schol. D *I* 557 (*Ἴδας*) ἥρπασε τὴν κόρην χορεύουσαν ἐν Ἀρτέμιδος | pro -κρηδ- fort. -κραδ- scrib., cf. 13, 222; incert. 11, 98. fr. 20B 11, sed v. p. XIX || **30** Schol. κ[α]λλισφύραν quo verbum quoddam explanatur lacuna deperditum; temptes: τανίσφυρον (G.-H.) vel potius καλλίσφυρον _∪ ὠ. (Diehl) cf. inscript. arcae Cypseli (Paus. 5, 18, 2) *Μάρπησσαν* *καλλίσφυρον*, *I* 557 et 560 (Sn.) || **31** ΕΥΤΕ pot. qu. ΕΥΓΕ | ἔμολεν ad vers. sequ. trahendum est || **36—40**: fr. 10 propter speciem papyri ad hanc columnam pertinere videtur neque obstant metra v. 38 excepto, ubi ποσ⟨σ⟩ίν coniceres nisi accentus extaret; fortasse dissolutio elementi longi agnoscenda (... ∪⌣_|), cf. Pind. pae. 6, 131. 149. 176, aut colometria eadem atque v. 8, cf. p. XXXI (Sn.) || **38**]π pot. qu.]M || **42**]πιε[,]πισ[,]προ[, sed incertissima | ΔΟΙ vel ΑCΙ sim., non ΗCΙ || **43—47** Sn. || **43** ΟΛ | sententia fort.: χολή]π[ατέρ' ἤ μ]αινόλις ἄκροι' ἀπ' ὅ[ρεος ∪_]νκατ[ῶσεν (Schadew., Sn.), nisi θυγάτηρ ... *Μάρπησσα* (45 sq.) subi. est || **44** Ο[, ε[sim.? | Τ[, Υ[sim. || **45** Ο[, ε[|| **46** Ρ[, Ι[, M[, Ν[sim. | π[, vix Ν[, M[|| **47**]C vel]ε | C[, Ο[, ε[, Θ[|| **48**]Τ,]Γ

Θ'?   π[   ] καὶ . [
     50   μο[   ]
   (45) 3   δο[
               χέσ[
               σει[
               · · [
               ⟨——⟩
Γ'?   55   δρα[   ]α σ[
   (50)   [   ]αν χαρ[ι

*20 B (27)

col 4?   [ΑΛΕΞΑ]Ν[ΔΡΩΙ ΑΜΥΝΤ]Α

metrum: dactyloepitr. (cf. p. XXVI)
        1.5.9.5   6   23?
        ‿D‿e‿|D‿e‿|³D‿e‿|E‿e|||

A'   Ὦ βάρβιτε, μηκέτι πάσσαλον φυλάσ[σων
          ἑπτάτονον λ[ι]γυρὰν κάππαυε γᾶρυν·
          δεῦρ᾽ ἐς ἐμὰς χέρας· ὁρμαίνω τι πέμπ[ειν
          χρύσεον Μουσᾶν Ἀλεξάνδρωι πτερόν
          ⟨——⟩
B'   5 καὶ συμποσ[ίαι]σιν ἄγαλμ᾽ [ἐν] εἰκάδεσ[σιν,
          εὖτε νέων ἁ[παλὸν] ᵢγλυκεῖ᾽ ἀᵢνάγκα
          σευομενᾶν κᵢυλίκων θάλπηιᵢσι θυμᵢόν,
        8 Κύπ'ριδός τ᾽ ἐλπᵢὶς ⟨δι⟩αιθύσσηι φρέᵢνας,
          ⟨——⟩

20 B Athen. epitom. 2, 10 p. 39 E (de vino sensus hominum
mutante) διὸ Βακχυλίδης φησί· γλυκεῖ᾽ ἀνάγκα (6) − κέαρ (16).

20 B = fr. 1 + 2 + 3 + 22 + 39? (frr. 1, 2, 3 uni col. attribuerunt G.-H.)

52 C[, Θ[, O[, Є[, Ω[‖ 55]AC[,]ΛO[sim. ‖ 56 P[pot. qu. I[sim.
20 B 1 ΛΛ vel ΛΛ | C[incertiss. ‖ 3 ΧΕΡΑC· ‖ 5 -σίοισιν (G.-H.)
vel -σίαισιν (Maas) | ἄγαλμ᾽ [ἐν] εἰκάδεσσιν G.-H. ἄγαλμ[α κ]εἰκ.
Maᵤₛ. sed cf. Wil. Pind. 141, 1 ‖ 6 ἁπαλὸν Maas, cf. Archil. 112 D.
ἀταλὸν Erbse, cf. Pind. N. 7, 91 ‖ 7 σευομενα Athen. | NᾹN |
]ICI: P¹, Athen. (i. e. θάλπηισι: -πησι P¹) cf. 19, 4 ‖ 8 Κύπριδος
ἐλπὶς δ᾽ αἰθύσσει Athen. ⟨δι⟩αιθύσσει Erfurdt, Barrett, quod
certe non erat in P: -θύσσηι Bl.

Γ′ ἀμμειγνυμέ˳₍α Διονυσίοισι⌋ δώροις·
10 ἀνδράσι δ᾽ ὑψο˳τάτω πέμπει⌋ μερίμ˳₍ας·
αὐτίκ˳₍α⌋ μὲν π˳ολίων κράδ˳εμνα ˳λύει,
πᾶσ˳₍ι δ᾽ ἀνθρώποις μοναρ⌋χήσ˳₍ειν δοκεῖ·
⟨—⟩

Δ′ χρυ˳₍σ⌋ῶ˳₍ι δ᾽ ἐλέφαντί τε μαρμ˳₍αίρ˳ουσιν οἶκοι,
πυροφ˳όροι δὲ κατ᾽ αἰγλάεντ˳₍α πό˳₍ντον
15 νᾶες ἄγρ˳₍υσιν ἀπ᾽ Αἰγύπτου μέγιστον
πλοῦτον· ὡς ˳πίνοντος ὁρμαίνει κέαρ.
⟨—⟩

Ε′ ὦ π[α]ῖ μεγαλ[......]ν[×_ Ἀμύντα
...]εουπ[........]ον[
....]λάχ[ον·] τί γὰρ ἀνθρώ[ποισι μεῖζον
20 κέρδο]ς ἢ θυμῶι χαρίζε[σθα]ι κ[αλά
⟨—⟩
....]φρονο[........]ρά[...]κα[
......]επερ[..].....[..]μ[

9 Ὰ ΜΕΙΓΝ ... 10 ΑΝΔΡΑϹΙΝ P *ἀναμιγνυμένα* (*ἄμμιγν.* Dindorf)
.... *ἀνδράσι δ᾽* Athen. ‖ 11 *αὐτὰς* (*αὐτὴ* C) *μὲν* Athen. │ *κρήδε-
μνον* Athen. *κράδ-* Bergk, v. p. XIX │ *πόλεων* Ath.: Bergk │ ad *λύει*
cf. Ψ 513. *η* 74 (Suess) ‖ 12 cf. Aristoph. equ. 92sqq.; ad dat.
cf. Pind. pae. 4, 29 *μοναρχεῖν Ἄργει* ‖ 14 *αἰγλήεντα* Athen.: Bergk │
πόντον om. Athen., suppl. Erfurdt ‖ 15 *νῆες* Athen. │ *ἐπ᾽*: Musu-
rus ‖ 17 ΜΕΓΛΛ │ hasta post lacunam apparet, quae ad]Υ[vel]Τ[
potius pertinere videtur quam ad]Ι[vel]Ρ[, cum nulla sint vestigia litterae praecedentis; *μεγαλ[οκλεὲς] ὓ[ψαυχέος* Sn.; *μεγαλ[ώ-
νυμ᾽ ἐ]ν[ξείνοι᾽* Schadew. │ *Ἀμ.* Maas ‖ 18]Ϲ vel]Ε? │ in initio
versus spatium angustum vix tres syllabas capit; tamen *ἀελί]ον*
(Maas) vel *ἀερί]ον* paulo brevius spatio vid. esse ‖ 19sq. Sn. ‖
19]ΛΑΧ[accentus positus esse videtur, ne legeretur *λαχόντι.* itaque [ον] supplevit Sn. │ cf. 3, 83 *ὅσια δρῶν εὔφραινε θυμόν·* τοῦτο
γὰρ κερδέων ὑπέρτατον ‖ 20 Ἡ │ Μ vel Ν │ cf. Soph. El. 331
θυμῷ ματαίῳ μὴ χαρίζεσθαι κενά, Theogn. 1223 (*ὀργὴ*) *θυμῷ
δειλὰ χαριζομένη,* Pind. fr. 127 *ἔρωτι χαρίζεσθαι κατὰ καιρόν* cf.
[Sem.] fr. 29, 13 (Sn.) ‖ 20—22 fr. 39 huc traxit Sn. propter
papyri colorem: *χαρίζε[σθα]ι κ[αλά ——]ρά[...]κα[ ]μ[ ]ι[* ‖ 21 Α[
potius quam ι[, certe non Ο[, Ε[, Ω[‖ 22 partes inferiores litt. velut]Ο .. ΟΙ .. │ [*πᾶσιν*] *ἐπ᾽ ἔρ[γμασιν ἀνθρώπων ἐφέρπει* e. g.
Schadew. cf. Eur. Alc. 269 │ potius]Μ[quam]Ν[│ *Ἀιδου* in fine
versus H. Fränkel

ΒΑΚΧΥΛΙΔΟΥ

```
         . . . . . .]φης σκότος· ὀλβ[__ᴗ__
           οὔτις] ἀνθρώπων διαισ[__ᴗ_
          ⟨—⟩
Z'    25 αἰῶ]νος· ἴσας δ' ὁ τυχὼν [ᴗ_ᴗ__
col 5?    ·]σ[      ]αταιτοσα[
          ·]ε[  ᴗᴗ ]ον θέμεθ[λ_×_ᴗ__
           θυ[ᴗ_×_] ποτε τ'ρω[_ᴗ_
          ⟨—⟩
H'    θα[ _ᴗᴗ      ]αν ζαθερ[×_ᴗ_ᴗ
      30 μν[ _ᴗᴗ_    ]ατε δη κα[
          _ᴗᴗ    ἠ]μίθεοι[ ]π[
          ]νσυνβ[      ]ηκιτ[ ]ου[   ⊠ ?
⊠ ?      ]ς ὅταν μ[     ]κλ . [
          ]ὰς οἴνω[ι     ]οχὰ[
      35  ]ι· τί γὰρ [     ε]κκα[
```

(desunt vv. 36—46)

ad hanc columnam pertinere videntur:

fr. 37	fr. 40	fr. 14	fr. 16
] . [	]νεια[	]οεσσα[	]ς
]νουσα[	]ντερ[	]ιν·	]εχε[
]τ' ἀγ[		]μᾶς	] . ॢα[
			]ην
			]

23 ϲε, θε, εϲ sim. | ἀμφιλαφὴς σκότος Milne; alia adiectiva
in -νεφής, -κνεφής, -δνεφής exeuntia se offerunt | τοϲ· ολαβ[‖
23sq. ὄλβον δ' ἔσχε πάντα οὔτις ἀνθρώπων e. g. Sn. cf. 5, 53.
fr. 54. (fr. 25). Sappho 16, 21 L.-P. *[ὄλβιον (Milne)] μὲν οὐ δυνα-
τὸν γένεσθαι [πάμπ]αν (Sn.) ἄνθρωπ[ον (Milne)]. Eur. Stheneb. 1 ‖
24 οὔτις vel εἴτις spatio convenit; κεῖνος, ὅστις, ἔστιν sim. lon-
giora spatio | διαὶ σ[υχνὸν χρόνον Sn. coll. Aesch. Ag. 553 ‖
25 suppl. Sn.; propter colorem pap. fort. huius v. est fr. 45, ita
ut legendum sit ὁ τυχὼν [τῶ]ν εὖ [sc. καὶ τῶν κακῶς ὄντων μοίρας
(Sn.) ‖ col 5 = fr. 25, 20 + 23, 26, 12 ‖ 26]αται̣τ,]αιλιτ sim. ‖
27 εμ | i. e. [λον vel [λα ‖ 29 ο[pot. qu. Ω[‖ 32—35 init. =
fr. 26 quod dubitanter hic posuit Sn. ‖ 32 σὺν β[vel συμβ[cf.
20C, 6 ϲυνποταιϲ | κιτ vel κτ vel κιζ

98

(47?)   δρ . . [

στεφαναφο[ρ

τότε νέων ὁμοφ[

(50?)   δ᾽ εὐλύραι τε Φοί[βωι

*20 C

col 6?   [Ι]ΕΡΩΝΙ [ΣΥ]ΡΑΚΟΣΙΩΙ

metrum: dactyloepitr. (v. p. XXVI)

_ D _ E _ [e _] |³e _ D _ e _ |⁵D|⁶ _ E _ [. . .?] ||||

A'   1 Μήπω λιγναχ[έα_ _

βάρβιτον· μέλλ[ω π]ολ[υ_ _◡_ _

3 ἄνθεμον Μουσᾶ[ν ῾Ι]έρων[ι ◡_

ξανθαῖσιν ἵπποις

5 5 ἱμ]ερόεν τελέσας

6 κα]ὶ συμπόταις ἄνδρεσσι π[έμπειν

⟨—⟩

B'   1 Αἴ]τναν ἐς εύκτιτον, εἰ κ[αὶ

πρ]όσθεν ὑμνήσας τὸν [_ _ _◡_ _

3 πο]σσὶ λαιψ[η]ρο[ῖ]ς Φερ[ένικον ἐπ᾽ Ἀλ-

10   φ[ει]ῶι τε ν[ί]καν

5 ἀγ[δ]ρ[ὶ χ]αριζόμενος

6 ει[. . . . . . .]εανθυ[_◡_ _

⟨—⟩

20C, 1—24 = fr. 4 + 46 + 13 + 27 + 24 + 33 + 48 (fr. 24 hoc loco ponendum esse coniecit Edm., sed nunc cum ceteris coniunctum est); v. 28sqq. = fr. 7 + 8, 9, 28, 32?

47—50 = P fr. 12 ‖ 47 ΔΟΝΕ[, ΔΕΑⅠC[sim. ‖ 48 Ο[, Ω[, Ε[‖ 49 ΝΕΩ: ΝΕΩΝ P¹ ‖ sententia fuisse vid.: παιὰν στεφαναφόρων ἔκλαγγε τότε νέων ὁμόφωνος (vel ὁμοφρόνων)· ἔμελπον δ᾽ εὐλ. τε Φοίβωι καὶ Μούσαις (Sn.) | fort. hic finis carminis erat (cf. 17, 124sqq. etc. Herm. 67, 1932, 10sqq.)

20 C 1 Χ[, vix Λ[, Δ[sim. | κοίμα Maas κρήμνα Edm. ‖ 2 fr. 48 (2 ΟΛ, 3 ε) c. dub. huc traxit Sn. | πολυφθόγγων τι καινόν Sn. ‖ 3 τ᾽ ἐπί H. Fränkel cf. Pind. O. 11, 13. 14, 16 etc. τε καὶ Maas ‖ 6 CΥΝΠΟΤ ‖ 7]Τ vel]Γ | ΕΫΚΤΙΤΟΝ· ‖ 8 ἐξευρόντα Πυθοῖ Barrett, unde ἐν Δελφοῖς ϑ᾽ ἑλόντα Sn. ‖ 9 Schol. Φερέ[νικος . . .]: τ[ο]υσ[. . .] ‖ 10 φεωι in pap. fuisse spatio indicatur, corr. Körte ‖ 11 Ν[, Ⅰ[sim. |]Ρ[,]Β[| suppl. Sn. ‖ 12 ᾽ὲ | Ⅰ[, Ν[sim., non Η[| ΘΥ[vel ΘΡ[

11*   99

Γ′   1 .ʹ[. . . . . .] ἐμοὶ τότε κοῦραι[
     . . . .] ὅσσοι Διὸς πάγχρ[υσον_ _
15 3 . . . .]μο[ι]ς τίθεσαν μ[◡◡_
     . . . .]ερειπε[
     5 ὅστι]ς ἐπιχθονίων
     6 . . .]ω τὸ μὴ δειλῶι .υναι[_
     ⟨—⟩

Δ′   1 τέχ᾽ν]αι γε μέν εἰσ[ι]ν ἅπα[σαι
     20   μυρία]ι· σὺν θεῶι δὲ θ[α]ρσή[σας ◡_ _
     3 οὔτι]ν᾽ ἀνθρώπων ἕ[τερον καθορᾶι
     λε[ύκι]ππος Ἀώς
     5 τόσσ[ο]ν ἐφ᾽ ἁλικία[ι
     24 6 φέγγος κατ᾽ ἀνθρώπ[ους φέρουσα
     ⟨—⟩

E′ ?   desunt vv. 25—27?
col 7?   tum fortasse hoc modo coniungenda frr. 7 + 8, 9, 28, 32:

     _ _◡_ _   ]
     5 _ χ]αριτε[σ ◡◡]εν·
     30 6 _]σταιπ[◡_ _   ]ον φυ[_ _
     ⟨—⟩

13]ΕΜΟΙ vel ϹΜΟΙ, quod quidem metro non convenit | κοῦραι
potius quam κούρα (G.-H.) ‖ 14 δαίμονές θ᾽ ὅ. Δ. πάγχρυσον οἶκον
Körte, sc. dei poetae faventes; sed nescio an de virginibus
iuvenibusque carmen Bacchylidis Olympiae cantantibus agatur;
temptes: regem honoraverunt σὺν ἐμοὶ τότε κοῦραί τ᾽ ἠίθεοι θ᾽,
ὅ. Δ. π. ἄλσος πᾶν βρύειν κώμοις τίθεσαν (Sn.) ‖ 15 post]ΜΟ
spatium esset litterae *I*, sed nihil video | ἅ]μος Edm. | ϹΤΙ, ΕΥΙ,
vix ΕΠΙ ‖ 16 ΙΠΕ[pot. qu. ΤΗΘ[vel ΓΝΟ[‖ 17 ὅστι]ς (Maas) vel
οὔτι]ς spatium expleret, μοῦνος longius, αἴ τις vel εἴ τις brevius ‖
18 ἔγνω τὸ μὴ δ. συναινεῖν Maas, sed fuit ΔΥΝ, ΡΥΝ, ΓΥΝ, non ϹΥΝ ‖
19 et εἰσ[ι]ν et εἶεν legi potest ‖ 20 θ[α]ρσήσας Maas, Schadew. |
πιφαύσκω Maas, θροήσω Schadew. ‖ 21 οὔτι]ν᾽ ἀνθρώπων π[ρο-
φέροντ᾽ (vel προέχοντ᾽) ἐφορᾶι . . . 24 φέρουσα H. Fränkel, sed 21
Ϲ[vel Ε[vel etiam Ο[, Θ[legendum est; ἕτερον καθορᾶι Schadew.
conferens Pind. P. 2, 60. ad sententiam cf. Eur. Hec. 635. Callim.
h. 3, 249. Sappho fr. 56 L.-P. (Sn.) ‖ 23 -κία[ι (Maas) vel -κία[ς ‖
24 ἀνθρώπ[ων χέοντα Maas ‖ 29]Α vel]Λ | Ε[, Ο[pot. qu. Ω[|
]Ε vel]Ο | Ν·

F′ ?   31 1 __] θεόπο[μπον ἔ]μελπο[ν
                    ]ητεσ[   ]οὗτοι τ[∪__
            3   ]ιαπ[   ]σιως φ[∪∪_
                  __∪__   ]ον·
        35 5 _∪∪_∪   ]εται ι[
            6   ]ις καὶ φύσιν [×_] . ν τὰλ[__   ⊠ ?
                ⟨—⟩
        ⊠ ?   ]ε χαίταν ἐξ[   ]μο[
              π]ολυχρ[υσ   ]αν ἰ-
                  ]μφ[   ]
        (40)   ]γιαμ[

        (42?)   ]ται
                                   ] . ν
                                   ]
        (45?)   ]
                                   ]

                        *20 D

metrum: dactyloepitr. (v. p. XXVI)
e __ _∪∪_[ ]|² _e __ _[ ]|³ _D[ ]|⁴_?_D _d¹[| ?
⁵e _ D|⁶D _ d¹? _ D∪|⁸E _ e[ ]|||

col 1 v. 1   ] . οις

        desunt cetera huius columnae = vv. non minus 27

        6 [_∪∪_∪∪__   ϑ-]

20 D 1—14: pap. Q fr. 1 col. 1 et 2; **17—21**: id. fr. 2 quod huc
traxit Lobel; ‖ **10—12**: accedit P fr. 36. responsiones perspexit
Lobel, paragraphos add. Sn.

32 C[, O[, Θ[, Є[| ΙΤ[pot. qu. Π[‖ **36—39** in. hic posuit Sn.
propter fibras papyri percurrentes ad dextram partem ‖ **35** Ι[
hasta ‖ **36** fort.]ΟΝ ‖ **37** Ο[vel Є[‖ **42—45** huc trahendum esse
veri simile est etiam propter selidem, sed incertum quot versus
interciderint; fortasse **42** sq. = fr. 55 ut vidit Edm., neque obstant spatia ‖ **43** fort.]ΑΝ

20 D col. 1, 1]Λ,]Α

                                        101

col 2   ψόθεν εὐειδὴς ἄλοχος . [∪∪__
        λοισθίαν ὥρμασεν Οἰν[__∪_(_)
        οὐδὲ τλαπενθὴς Νιόβα [∪∪_(_)
    5   τὰν ὤλεσαν Λατοῦς α . [
        3 παῖδες δέκα τ᾽ ἠϊθέους δ[
        κο⟨ύ⟩ρας ταννάκεσιν ἰοῖς · τᾱ[
        εἰσιδὼν ὑψίζυγος οὐραν[
        6 Ζεὺς ἐλέησεν ἀνακέστ[οις
    10 ἄχεσιν, θῆκέν τέ νιν ὀκ¹ριόεντ[α

6 (= fr. 46 Bl.) Gellius N. A. 20, 7: *Homerus pueros puellasque
eius (Niobae) bis senos dicit fuisse (Ω 602), Euripides (fr. 455 N.²)
bis septenos, Sappho* (fr. 205 L.-P.) *bis novenos, B. et Pindarus*
(cf. ad pae. 13) *bis denos.* schol. ad pap. P fr. 'novum' 2 (v. infra
app. crit.): ἀντιλογί]α ἐστὶν περὶ [τοῦ ἀριθμοῦ. Ὅμηρός φησι γ]εγε-
νῆσθαι ἐξ [υἱοὺς καὶ ἐξ θυγατ]έρας, ἑπτὰ καὶ [ἑπτὰ Εὐριπίδ]ης, δέκα
καὶ δ[έκα Βακχυλίδης] καὶ Π[ίν]δαρο[ς. (suppl. Hunt, Lobel, Sn.)

col. 2, 1 ύ-] Lobel ‖ 2 ΑΛ │ Ι[, Π[, Ν[, Κ[sim. │ ὑψόθεν εὐ. ἄλ.
Πάριος τὰν λοισθ. ὥρμ. Οἰνώνα κέλευθον e.g. Lobel qui cf. Lycophr.
Alex. 65 sq. ubi Oenona πύργων ἀπ᾽ ἄκρων se praecipitat; sed idem
potius hic agi putat de Oeneo et Althaea et affert Althaeam ἀγχό-
νηι τὸν βίον καταστρέψαι ap. Diod. 4, 34, 7 (cf. Apollod. 1, 73) ‖
3 ΘΙ´[Δ]ΑΝ, ḢΡΜΑC │ Οἰν[ῆος vel Οἰν[ηίς Lobel ‖ 4 ΟΙΔ : ΟΥΔ Q²? │
ΛΑΠ │ ΟΒΑ̱[│ [πάθ᾽ ἀεί vel πάθεν αἰεί Sn., [τόσ᾽ ἔπασχεν (ἄλγεα)
Maas ‖ 5 ΤΑΝ, τᾶς coni. Maas │ Ι[, Γ[, Ν[, Π[, Κ[; ἀγανοί (-ᾶς)
Sn., tum δίδυμοι Maas ‖ 6 ΔΕΚ │ Τ᾽Η͡Ι │ δ[έκα τ(ε) Lobel, δ[ἀμά-
σαντες καὶ δέκα Sn., δ[έκ᾽ ἀγλαάς τε Maas ‖ 7 ⟨ν⟩ Sn. │ Α̱ │ ΚΕC
e ΚΗC corr.? │ ΙΟΙC· │ ΤΑ̱[, i. e. τὰν │ cum schol. P fr. nov. 2 (v.
supra) ad v. 6 spectet, hoc fr. in hac parte carminis inserendum est:

                ]κάμου[
            ]   *   [*** scholia supra allata
            ]   *   [
            ]   *   [
        5]τρ[.].ομο[(ΤΟ[vel ΤΕ[│]ΡΟΜΕ[vel]ΡΕΜΟ[)

quod ad vv. 6—10 trahendum esse putat Barrett colometria pap. Q
mutata, ita ut legendum sit δ[έκα τ᾽ εὐπλο]κ{άμ}ου[ς θ᾽ ἅμα] │
κούρας ταννάκεσιν ἰοῖς· │ τὰ[ν δὲ πατὴρ] ἐ[ι]σιδὼν │ ὑψίζυγος
οὐραν[όθεν] │ Ζεὺς ἐλήσεν ἀνακέστ[οις κατα]τε[ι]ρομέ[ναν ‖ 8 ΙΔ │
οὐραν[όθεν (Lobel) vel Οὐραν[ίδας (Sn.) ‖ 9 ΑΚΕ │ [οις Lobel │
ἐλέησ᾽ ἐν vel ἐπ᾽ ἀν. Sn. ‖ cf. ΣΑD Ω 602 = Euphor. fr. 102 Pow.
θρηνοῦσαν οὖν τὴν Νιόβην τὸ τοιοῦτο δυστύχημα Ζεὺς ἐλεήσας εἰς
λίθον μετέβαλεν ‖ 10 ΙΝ· │]ΘḢΚ[P fr. 36 │ ΕΝΤΕ │ suppl. Lobel

λᾶαν ἄμπαυσέν τε δυστλάτ[

‾‾‾‾‾
οὐδ[ ] . ωπ[ ] . ε . [.] . . . γις
. . ι . [. . .]οσεν[
14 3 .] . τ . [. . .] . . δα[. . . . . .] . . [

desunt duo versus?

17? 6?] . τρ . . [
      ᴗ]βομα[
    _]επησή[
?
20? _]πομ[
    _]ῶνοσ[

(desunt ante fr. 20 E, 1 non minus vv. 13)

*20 E

metrum: dactyloepitr.

· · ·
]ϑρ[
χά]λκεοι [
6?   ]μέλαν[
      ]ανδ' αἶσα . [
5 (10)   π]άνδωρος αϑαν[

11 ΛᾶΑΝ·ᾱ[Q |].'ΜΠᾱ[P |]ΠΑΥϹΕΝ Q | ΛᾱΤ[δυστλάτ[οι'
ὀδ]υρμο[ῦ Sn. huc trahens P fr. nov. 2, 5; δυστλάτ[ου πάϑας Maas‖
12 . . . . . .] . Ωπ[P (Ωπ vel Ωγ pot. qu. Ωιτ); ΟΥᴧ[. . . . . (.)]!Εᴧ[Q
(fort.].εΝ[, non]π sec. Lobel) |]Λ,]ᴧ,]Α? tum C, Ο, Θ? ιγ,
ΑΤ? post C alias litteras non fuisse neque superficiem papyri
laesam esse Lobel per litteras denuo contendit ‖ 17—21 hic
coll. Lobel propter fibras neque metra obstare videntur ‖ 17]ι
]Ν sim. pot. qu.]ε | Ρε vel ΡΗ ‖ 18 σέ]βομα[ι Erbse ‖ 19 CΗ[‖
21 ῶ

20E pap. Q fr. 1 col. 3, 6—28; 5—10 fin. P fr. 21; paragraphos
add. Sn. ‖ 2 Lobel ‖ 3 έ ‖ 4 Αῖ | ι[, Ν[sim. ‖ 4sq. cf. fr. 24, 5
ά πάνδωρος αἶσα (Lobel) ‖ 5]ᾱ, suppl. Lobel

9?
?——]ηῖταν λέλογχε·
κερ]αυνοβίας ὕπατος[
]αλλ᾽ ἀπ᾽ Ὀλύμπου
3?]ομάχαν
10 (15) Σαρ]πηδόνα πυροφόρ[
]. ενον· χρυσοπ᾽λόκ[
6?]αν φάτιν εἶπαρα. [
]ἀνθρώπ[ο]υς ὁμι[
]ε. σι μὲν ἀθαν[ατ
15 (20)]αι τελευτάν·
?—— ἀ]ενάωι Σιμόε[ν]τι πε[
]..[..]εῖ χαλκῶ[ι].
3?]
]ι χρόνος
20 (25)]νει φρέν᾽ αἴσιο[
6?]. ι θυμὸν α. [
]αλλοῖαι..[
]. α[
· · ·

6 ï vel ῑ? | ᾱ, ληϊτάν Lobel, νηῖταν Lloyd-Jones (cf. Hes. fr. 177, 16 M.-W.?) ‖ 7 ΑΥΝ: Υ fort. deletum | ΒΙᾹϹ᷑ Q, suppl. Lobel | ῞Υπνον δὲ κερ]αυνοβίας ὕπατος [Θάνατόν τε᾽ νιφόεντος ῑ]αλλ᾽ ἀπ᾽ Ὀλύμπου [εἰς τὸν ἀταρβ]ομάχαν (cf. 16, 28) [Σαρ]-πηδόνα πυροφόρ[ου᾽ Λυκίας ἀγού]μενον e. g. Sn. ‖ 8 ῑ]αλλ᾽ inter alia prop. Lobel | 9]ο pot. qu. alia litt. | ΑΧᾹ | schol. P]ΟΝ· ‖ 10]π,]ρ, vix]ο; itaque nisi Τενθ]ρηδόνα obscuriorem hic nomi-navit B., restat Σαρ]πηδόνα, quod legi posse affirmat Lobel; cuius τέμενος ἀρούρης πυροφόροιο commemoratur M 314 (Sn.) |]ΟΡ[Ρ ‖ 11]ι,]Μ sim. | ΛΟΚ[fort. χρυσοπλόκ[αμος δ᾽ Ἑκάεργος —]αν φάτιν εἶπ᾽ (Sn.) ‖ 12 ΠΑΡ e ΠΕΡ corr. Q²? | Τ[, Ζ[, Π[, Ξ[pot. qu. Ν[, Μ[alia? ‖ 13 Ι[, Η[sim. ‖ 14]ΕΡϹ vel]ΕϹϹ, vix]ΕΙΤ | suppl. Lobel ‖ 15 ᾱΝ· ‖ 16 suppl. Lobel | ἀλλ᾽ ὅ γ᾽ ἐπ᾽ ἀ]εν. Σιμ. πέ[-σεν᾽ δαμεὶς περ]ὶ ν[ηλ]έι e. g. Sn. | Νᾱ ‖ 17]ι,]Η,]Ν, tum Ν[, Μ[, Π[pot. qu. ι[sim. | fin. suppl. Lobel ‖ 20 ΙϹΙ in ΙΓΙ aut ΙΓΙ in ΙϹΙ corr. Q¹, sed φρέν᾽ αἴγιο[χ metro vix convenit (cf. p. XXIV de ancipitibus brevibus); Lobel monet propter elisionem non nota-tam fort. adi. φρεναίσιος hic fuisse, sed deesse has notas etiam in v. 8. atque expectaveris ΦΡὲΝ vel ΦΡΕΝΑΙ ‖ 21]Ο,]Ε, vix]Ρ | ι] sim. ‖ 22 ΟῙ | ΠΑ[, ΓΙΛ[sim. ‖ 23]Γ,]Τ?

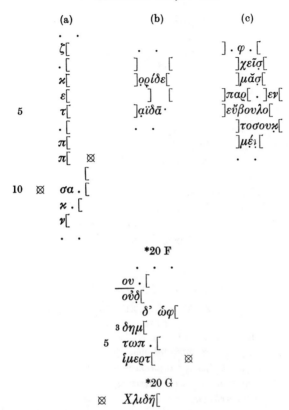

(a)   (b)   (c)

ζ[

.[

κ[

ε[

5   τ[

.[

π[

π[

[

10   σα.[

κ.[

ν[

]ορίδε[

]αϊδᾱ·

] . φ . [

]χεῖσ[

]μᾰσ[

]παρ[.]εν[

]εΰβουλο[

]τοσουκ[

]μέ↗[

*20 F

ου.[

οὐδ[

δ' ὠφ[

3 δημ[

5 τωπ.[

ἱμερτ[

*20 G

Χλιδῆ[

20E (a) = Q fr. 3   **2** A[, Λ[? ‖ **6** Ω[pot. qu. M[? ‖ **8** sub hoc v. coronis ‖ **9** inscriptio novi carminis *ἐν εἰσθέσει* ‖ **10** I[, M[, P[, A[, Λ[sim. | Pind. P. 4 incipit a *σάμερον* ‖ **11** A[, Λ[, Δ[

(b) = Q fr. 4   **3** *ἐξ Ἀΐδα* 5, 61

(c) = Q fr. 5, sed incertum an ad eandem pap. pertineat **1**]Ο,]Ω? | A[, Λ[

20 F et **G**: pap. Q fr. 6, 1—12. non sine dubio hoc fr. Lobel papyro Q attribuit, atque deest inscriptio fr. 20G, exstitisse autem vid. fr. 20 E (a) 9

20 F **3** Δ'῾Ω΄Φ[‖ **5** A[, Λ[; coronis sub hoc versu sec. Lobel, sed sub v. 6 eam esse Barrett cogn. e tab. V Ox. Pap. vol. 23.

20 G **1** Ĥ[

μαλ . [
3 λεύκα[
ηϑοσε . [
5   5 ἔρωτιδ[
ἤ σεξ[

. . .

*21 (28)

metrum: *3 tr | 2 tr | 2 tr*ʌ ||||?

Dioscuri ad cenam vocantur

οὐ βοῶν πάρεστι σώματ᾽, οὔτε χρυσός,
οὔτε πορφύρεοι τάπητες,
ἀλλὰ θυμὸς εὐμενής,
Μοῦσά τε γ᾽λυκεῖα, καὶ Βοιωτίοισιν
5   ἐν σκύφοισιν οἶνος ἡδύς.

ΕΞ ΑΔΗΛΩΝ ΕΙΔΩΝ

22 (33) = fr. 4, 21–25
23 (34)

metrum: dactyloepitr.? eD | D_(?) || e__⌣⌣_ . . .

de dis immortalibus:

οἱ μὲν ἀδ᾽μῆτες ἀεικελιᾶν
† νούσων εἰσὶ καὶ † ἄνατοι,
οὐδὲν ἀνθρώποις ἴκελοι.

20 G 3 acc. incertus || 4 τ[? || 6 Ħ i. e. ἤ σ᾽ ἐξ[vel ἤ σε ξ[

21 Athen. 11, 101 p. 500 A: μνημονεύει δὲ τῶν Βοιωτικῶν (-τίων Kaibel) σκύφων B. ἐν τούτοις, ποιούμενος τὸν λόγον πρὸς τοὺς Διοσκούρους, καλῶν αὐτοὺς ἐπὶ ξένια · Οὐ κτέ. videntur exigui carminis exiguae strophae fuisse; ad Paroenia rettulit Neue; titulum ῾εἰς Θεοξένια Διοσκούροις᾽ prop. et hyporchematis attribuit Wil. ms., v. p. LIII.

23 Clem. Al. Strom. 5, 110, 1 (715 P.) ἀκούσωμεν οὖν πάλιν Βακχυλίδου τοῦ μελοποιοῦ περὶ τοῦ θείου λέγοντος · Οἱ κτέ. (it. Euseb. Praep. ev. 13, 679) || 1 ἀδμᾶτες Boeckh | ἀεὶ· καὶ λίαν Clem. ἀεικελίων Eus.: ἀεικελιᾶν Neue || 2 εἰσὶ νόσων Bgk. | ἀναίτιοι Clem. Eus.: ἄνατοι Schäfer || 3 εἴκελοι Eus. cf. Pind. fr. 143

24 (36)

metrum: dactyloepitr.: _E ‖ _ E_ | E ‖ e_ D_ | E_ |

θνατοῖσι δ᾽ οὐκ αὐθαίρετοι
οὔτ᾽ ὄλβος οὔτ᾽ ἄκ'ναμπτος Ἄρης
οὔτε πάμφθερσις στάσις,
ἀλλ᾽ ἐπιχ'ρίμπτει νέφος ἄλλοτ᾽ ἐπ᾽ ἄλλαν
5 γαῖαν ἁ πάνδωρος Αἶσα.

25 (3)

metrum: dactyloepitr.: _e_ D |_ e_ ‖_ e_ D | E_ e

παύροισι δὲ θ'νατῶν τὸν ἅπαντα χρόνον δαίμων ἔδωκεν
πράσσοντας ἐν καιρῶι πολιοκ'ρόταφον
γῆρας ἱκ'νεῖσθαι, πρὶν ἐγκύρσαι δύᾳ.

26 (35)

οὐ γὰρ ὑπόκλοπον φορεῖ βροτοῖσι φωνάεντα λόγον
† ἔστε λόγος † σοφία.

27 (37)

πλατεῖα κέλευθος.

28 (7) = 1,13sq.

24 Stob. Ecl. Phys. 1, 5, 3 (1, 74 W.-H.): *Βακχυλίδου* ‖ 1 *θνη-τοῖς*: Neue ‖ 2 *ἄκαμπτος*: *ἀγναμπτος* Bgk., *ἄκν.* Sn., cf. nunc 9, 73; Pind. pae. 6, 88; dith. 3, 12 ‖ 5 *γᾶν*: Boeckh

25 Clem. Al. Str. 6, 14, 3 (745 P.): *Βακχυλίδου τε εἰρηκότος·* *Παύροισι κτέ.* ‖ 1 *παρ᾽ οἷσι*: Steph. | *θνητῶν*: Neue | *τῶ δαίμονι δῶκε*: Neue (ὁ δ. ἔδ. Ursin.), cf. 9, 26 ‖ 2 *πράσσοντα*: Sylb. *περά-σαντας* Wil., Kl. Schr. 4, 607 sq. | ∼ fr. 34? ‖ 3 cf. Hesych. *πρὶν ἐγκύρσαι· πρὶν πλησιάσαι τῆς κακοπαθείας.* cf. fr. 20 B, 23 etc.

26 Clem. Paedag. 3, 100, 2 (310 P.) *ὥς φησι Β.* | *γὰρ* secl. Wil. TGgrLyr. 7, 1 | *ὑποκλόπων* Schw. Herm. 39, 639 | *ἔστᾶι* P (ε superscr. P¹), *ἔστι δὲ λόγος* in marg. P². *θεσπιῳδός* Schw.; *ἐς τέλος* Wil. (,vix recte' Wil. ms.).

27 Plut. Num. 4, 11 (III 2, 61 L.-Z.) *εἰ δὲ λέγει τις ἄλλως, κατὰ Β. πλατεῖα κέλευθος.*

29 (38)

μελαμβαφὲς εἴδωλον ἀνδρὸς Ἰθακησίου.

30 (39)

metrum: dactyloepitr.: E__D__

τὰν ἀχείμαντόν τε Μέμφιν
καὶ δονακώδεα Νεῖλον.

31 (40) = fr. 1 B   32 (42) = 18, 2

33 (43)

metrum: iambi sec. Priscianum, sed vid. fuisse __E__d¹

χρυσὸν βροτῶν γνώμαισι μανύει καθαρόν.

34 (44)

metrum: dactyloepitr.: __e__D|e

ὀργαὶ μὲν ἀνθρώπων διακεκ'ριμέναι
μυρίαι.

29 Lex. Rhet. ap. Et. Gen., Etym. M. 296, 1, Bachm. Anecd.
I 208, 13, Lex. Sabb. 14, 21, Sud. εἰδ. (schol. B rec. in Il. *E* 449):
εἴδωλον· ... σκιῶδες ὁμοίωμα, ἢ φαντασία σώματος, σκιά τις ἀεροειδής, ὡς καὶ Βακχυλίδης κτέ. | μελαμβαφές Sud. Schol. Il.: μελαγκεθές Etym. Gen. et M., Ba. (μελαγκευθές Neue, cf. nunc 3, 55?).
30 Athen. epitom. 1, 36 p. 20D: Μέμφιν . . ., περὶ ἧς *B*. φησί
κτέ. Hor. c. 3, 26, 10 conf. Festa. fuisse suspicatur Bl. carminis
13, str. ant. 4 sq.: τὰν ἀχείμαντόν τε Μέμφιν ⫶ καὶ ⟨τὸν⟩ δονακώδεα Νεῖλον cf. v. 181sq.: καὶ πολύπλαγκτον θάλασσαν ⫶ καὶ μὰν
φερεκυδέα νᾶσον (et. 202 σὺν δίκαι. βροτῶν δὲ μῶμος). locus
autem his erat vel in str. α' v. 4 sq. (sed vix probabile ibi fuisse)
vel in ant. α' v. 16 sq., vel in str. β' v. 37 sq. (ut ad Herculis expeditionem Aegyptiacam referrentur) vel in ant. ζ' v. 214 sq. (ut
generaliter dicerentur de gloria late sparsa, etsi eius argumenti
locus 9, 40 sq. ab his differat).
33 Priscian. Metr. Ter. Keil gr. lat. 3, 428, 21: *Similiter Bacch.*:
Χρυσὸν κτέ. *Hic quoque iambus* (ut Pind. fr. 178) *in fine tribrachum habet.*
34 Hesych. δ 2017 (e Didym. λεξ. τραγ.) δίχολοι· διάφοροι.
Ἀχαιός (fr. 39 N²) Καταπείρα· δίχολοι γνῶμαι (διχολογνωναι cod.)
. . . χόλος γὰρ ἢ ὀργὴ καὶ ⟨ὀργὴ ὁ⟩ τρόπος· *B*. (Βακχύλιδος cod.)
ὀργαὶ — μυρίαι. Zenob. vulg. 3, 25 Gotting. (deest in Athoo): δίχολοι
γνῶμαι . . . χόλος γὰρ ἢ ὀργή, ὀργὴ δὲ τρόπος. B. ὀργαὶ — μυρίαι.
Erotian. 102, 4 Nachm. (= Schol. Hipp. π. χυμῶν 5, 484 Littré)
ὀργὰς γὰρ τοὺς τρόπους ἐκάλουν οἱ ἀρχαῖοι, ὡς καὶ Ἀλκμάν φησιν·
ἐν μὲν ἀνθρώπῳ ὀργαὶ κεκριμέναι μυρίαι. cf. Bgk. 3⁴, 193. Pind.
fr. 104ᶜ, 7 | ∼ fr. 25, 2?

35 (45)

metrum: dactyloepitr.: E

πλήμυριν πόντου φυγών.

36 = 13, 208.   37—37 B = fr. 54—56

38 (50)

ut egregius pictor vultum speciosum effingit, ita pudicitia
celsius consurgentem vitam exornat.

39 (51)

πυργοκέρατα

40 (53)

Φοινίκη (= Caria)

41 (54)

Schol. Ar. Av. 1536: Εὐφρόνιος (fr. 27 Strecker)· ὅτι Διὸς θυγάτηρ ἡ 'Βασίλεια', καὶ δοκεῖ τὰ κατὰ τὴν ἀθανασίαν αὕτη οἰκονο-
μεῖν, ἣν ἔχει καὶ παρὰ Βακχυλίδηι ἡ Ἀθηνᾶ, τῶι Τυδεῖ δώσουσα
τὴν ἀθανασίαν.

42 (55)

Schol. Pind. Ol. 1, 40a: ὁ δὲ Β. τὸν Πέλοπα τὴν 'Ρέαν λέγει
ὑγιάσαι καθεῖσαν διὰ λέβητος (ἐγκαθεῖσαν πάλιν τῶι λέβητι ci. Bgk.)

35 Et. Gen. B (Miller p. 258) = Et. M. 676, 25: Πλημμυρίς . . .
εἰ μέντοι ὄνομά ἐστιν, εὔλογον βαρύνεσθαι αὐτὸ διὰ τὴν παρὰ Β.
αἰτιατικήν, οἷον· Πλήμμυριν κτέ. (alt. μ del. Wil. ms.; cf. 5, 107).

38 Ammian. Marc. 25, 4, 3: *Item ut hoc propositum validius fir-
maret (Iulianus), recolebat saepe dictum lyrici Bacchylidis, quem
legebat iucunde, id adserentis, quod ut — exornat.*

39 Apollon. de adv. p. 183, 15 Schn. ὃν τρόπον καὶ ἐπ' ὀνομά-
των μεταπλασμοὶ γίνονται, καθάπερ . . . τὸ πυργοκέρατα παρὰ Β.

40 Athen. 4, 76 p. 174 F: τούτοις (γιγγραίνοις αὐλοῖς Phoeni-
cum) δὲ καὶ οἱ Κᾶρες χρῶνται ἐν τοῖς θρήνοις, εἰ μὴ ἄρα καὶ ἡ Καρία
Φοινίκη ἐκαλεῖτο, ὡς παρὰ Κορίννη (PMG 686) καὶ Β. ἔστιν εὑρεῖν.
cf. E. Schwartz, Ges. Schr. 2, 76.

41 ἣν [ἔχει] ⟨ἐστιν⟩ . . . [τὴν ἀθανασίαν] Kaibel. 'Rem narrant
e Cyclo schol. E 126 (Pherecyd., FGrHist. 3 F 97), schol. Pind.
Nem. 10, 13, bibl. Apoll. 3, 76. Bacch. dum haec narrat Minervam dixerat βασιλείαν ἔχειν h. e. potentiam tantam, ut vel im-
mortalitatem tribuat.' Wil. ms.

43 (58)

Himer. Orat. 27, 30 Col. de Iulide Cei oppido: καὶ Σιμωνίδηι καὶ Βακχυλίδηι ἡ πόλις ἐσπούδασται (quod ad carmen 1 refert Wil. ms.).

44 (60)

Schol. Od. φ 295: *B. δὲ διάφορον οἴεται τὸν Εὐρυτίωνα* (ab Euryto in Pirithoi nuptiis interfecto). *φησὶ γὰρ ἐπιξενωθέντα Δεξαμενῶι ἐν Ἤλιδι ὑβριστικῶς ἐπιχειρῆσαι τῆι τοῦ ξενοδοχοῦντος θυγατρί, καὶ διὰ τοῦτο ὑπὸ Ἡρακλέους ἀναιρεθῆναι καιρίως τοῖς οἴκοις ἐπιστάντος.* cf. Apollod. 2, 5, 5; Eustath. 1909, 61. cf. fr. 66 (P. Ox. 24, 2395)

45 (62)

Schol. Ap. Rhod. 2, 498: *Τινὲς τέσσαρας Ἀρισταίους γενεαλο-γοῦσιν,ὡς καὶ Β.: τὸν μὲν Καρύστου, ἄλλον δὲ Χείρωνος, ἄλλον δὲ Γῆς καὶ Οὐρανοῦ, καὶ τὸν Κυρήνης.*

46 (63) = fr. 24 D, 4sqq.

47 (64)

Schol. Hes. Th. 914: *ἡρπάσθαι δὲ τὴν Περσεφόνην φασὶν οἱ μὲν ἐκ Σικελίας, Β. δὲ ἐκ Κρήτης* ('cf. Solin. 11, 7' Wil. ms.).

48 (65)

Vit. Hom. 5 (p. 29, 7 Wil.) de Homero: *κατὰ δὲ Βακχυλίδην καὶ Ἀριστοτέλην τὸν φιλόσοφον* (fr. 76 R.) *Ἰήτης* (cf. Vit. 6 p. 31, 15 Wil. et Vit. 2 p. 22, 19 Wil.)

49 (66)

Strabo 13, 1, 70 p. 616: *ὁ δὲ Κάϊκος οὐκ ἀπὸ τῆς Ἴδης ῥεῖ, καθάπερ εἴρηκε Βακχυλίδης.*

43 ἡ πόλις: ἡ Ἰουλὶς Wernsdorf

44 δεξάμενος: Δεξαμενῷ Barnes | τοῖς οἴκοις: τοῖς ἐκεῖ Eustath.

45 Χέρωνος LV: Χείρωνος P (e coniectura. cf. Ap. Rhod. 2, 512, qui Aristaeum filium Apollinis a Chirone eruditum esse narrat) | τὸν μὲν Καρύστου ὡς καὶ Βακχ. Hiller v. Gaertringen RE² II 854, 28

48 cf. ad c. 27, 8. cf. Marx, RhMus. 68, 1925, 412 sq.

50 (67)

Ῥύνδακος

51 (68)

ὀρείχαλκος

52 (69)

Tzetzes Theog. v. 80 (Matranga An. 580):

ἐκ δὲ τοῦ καταρρέοντος αἵματος τῶν μορίων
ἐν μὲν τῆι γῆι γεγόνασι τρεῖς Ἐρινύες πρῶτον,
ἡ Τεισιφόνη, Μέγαιρα, καὶ Ἀληκτὼ σὺν ταύταις,
καὶ σὺν αὐταῖς οἱ τέσσαρες ὀνομαστοὶ Τελχῖνες,
Ἀκταῖος, Μεγαλήσιος, Ὀρμενός τε καὶ Λύκος,
οὓς Βακχυλίδης μέν φησι Νεμέσεως Ταρτάρου,
ἄλλοι τινὲς δὲ λέγουσι τῆς Γῆς τε καὶ τοῦ Πόντου.

53 (59) v. c. 15, epod. a'

DVBIA

53a

metrum: dactyloepitr.: D∪|D|

τὸν καλ[ύκεσσι] φλέγοντα
τοῖς ῥοδίνοις στέφανον

50 Schol. Ap. Rhod. 1, 1165a (Callim. fr. 459 Pf.): Ῥύνδακος ποταμός (τόπος codd.: Schaefer e scholio subsequente) ἐστι Φρυγίας, οὗ μνημονεύει B. (‛ Ῥύνδακον ἀμφὶ βαθύσχοινον' aff. Herodian. Il. Pros. ad N 759 sine poet. nom., quod dactyloepitritis optime convenit; Bacchylidi Schneidewin tribuit ap. Bergk PLG 3⁴, 588). de accentu schol. Ap. Rhod. 1, 1165b, sed cf. Herodian.
51 Schol. Ap. Rhod. 4, 973 (Didym. p. 70 Schm.): μνημονεύει (τοῦ ὀρειχάλκου) Στησίχορος (PMG 260) καὶ Βακχυλίδης (cf. Ibyc. PMG 282 (a) 42).
52 cf. argum. carm. 1 (p. XXXIX), Herter, RE s. v. Telchinen 199, 54, cf. p. LIII.
DVBIA: alia frr. quae fort. Bacchylidi tribuenda sunt, inveniuntur in Anthologiae lyricae ab Ernesto Diehl iterum editae vol. 2, p. 203sqq. et in PMG 918sqq.
53a Plut. quaest. conv. 3, 1, 2 p. 646A; versus agnovit Xylander; Simonidi vel Bacchyl. attribuit Wil. Herm. 60, 1925, 305; sed ad elegiam refert Robertson, Cl. Rev. 65, 1951, 17 ‖ 2 ταῖς Wil.

ΒΑΚΧΥΛΙΔΟΥ

54 (37 Bl. 2 Bgk.)

metrum: dactyloepitr.: E|—e (vel|(—)D . . .)

ὄλβιος δ᾽ οὐδεὶς βροτῶν πάντα χ᾽ρόνον.

55 (37 A Bl. adesp. 86 Bgk. = PMG 959)

metrum: dactyloepitr.? E—|E—|D|

οὐ γὰρ ἐν μέσοισι κεῖται
δῶρα δυσμάχητα Μοισᾶν
τὠπιτυχόντι φέρειν.

56 (37 B Bl.)

ἀρετὰ γὰρ ἐπαινεομένα δένδρον ὣς ἀέξεται.

57 (ad fr. 14 Bl.)

metrum: iambi?

Ἀλάθεια θεῶν ὁμόπολις,
μόνα θεοῖς συνδιαιτωμένα.

58 (ad fr. 1 Bl., 5 Bgk.)

Schol. Aristid. 3, 317, 36 Dind. ἄλλοι δὲ λέγουσιν ὡς (τὸ ἅρμα) ἐκ Σικελίας ἐφάνη τὴν ἀρχήν· Βακχυλίδης γὰρ καὶ Πίνδαρος Ἱέρωνα καὶ Γέλωνα, τοὺς Σικελίας ἄρχοντας, ὑμνήσαντες καὶ πλεῖστα θαυμάσαντες ἐν ἱππηλασίᾱι, πρὸς χάριν αὐτῶν εἶπον ὡς Σικελιῶται πρῶτοι ἅρμα ἐξεῦρον (cf. 3, 317, 31?)

54 Stob. Fl. 4, 34, 26 (5, 833 W.-H.) male adiunctum versibus Bacch. 5, 160 sqq. cf. fr. 20 B, 23.
55 Clem. Al. Str. 5, 16, 8 (654 P.) sine poetae nomine; ad B. rettulit Bl. et quia ex hoc poeta Clemens non pauca alia affert (v. indicem), et quod huius loci perquam similis exstat c. 15, 53 ἐν μέσῳ κεῖται κιχεῖν πᾶσιν ἀνθρώποις Δίκαν κτέ. cf. et. 19, 4 δῶρα Μουσᾶν, cf. fr. 20 C, 42.
56 Clem. Al. Paed. 1, 94, 1 (154 P.) sine auctoris nomine; ad c. 1 rettulit Bl. (Herm. 36, 285) scribens ἀρετὰ δ᾽ αἰνευμένα δένδρεον ὣς ἀέξεται. cf. Pind. N. 8, 40.
57 Stob. 3, 11, 20 (post fr. 14) Ὀλυμπιάδος· Ἀλάθεια — συνδιαιτωμένα. ad B. hos versus referendos esse ci. Bgk. lemma perversum inde ortum suspicatus, quod olim Pind. O. 10, 53 sqq. hic exstiterit. 'cur inter tot Pythagoreos Pythagoreasque Olympias esse negetur, non video' Wil. ms.
58 'Talia dicere non potuit qui vel Homeri meminisset; Pindarus quid re vera dixerit v. fr. 106' Bl.

DVBIA 54 — 60, 14

[59 (post fr. 53 Bl., post fr. 69 Bgk.)]

Natalis Com. Myth. 9. 8 p. 987: Dicitur Polyphemus non modo
amasse Galateam, sed etiam Galatum ex illa suscepisse, ut testa-
tus est Bacchylides.

60

```
                              ]. να
                              ]ίδον δέμας
                              ].
                                     ]. υς
  5  ]..[.]ϑ.[                 ]
     ]. ε[.]..[....].. ν
   ὑ]πὲρ ἀμετέρ[ας        ]
     τ]ατος ἐράτυ[....]ματα
   δ]υσμενέω[ν...]χοίμεϑα
  10 ἀκρίτοις ἀλι[άστοις]
     ὑπὸ πένϑε[σιν ἤ]μεναι·
     κρυόεντι γὰρ [ἐμ π]ολέμω⟨ι⟩
     δίμενακα.[...]αι παν
  14 κιχέταν λι[....].[..].υ
```

60 et 61 ed. Vogliano PSI. 10, 1181 (cf. etiam p. XVIII) adiuvantibus Knox, Lobel, Maas, Wilamowitz. imagine lucis ope
facta usus est Snell. Bacchylidi dubitanter attribuerunt Vitelli et
Vogl.(v. p. LIV). multis locis difficillima lectu; spatia incerta cum
litterae varia magnitudine sint. Diehl, Anth. lyr.² Suppl. p.59sqq.

59 'Hoc qua fide sit dignum prorsus incertum' Bgk.; de poetarum fragmentis a Nat. Com. inventis cf. Naeke, opp. 2, 218sqq.
sumptum est ex Etym. Magn. 220, 5 (Pfeiffer ad Callim. fr. 378).
60 1]ϵ sim. ‖ 2 ΊΔΟΝ ‖ 3]. vel] ⁘ 4 fort.]ϵ ‖ 5]ϕΑ[,]ΟΛ[
sim. |]ΘΑ.[? ‖ 6]ΔΟΝ,]ϹΩΝ sim.? φυλάσ]σων? Sn. ‖ 7 ὑπὲρ Vogl.
εἴπερ propter spatium scribi non posse vid. | non]Τ | νεό ⁝ τατος
Lobel, βιότατος Knox ‖ 8 ΡᾹΤ | ἐράτυεν (vel -ον, -σε(ν) -σαν) Vogl.|
ὄμματα vel ἄρματα Lobel δείματα Sn. ‖ 9]Χ vel]Κ | ἀνε]χοίμεϑα
Vogl. ἀκα]χοίμεϑα Pfeiffer ὅτ᾽ ἐ]χοίμεϑα Sn. ‖ 10 ΡΊΤ | Ν[vel ΛΙ[,
suppl. Diehl ‖ 11 suppl. Vogl.; πένϑεσιν ἀρημέναι Kalinka ‖ 12 ἐμ
Maas, non ἐν propter spatium | cf. Hes. Theog. 936 ‖ 13 Δ ΊΜΕΝΑΚ
potius quam Δ ΊΜΕΝΑΙΚ vel ΔΥΜΕΝΑΙΚ (δύμεναι Maas); ΔΆΜΕΝ
(δάμεν ἀκα[μάτα⟨ι⟩ ϑ᾽ ἁ]λί Diehl) legi non posse vid.; fort. cor-
ruptum, exspectes duo nomina propria (cf. 14 κιχέταν) | κ]αὶ πᾶν
Vogl. ‖ 14 ΧΈΤ | ΛΙ[vel ΑΙ[sim. | fort.].ῠ̈ vel].ῠ̊

15 . τερι πατρι . [. . . . . .]οι
 αι σφιν θο[. . . .]ϑ̣[. . .]ν
 εὐανθέρ[ς . .] . αρε̣[. . ἐλ]ευθερίας
 Ἀχέρον[τι .] . ρου . . θεων ἀδαεῖ
 εὐηρατ[. . . .]ναι̣ [.]ομων
 20   τ᾽] Ἀΐδαο . [. . .]ν

⟨*ΕΠ*⟩   μάλ᾽ ἔγε[. . .] τοι[α]ύτα φάτις ·
 ἐπεὶ δοκ[ὸν σ]κια[ρῶ]ν
 ἐπ{ε}ὶ πολυ[δεν]δρέ[ω]ν ἀκτῶν
 κῦμα πό[ρευσ᾽] ἀπ᾽ Ἰλίου,
25 θεῶν τι[ς ἀ]μ-
 φανδὸ[ν   ]
 αὖθι μέι̣ε[ιν . . . . .]ερ . μίδι
 τὸν δ᾽ οὐλόμε[νον . .]έι̣μεν̣
 προφυγεῖν θά̣[νατ]ο̣ν̣.
30 ἐ̣]πασσύτεραι δ᾽ ἰα[χαί]
 οὐρανὸν ἷξο̣ν̣ [   ]
 ἀ̣έλπτω⟨ι⟩ περὶ χάρ[μα]τι̣ [   ]
 οὐδ᾽ ἀνδρῶν
34 θώκοισι μετε[.] . [.] .᾽τω[ν στόμα

15 ϹΤ? | ΡΙΔ̣[? *περὶ πατρία*[*ισι* Milne ‖ **16** *αἵ σφιν* Vogl. | Θ vel Є |
δ[*ῶκε*]*ν* Vogl. ‖ **17** -*θέος* Maas, Sn. |]ΠΑΡ?, non]ΜΑΡ | ΡЄ[..ЄΛЄΥ]Θ
Vogl., sed ΡЄ[Λ]ЄΥΘ Vit. exscripsit e pap. nondum tantopere mu-
tilata ‖ **18**]ΑΡ vel]ЄΡ? | ΑΘ, ΧΟ, ΚΘ | *Ἀχέροντι γὰρ οὖ παθέων*
ἀδαεῖ Vogl.; *θεῶν* praefert Sn. (quamquam deest accentus, qui est
in v. 25) cf. *Y* 64sq., Eur. Hec. 2 etc. ‖ **19**]Ο, vix]Ω vel]Θ Vogl. |
εὐηράτων δῦναι (Pfeiffer) *δόμων* (Vogl.) ‖ **20** *λ*[*αχεῖ*]*ν* Sn., quam-
quam Λ[potius quam Λ[fuisse vid. | post hunc v. finem orationis
quae v. 21 *φάτις* vocatur esse putat Vogl. ‖ **21** Λ᾽ЄΓ | *ἔγεντο*
Diehl ‖ **22**]ΚΙΛ̣[suppl. Diehl ‖ **23** {Є} Sn. | *πολυδενδρέων* Maas,
fort. scrib. *πουλ*. | Ω̅Ν̅ | *ἀκτῶν* agn. Milne; expectes *σκιαρᾶν ἀκτᾶν*
(Sn.) ‖ **24** *πόρευσ᾽* Maas ‖ **25** *ἀμφανδὸν* Maas; tum *ἔφα, ἔνισπεν*
vel sim. (Sn.) ‖ **27**]ЄΡ·Μ satis certum, non]ΟΡ | *ἐν γᾶι Π*]*εραμίδι*
Diehl ‖ **28** *ἔνειμεν* Vogl., qui potius ..]ЄΙΜЄΝ quam].᾽ϹΙΜΟΝ
legendum esse affirmat; *πλόιμον* Diehl, *αἴσιμον* Sn. ‖ **29** Vogl. ‖
30 *ἰαχαί* Maas ‖ **31** *γυναικῶν* vel sim. quoddam supplendum esse
vidit Vogl. | Ν̣[vel Μ̣[‖ **34** Schol. in marg. sin. ad col. praeced.
pertin.: [*ἠσ*]*αν* ⋮ [*πλη*]*σίον* ⋮ []*αι*? Sn. | ΜЄΤЄϵΙΚΟ̅Π̅Ω̅Ν̅ vel sim.
leg. Vogl., qui *θῶκον* 'sedile', 'transtrum' esse putat, cum in v. 24
de nautis dici vid. | *στόμα* Sn.

35 ἄναυδον ἦν,
νέαι δ᾽ ἐπεύχο[ν]τ[ο] . [.] . λλαι
ἰὴ ἰή.　　　　　　　⊠

61

ΛΕΥΚΙΠΠΙΔΕΣ

Ἰοδερκέϊ τελλόμεναι
Κύπριδι νεοκέλαδον
ε]ὐειδέα χορόν

desunt reliqua

62

a	b
	. . .
]τοισι βροτῶν	]δεδορ[
]ερχομένοισιν ὑποσ[	]ηρολο[
τα]λακάρδιος ἔπλε-	]
το]ντα χαλκου	]ρ ὁρματ[
5]ων ἐπιόντ᾽ ἐρεμναι[	]
]ελλαις	]πρ[　　]
]τ᾽ ἀλκάν.	? μενεπ]τολέμων
ἕ]καστος ἀνήρ	]εν πυκινὰς στίχα[ς
π]ατρίδος αἴ σφισιν ο[	]καὶ ἐμίξατον λ[
10]ν μεγαλοκλέα δο[	ὅ]πλοις
]χθει	. . .

62 POx. 6, 860 ed. G.-H., qui auctorem Bacch. esse coni.

36 Vogl. νέαι nom. pl. esse mavult (sc. παρθένοι vel sim.) cf.
Sapph. 44, 25 L.-P.; Sn. praefert νέαι . . . φ[ή]μᾱι vel sim., quam-
quam ι adscr. non positum est post ω in vv. 12 et 32 | Περι]-
αμίδ[ες Milne | de clausula talium carminum cf. Snell, Herm. 67
(1932) 10 sqq.

61 1 κεῖ | τελλόμεναι χορόν = στελλόμεναι (ἱστάμεναι) χορόν
Wil. cf. Schol. Ap. Rh. 3, 277 et Schol. Pind. O. 2, 77 (1, 93,
26 Dr.): τέλλω — στέλλω.

62 a 3 supra lin.] . . ep add. P¹ || **6** ἀέλλαις vel θυέλλαις G.-H. ||
10 cf. 8, 27

62 b sub a ponendum esse videtur (G.-H.) || **7** cf. 5, 126. 170;
17, 73 (G.-H.) || **9** ἐμ⟨ε⟩ίξατον

12*　　　　　　　　　　　　　　　　　　　　　115

]
]ντες αἰνῶς   c
]τα πᾶσαν ε ...' λλοβ[. . .
15   ]αρ τὸν ἔχοι[τ'] ε[   ]
     ἀ]νδρὶ γὰρ οὐδ[   ]ντο[
     ]   ]
     ]ευτε κα
     . . .   . . .

63

Πιερ]ίδων θερα[π
ὀβρι]μοπάτρας [
    ]μενα γλυκ[
    ] . ἱππόβοτο[
5   ]νόμοις · Ὀλυμ[π
    ]ι τος ὑπο π[
    ]ρ ἀϊόνων ε[
    π]οντιάδεσσι[
    π]λοκάμοις θεαῖς[
10   ]εν [δ'] ἁι ιοκουρ[
    ]φνε τοξ[
    . . .

64

col. 1   col. 2
     5   ο[
        Ἀλ[κ]μην[
        ἄγει τ' ἐκ κ[

63 POx. 4, 673 ed. G.-H.
64 PBerol. 16140 (Pind. fr. 341 Bowra).

14 εἰς ἄλλο?
63 1 sq. suppl. Bl., cf. 5, 13 sc. *Μναμοσύνας* i. e. filiae Urani, nam vix expectes hic Athenam quae *ὀβριμοπάτρα* appellari solet. Uranus Mnemosynes pater nominatur Pind. pae. 7b 10 (Sn.). ‖ **5** Μ[, Ν[sim. ‖ **7** cf. 17, 112 ‖ **10** ΔΑΙΟΙΟ P: ΑΝΙΟ P¹ ‖ **11** κατέπεφνε τόξωι e. g. Sn.
64 6 Κ[vel Λ[| Ἀλκμήνας υἱός, Ἀλκμήνιος ἥρως vel sim. Sn. ‖ **7** Κ[αλυδῶνος — — γεί- ⋮] τονας Sn.

τρονας ἔνθει[
πορθμευοντ[
10 νήϊδα ῥοδόπ[αχυν
τα χερσὶ πεδα[
διὰ ποταμὸν . [
ἵπποις ἔχων [
ἀλλ᾽ ὅτε δὴ πελ[
15 ἀφροδισιᾶν μ[
Κένταυρος ἀϊ[
17?]ντων   κελάδησε δὲ δ[
]   3 φίλον πόσιν ἱκ[ετευ
]ι   σπεύδ[ει]ν επη[
]   20 γυναικὸς φον[
]   6 πυριδαὲς ὄμμα [
]   φόνον τε καὶ δ[
]ν   Ξ ἄφατος· οὐ προ[
]   9 ἐν δαῒ βρομωχ[
]ρονεσπερι 25 ἐν δὲ χειρὶ δεξ[ι
(] ?)   ῥόπαλον μέγα [
]εαν   12 φη[ρ]ὸς ἀγρίου [
]   οὔατος μέσσαν [
]   συνάραξέ τε π[
]   30 15 ὀμμάτων τε σ[
] . . τ . [ὀφρύων τε· πε[

8 Ν[, π[, ι[| sententia fuit: ad Euenum (vel Lycormam) flumen Nesso πορθμεύοντι Deianiram δόλων (?) νήϊδα ἐπέτραπε φέρειν μετὰ χερσὶ πεδάρσιον, αὐτὸς δὲ διὰ ποταμὸν ἔβαιν᾽ ἀν᾽ ἵπποις ἔχων παῖδ᾽ ἐν ἀγκάλαις (Sn.); Diehl mavult: Νέσσος δὲ μετὰ χερσὶ πεδαείρων νιν ἐπ᾽ ὤμοις διὰ ποταμὸν ἔβα ὅμοιον ἵπποις ἔχων δέμας || **10** Diehl | π[pot. qu τ[|| **12** ς[, ε[, ο[? || **14** πέλ[ασσεν ὄχθαις Diehl || **15** μ[ανιᾶν πλησθείς Sn. || **16** ἀϊ[ξ᾽ ἐπὶ νύμφαν vel sim. || **17** Δ[αϊάνειρα? || **18** Sn. || **19** Roberts | επη[, ετιη[|| **20** ΝΑΙΚΙ vel ΝΑΙΚΑ legi non posse affirmat Siegmann || **23** Ξ in marg. adscriptum agnovit Siegm., unde apparet hunc versum 1400 mum fuisse voluminis et hoc carmen in extremo libro positum esse | ἄφατος Diehl || **24** Χ[vel Λ[|| **25** δεξιᾶι (Bowra) vel δεξιτερᾶι || **26**sqq. τινάσσων φηρὸς ἀγρίου κεφαλὰν ἐπ᾽ οὔατος μέσσαν ἔπλαξε συνάραξέ τε παμβίαι κρανίον e. g. Sn. || **27** Roberts || **28** ΤΟΣ vel ΤΩΝ (Siegm.)

]   πόδεσσιν αθα[
        18 νυπ[. .]ξιν · επε[
        . . . .]ανδροσ[
   35   . . . . . .] . ọ[
       . . .

65

metrum: dactyloepitr.

(a)   . . . .]ι τέ μοι ἀϑάν[ατον
   . . . κ]ῦδος ὀπάσσατ[
   . . .] . . γελειμῶ[
   .] . ξιαν χρυσανι . [
  5 .] . τωτ᾽ ἀπενϑητα . [
   . . . .]ντ᾽ Ἄρτεμιν τ[
   . . . .]ε σύν τ᾽ ὄλβωι κ[
   σύν] τ᾽ ἐπιζήλωι τ[ύχαι
   . . . .] . υ Δᾶλον ποτ . [
 10 . . . . .] ὑπ᾽ ἀ̣ϑρωπο[⊠ ?
⊠ ? . . . . . ἀν]αξίχοροι
   κοῦραι Δ]ιὸς ἀργικε[ραύνου
 3? . . . .]οι χρυσάμ[πυκες
 14 . . . Ἑλι]κῶνα λιπ[οῦσαι
       . . .

65 (a) et (b) POx. 23, 2365 ed. Lobel, (c) PSI ined. inv. 2011
(v. p. V). cum (a) 11—14 et (b) 5—8 respondere videantur et
ab (a) 11 novum carmen incipere verisimile sit, (a) ante (b) ponendum esse censet Sn. nescio an (a) 11 sqq. et (b) 5 sqq. cum dith.
28, 10 sqq. respondeant.

64 32 ἀϑα[μβής Diehl ‖ 33]ΞIN · pot. qu.]CIN · Siegm. ‖ 34 ἱππ]-
άνδρου Diehl, sed fuit C[pot. qu. Υ[.
65 1]ι sim., δόξα]ν Barrett, Sn. | ΑΝ[, suppl. Lobel ‖ 2 suppl.
Lobel, in. καί? (Sn.) | ΠΑC ‖ 3 MΏ[| cf. h. Hom. 3, 117 sq. (Leto)
γοῦνα δ᾽ ἔρεισε λειμῶνι μαλακῶι ‖ 4 Λ]οξίαν vix legi posse affirmat
Lobel, nam]ι videtur esse | χρυσάνιο[ν Lobel ‖ 5]Α? Λ]ατώ Sn. |
T᾽ ‖ 6 T᾽ Α ‖ 7 T᾽Ọ ‖ 8]T᾽, vix Γ᾽ | suppl. Lobel (= 5, 52) | ZΗΛ ‖
9]P pot. qu.]Ọ | ΔᾹΛ | Α[? ‖ 10 ΥΠΑΝΘ vestigia incerta ‖
11 Ἑλϑετ᾽, Δεῦρ᾽ ἴτ᾽ vel, si metrum vv. 11—14 accommodare velis
ad c. 8, 1—4 (v. p. XLIII), Ἄιξατ᾽ sim. suppleveris (Sn.) | Ξ ἴX | ἀν]
Lobel ‖ 12]ὶ̣ | in. Sn., cetera Lobel ‖ 13 (ὤ) παρϑέν]οι Sn. | fin.
Lobel | ỴCᾹ ‖ 14]K,]Υ | Ω̣ in. suppl. Lobel | Π[vel Γ[, suppl.
Sn. | δεῦϑ᾽ in. Barrett, qui ἀγναί prop. in. v. 11 conferens Sapph.
fr. 127 sq. L.-P., Μοῦσαι in v. 12, παρϑένοι in v. 13 conferens c. 1, 2

(b)

```
                        . . .
              ἀ]γακ'λέϊ[
              ] . ωναι[
              ]λοφων
   ?——        ]σελασεν . [
   5          ]αις
              ]ἐπίμοιϱ[ο
   3?         ]νδιος·
              ] . νας
   6?         ] ἄγαλμα
   10         ]ων κὰλων
              ] . σε βίου
              ] . αλενβιά[
              ] . εκόμα
```

(c) col. 1   col. 2

```
   ]ν φϱαδαῖς      [
   ]ήδεα           [
   ]ασε             . [
   ]                πε[
   5 ] .'νακυ       5 ομ[
   ]                πα[
   ]              )——ολε[
   ]                ναι[
   ]                χϱυ[
   10 ]             10 ζη[
   ]                ῆτ[
   ]τὲκ             αζ[
                     . [
```

65 (b) 1]Γ,]Τ | έϊ[?, suppl. Lobel ‖ 2]Τ,]Γ ‖ 4 Π[, Γ[‖
6 ΠΊΜ ‖ 8]Υ? ‖ 9]Κ́ ‖ 10 expectes καλων[ύμων sc. *Μοισᾶν*?
cf. ἄγαλμα *Μοισᾶν* 5, 4; 10, 11; fr. 20 B, 5, sed post κὰλων finem
versus esse Lobel per litteras affirmat ‖ 11]Υ,]C? | Βί ‖ 12]Θ
vel]Є? si erat τέθαλεν (Lobel), τέθαλε{ν} scribendum? | Κ́ ‖ 13] · Є
pot. qu.] · Ο; et ἀκεϱ]σε et ἀκει]ϱε vestigiis respondere videtur

(c) col. 2, 3 Ρ[sim. ‖ 4 Є[vel Ο[‖ 6 Λ[vel Λ[‖
post 7 diple,
non paragr. sec. Manfredi ‖ 8 Ι[, Π[sim. ‖ 11 Ħ ‖ 12 Z[vel Ξ[

66 (= PMG 924)

metrum: incertum

fr. 1 . . .

```
      . . . . . . ϑ]υμῶι
 ,——. . . . . . . ]αῦ βίαι χ . [
⟨ΑΝΤΙCΤΡ?⟩. . . . . .] δυσφορεω[
              ] . [      ] . δ' ό.[
 5    -9 .]υδεσηλ[. . .]ν.[
         ἔ]ειπε δὲ τουτ . .[
         ἄ]χομα[ι] ϑυμὸν ζ. .[
       -6 α]ὐτόματον τ[
          ἐραννὰν ἐπὶ δ[αῖτα
10        ὀρικοίτας Κένταυρ[ος
       -3 αἰτεῖ δέ με παίδατα[
          ἐϑέλων ἄγεσϑαι
          πρὸς Μαλέαν· ἐμοὶ δ'[
⟨ΕΠ?⟩ ἀέκοντι δ[.] . ικροτε[
15       .ασεπιτλά[.]αι μέγ' ἀά[         fr. 2
       3 ἀλλασεγ[. . . .].όντ'.[         . . .
          ὡς ὀφελ[.].αμυμ[             ]υσιος[
```

66 POx. 24, 2395 ed. Lobel. ad fr. 44 traxit H. Lloyd-Jones
ap. D. L. Page, Cl. Rev. 73, 1959, 22.

66 1 Lobel ‖ 2 ᾱΥ pot. qu. ὄι | βί | Ο[, ε[, Ω[‖ 4 ό ex Ω
correctum | ι̅[sim. ‖ 5 ΔΕ vel ΔΟ | α]ῦ̅ δ' ἐσῆλ[ϑε vel ἐσήλ[υϑε]ν
(sc. Hercules?) Sn., ο]ὐδέ σ' vel κ]ῦδος sim., Ἠλ[είω]ν Barrett cf.
fr. 44 ἐν Ἤλιδι | ε[, Ο[, Ω[sim. ‖ 6—10 suppl. Lobel | Page
prop.: τοῦτο π[ατὴρ βαρέα στενάχων· | ἄ]χομαι ϑυμὸν ζαμ[ενεῖ
περὶ λύπαι· | α]ὐτόματόν τ[οι Θεσσαλίαϑεν] ἐραννὰν | ἐπὶ δ[αῖτα
μολὼν] ὀρικοίτας | Κένταυρ[ος ἀτάσϑαλα βάζει·], Sn. hanc fere
sententiam fuisse putat: οὐ μάν | ἄ]χομα[ι —— | α]ὐτόματόν τ[ιν'
ἐλϑόνϑ' ὁρῶν | ἐρ. ἐπὶ δ[αῖτ', ἀλλ' ἐπέρχεται] ὁρ. Κ. ‖ 6 sc.
Dexamenus? ‖ 9 Λ] pot. qu. Δ[‖ 10 sc. Eurytio? ‖ 11 ΑΊΤΕΊΔΈ |
ΠΑΊΔ, sed παῖδ(α) scribendum esse vid., v. p. XVII; fort. ΠΑΙΔ'
vel ΠΑῖΔ voluit scriba | παῖδ' ἀτα[λάν Lobel, παῖδα τά[λαιναν
Sn., τα[νίσφυρον Barrett ‖ 12 ᾱΓ ‖ 13 ΜᾹΛΈᾹΝ | Δ' | ἐμοὶ δ'
[ἀποϑύ]υια μήδεται] Page ‖ 14]Μ pot. qu.]Η, vix]Π, ἀέκοντι δὲ
πικρότε[ρον καταπειλεῖ Page ‖ 15 ΚΑC pot. qu. ΥΑC | spatium
unius lit. inter Τ et Λ |]ΑΙ corr. ex]ΟΙ vel]Ωι | ΜέΓ' (vel Τ')
ᾱ[, ᾱ̣ postea additum | μέγ' ἀά[σϑη vel ἀά[σατο Sn. ‖ 16 εΓ vel
επ |]Κ pot. qu.]Υ? | ÓΝΤ' | ε[, Ο[, Ω[| ‖ 17 Λ[pot. qu. Α[|
[. .]ι, [.]Ν sim.

ΕΠΙΓΡΑΜΜΑΤΑ

1 (48 Bgk.)

Κούρα Πάλλαντος πολυώνυμε, πότνια Νίκα,
πρόφρων Κρανναίων ἱμερόεντα χορόν
αἰὲν ἐποπτεύοις, πολέας δ' ἐν ἀθύρμασι Μουσᾶν
Κηίωι ἀμφιτίθει Βακχυλίδηι στεφάνους.

[2 (49)]

Εὔδημος τὸν νηὸν ἐπ' ἀγροῦ τόνδ' ἀνέθηκεν
τῶι πάντων ἀνέμων πιοτάτωι Ζεφύρωι.
εὐξαμένωι γάρ οἱ ἦλθε βοαθόος, ὄφρα τάχιστα
λικμήσηι πεπόνων καρπὸν ἀπ' ἀσταχύων.

1 Anth. Pal. 6, 313: *Βακχυλίδου.* videtur genuinum esse carmen dedicatorium ‖ **2** *κρανναίων* cod.: *καρθαιῶν* Bgk. addita originis significatione docemur certamen non in ipsa patria insula initum esse neque hoc epigramma referendum est ad templum Minervae in arce Carthaeae situm (cf. Graindor, BCH. 29, 1905, 337 et Mus. Belg. 25, 1921, 91). 'Nomen civitatis aut ignotum aut corruptum, *Κραναιδῶν* Meineke, *Κραναίων* W. Schulze, qu. ep. 130, sed Atheniensis populus choros non mittebat' Wil. ms. ‖ **3** *ἀθύρμ. M.* cf. 9, 87 ‖ **4** *Κηίῳ . . . Βακχυλίδη* Brunck: *κηόρω . . . Βακχυλίδης.*

2 Anth. Pal. 6, 53 *Βακχυλίδου. ἀνάθημα τῷ Ζεφύρῳ ἀνέμῳ παρὰ Εὐδήμου γεωργοῦ* ‖ **2** *πιοτάτῳ* (et Sud. s. v. *πιότατος*) defendit Stadtm. coll. Theocr. 10, 47; cf. et. Callim. *πλοκ. Βερ.* 53; Cat. 64, 282 *aura fecunda Favoni* ‖ **3** *γάρ οἱ*] cf. Maas, Metrik § 133 | *βοηθόος* Planud. | hoc epigr. certe spurium: 'Templum Zephyri nemo extruit, nedum rusticus in agro e tali causa' Wil. ms.

Falso *Βακχυλίδου ἢ Σιμωνίδου* inscr. Anth. Pal. 13, 28 (v. Diehl, Anth. lyr.² fasc. V p. 144 'Antigenis').

SCHOLIA AD BACCHYLIDIS CARMINA

Pap. **M**

fr. 1 (ad c. 3, 63—65)

]Ἑλλ[αδ . . ?
]σκα[
χρ]υσὸν[
μ]εγαλω[
5]ηνουτο . [
πλ]είονα χ[ρυσόν?

fr. 2 (ad c. 3, 67—68)

] . . [
] . κ[
] . ει . [
]ονῳ[ ] . [
5 αν]θρω^π εὖ λε^γ
]ωι πιε
]οφθο[
] . ια . [

fr. 3 (ad c. 3, 73—76)

] . [
]αφθ[   ]ι
]ημεροι[. . .]ες

fr. 1 ad c. 3, 63 sqq. trahendum esse vidit Lobel

fr. 2, 2]Λ vel]Α ‖ 3]Γ vel]Τ | Ν[, Π[sim. ‖ 4] . [hasta ‖
8]Τ,]Γ | Ι[hasta ‖ 3—6 e. g. suppleverim εὖ λέ]γειν [πάρ-| εστιν
ὅστις μὴ φθ]όνω[ι] π[ιαί-|νεται· δεῖ τὸν ἄν]θρωπ(ον) εὖ λέγ(ειν)
(Lobel) | ca. 10—11 ll. φθόν]ωι πιε h. e. πιαί(νεται) (Lobel)

fr. 3, 3 ἐφ]ήμεροι [ὄντ]ες Lobel

]. ατα ἔρευνα
5   ]ὅτι ὀλιγοχρο-
]. ἡ πτερ-
δι]αφθείρει τὸ
ν]όημα ἐλπιζον-
]ἄνθρωπο[ι] πλ[ο]υ-
10   ]καὶ ἐπιτυχεῖν
]ι τωι[...].[
]των.[
]νται.[

fr. 4 (ad c. 3, 83—87)

]ρα[ ]ι ε σου
]αρ παντὸς
]ἐστ[ι]ν
]α ἑαυ-
5   ]ντιαλε-
]μαι βα-
]τον δυ-
]φῆ ἀνε-
]ι τὸ ὕδωρ
10   ]αρμε
]. θη
]ν
].

fr. 3, 4]. hasta δυ]νατὰ (Lloyd-Jones, v. ad c. 3, 74) ἐρεύνα (Lobel) ‖ 5 sq. ὅτι ὀλιγοχρό-|[νιος ὁ βίος e. g. Sn. ‖ 6—11 ἡ πτερ-| [όεσσα ἐλπὶς δι]αφθείρει τὸ | [τῶν ἀνθρώπων ν]όημα· ἐλπίζον-| [τες γὰρ ἀεὶ οἱ] ἄνθρωπο[ι] πλ[ο]υ-| [τῆσαι......] καὶ ἐπιτυχεῖν | [τῶν.......]ντων (suppl. Lobel, Sn.)

fr. 4, 1—3 εὔφ]ρα[ι]νέ σου | [τὸν θυμόν· τοῦτο γ]ὰρ παντὸς | [κέρ-δους τὸ ἄριστόν] ἐστ[ι]ν e. g. Lobel ‖ 4—6 e. g. temptes [φρονέοντι συνετ]ά· ἑαυ- | [τῶι συνετὰ φρονοῦ]ντι ἃ λέ|[γειν σοί, Ἱέρων, βού-λο]μαι ‖ 6 sq. βα-|[θὺς? (Lobel) ‖ 8 sq. ἀμίαντον] φη(σ'ν) ἀνε-| [πιθόλωτον vel sim.? ‖ 10 sq. ἀεὶ γ]ὰρ μέ-|[νει καθαρόν?

123

fr. 5 (ad c. 4, 10)

του]τέστιν [
ὕ]μνους ἐπέ[σεισεν
ἔ]πέσεισεν [
μ]εταφο[ρ
5   ]επισ . [

fr. 6 (ad c. 4, 15—16)

]αλλασ[
]νος μ[
]ἐπιχθο[νι
ἔ]πεμήσ[ατο
5   ]ο περὶ ῾Ιέ[ρωνος

fr. 7 (ad c. 5, 26—36)

] . [
ἀλλ]ηγορικῶς ο[
δυσπαί]παλα τραχέ[α
ἀ]τρύτωι χ[ἄε]ε[ι
5   ἀκατα]πονήτωϊ χα[
αἰ]θέρα λεπτότρι[χα
αἰ]ετὸν ἐν τῶι οὐ̣[
]φη̅ ὑπὸ τῶν ἀν[
]ρεπης ἐστιν φε[
10   ]τῶι ανεμ ουτωι[

fr. 5, 2sq. Lobel ‖ 4 ἡ δὲ μ]εταφο[ρὰ ἀπὸ τῆς φυλλοβολίας e. g. Sn.; vel μ]εταφο[ρικῶς λέγει ἀντὶ τοῦ] ἐπισκ[εδάσαι?

fr. 6, 3—5 suppl. Lobel

fr. 7, 1]Φ[,]Ρ[sim. ‖ 2—6 Lobel ‖ 4sqq. νωμᾶι δ᾽ ἐν ἀ]τρύτωι χάε[ι | ἀντὶ τοῦ ἀκατα]πονήτωι· χά[ος | δὲ λέγει τὸν αἰ]θέρα? ‖ 7 in. Lobel | Ν[sec. Lobel, sed potius Λ[fuisse vid. alia litt. (Ρ?) superposita ‖ 7—10 τὸν αἰ]ετὸν ἐν τῶι οὐρ-| [ανῶι γνωσθῆναι] φη(σίν) ὑπὸ τῶν ἀν-|[θρώπ(ων) ὅτι ἐκπ]ρεπής ἐστιν· φέ-|[ρεται (Lobel) δὲ σὺν] τῶι ἀνέμ(ωι) e. g. suppleverim ‖ 10 οὕτω{ι} pot. qu. οὐ τῶι scribendum esse coni. Lobel cf. 3, 31 τὼς

πολ]λή ἐστιν ὁδὸς
    ]ι αἰετῶι εἰς τ[.
    ]ς τοῦ Ἱέρωνος [
    ]Δεινομένους [
15]α̣λοι δε° ειρ[.
 εὖ ἔ]ρδων δὲ μ[ὴ
κάμοι θεός ·]ε̣ῦ π[οι]ῶν ὁ [θε-
ὸς   ]ν μὴ [. .

fr. 8 (ad c. 5, 80?)

    ]δυ̣κε[
    ]επολλα[
    ]υχαι του .[
    ]ηρου σταϑ[
5   ]ἐπίσχες κ[
    ]τὴν ψυχ[ὴν
    ]πρ̣ο . . . . [

fr. 9

    ]ι οστο[
    ]ην. εσσ[
    ]ἐπελϑον-
    ]ει εἰ μή που
5   ]ντα ἐχον-

fr. 7, 11 Lobel ‖ 10—15 οὕτω | [νῦν καὶ ἐμοὶ πολ]λή ἐστιν ὁδός |
[ὥσπερ . . . . . .]ι αἰετῶι εἰς τ[ὸ | ὑμνεῖν τὰς νίκα]ς τοῦ Ἱέρωνος |
[καὶ τῶν ἄλλων τοῦ] Δεινομένους | [υἱῶν? ‖ 16—18 Lobel

fr. 8, 1 ἐν]δυκέ[ως Lobel, quod ad c. 5, 112 vel 125 spectare
vid., sed vestigia difficilia sunt lectu ‖ 3 Λ[, Μ[, Χ[‖ 4 Θ[legit
Lobel, equidem Ν[malim tabulam inspiciens ‖ 4—6 σταϑ[ί τ' ἐν
χώραι· αὐτοῦ] ἐπίσχες κ[αὶ γαλήνισον] τὴν ψυχ[ήν Lobel ‖ 7 ΠΡΟΙΕΙ
legi posse putat Lobel, cf. c. 5, 81

fr. 9, 2 ΘΕϹϹ], ΟΕϹΕ[sim. Θεσσ[αλ Lobel

fr. 14

]ϱ̣ε[
]μη̄δ[
]σσον δ' ἐστιν̣[
]εσσον ἐπειτ[
]ηι τὰ τω[
]ενους̣[

fr. 15

]ι̣ο̣[
]φη̄ ἀπ̣ο̣[
]νοματ̣[
]νκα . .[
]δ̣ιος υἱο[
]ο̣νοι δυ̣[
] . ας μαχα̣[

fr. 16

]αϱεια[
]ν ἐπιση[
]ς ἕνεκα[
]ται τισει̣[

fr. 17

]νηται τ̣[
]η̣μαυ[
]εκλη[
]δ̣ηλον[
]δεισιν[

fr. 14, **1**]Ρ,]Φ sim. || **3**]σσον lemma esse vidit Lobel; πτᾶ]σσον (cf. c. 13, 117)?

fr. 15, **1**]ΙΟ[,]ΤЄ[sim. || **2** φη(σὶν) ἀπὸ[|| **4** ΙΠ[, ΠΟ[sim. || **7**]С,]Τ,]Γ

fr. 16, **2—3** fortasse ad c. 10, 13–15 spectant: τὴν ἀϱετὴ]ν ἐπιση[μαίνει τῆς νίκη]ς ἕνεκα?

fr. 17, **4**]Δ,]Λ,]Α

fr. 20

```
     ] . . τη[
      ]οτον[
    ]ν λόγον δ[
      ]λυεισ[
5    ]μυον[
      ]αδελο͂[
      ]λλωδια[
      ]ησονα . [
     ] . εαγων[
```

fr. 21

```
      ]πειν τ[
     ] . [ . ]μεν[
       ]θρω[
       ]ραια[
5     ]ει γαρ[
      ] . . τ[
```

fr. 25

```
      ]θρ[
      ]θαν[
      ]φοσ[
```

fragmenta minora 10–13, 18, 19, 22–24, 26–33 hic omissa invenies in vol. P. Ox. XXIII pp. 44 sqq.

fr. 20, 1]Λ,]Λ sim., sed incertum; subsequentem litteram in C mutatam esse putat Lobel ‖ 2 N[pot. qu. H[‖ 3 Δ[vel Λ[‖ 4 C[vel Є[‖ 5]MY sec. Lobel, sed]MЄI vel]ΛЄI fuisse non negaverim ‖ 6 Φ[sec. Lobel, sed O[certum esse mihi quidem vid.; fuitne λο͂ι i. e. λοιπ(ά)? ‖ 7—8 fort. Δία [τε Κρονίδαν ὕμν]ησον (c. 5, 178 sq.), sed alia suppleri possunt ‖ 9 N[, Δ[, Λ[

fr. 25, 1 ἀν]θρ[ώπων (cf. c. 13, 62 βροτῶν)? ‖ 2—3 καὶ ὅταν] θαν[άτοιο κυάνεον νέ]φος [καλύψηι (c. 13, 63—64)?

Pap. B col. 1 (ad c. 22—23)

```
          ] . [
          ] . τικα[
          ] . νοντ . [
         ]ουμεν[
5        ] . ϑα σὺν [
         ]λος ὥστε μετὰ προ-
  . . . . . . ]ας ἐρχόμεϑα.   A . [.]
         ]δρον ἱερᾶν ἄωτο[ν]
    ταύτην τ]ὴν ὠιδὴν Ἀρίσταρχ(ος)
10   μὲν διϑ]υραμβικὴν εἶ-
     ναί φησι]· διὰ τὸ παρειλῆ-
     φϑαι ἐν α]ὐτῆι τὰ περὶ Κασ-
     σάνδρας, ]ἐπιγράφει δ᾽ αὐτὴν
     (.) . . Κασσ]άνδραν, πλανη-
15   ϑέντα δ᾽ α]ὐτὴν κατατάξαι
     ἐν τοῖς π]αιᾶσι Καλλίμαχον
     διὰ τὸ ἰή,] οὐ συνέντα ὅτι
     τὸ ἐπίφϑ]εγ{γ}μα κοινόν ἐ-
     στι καὶ δ]ιϑυράμβου· ὁμοί-
20   ως δὲ ὁ Φ]ασηλίτης Διονύσιο(ς).
          ]ειον τέμενος το
          ] . αι τὸ τῆς Ἀθηνᾶς
          ]α δ᾽ ἀχὼ κτυπεῖ λι-
     γ . . αι σὺν]αὐλῶν πνοᾶι . αρε-
25        ]τηι τῶν αὐλῶν
          ]έλικτον δὲ ἀντὶ
```

Pap. B col. 1, 3]τ,]Γ | Η[, ι[‖ 5]ι sim. | σὺν [προθυμίαι(σιν) dubit. Sn. qui verba poetae haec esse vidit, sed προ‖[ϑυμί]ας spatium l. 7 non expleret ‖ 7 ϵ[pot. qu. Θ[‖ 7 sq. Ἀϑ[ανᾶν Lobel ‖ 8 φίλαν]δρον Sn., εὔαν]δρον Lobel ‖ 10 μὲν supplevi, μᾶλλ(ον) Sn. ‖ 12—17 Lobel ‖ 18]τ vel ϵΓ, suppl. et corr. Lobel ‖ 19 Lobel ‖ 21]ϵ,]Θ,]τ ϑ]εῖον dubit. Sn. ‖ 22 in. ἱερὸν Sn. |]Δ,]Λ,]Μ sim. πά]λαι? ‖ 22 sq. λί[γειαι . . .] αὐλῶν πνοαί vel λι[γνρᾶι (Sn.) σὺν] αὐλῶν πνοᾶι Lobel ‖ 24 post πνοαι Λ in Δ mutatum (Lobel) vel deletum (Sn.)? ‖ 26 sq.]έλικτον δὲ ἀντὶ | [τοῦ . . . ελ]ίκτως dubit. Lobel

τοῦ . . . .] . . τως ἐπεὶ δε
] . . . . αρχος ἔπειτα
ἀπὸ τοῦ χ]άρις πρέπει ἕως
30 τοῦ . . . .] . ιονων νορ[. . . .
]δεθε. ντην[
]υμι[.]ατο ε[
]υτο[. .] . οομ[
]θαι[. . .]ιτρ[
35] . [ ] . η . .[
] . [ ]κτο[
]α ε[
]βλαπτε
]ται καὶ ὁ
40]να[.] τανυ-
]ηκης ἐκ
]ντ[.]στα
]τουτε
]σ . [
45]αρ . [

reliquias alterius columnae hic omisi; v. P. Ox. XXIII
p. 52.

27 ἐπεὶ δὲ verba poetae esse censet Lobel ‖ 28]ЄМΙΤ vel]ЄΛ[.]ΙΓ
sim. | ΧЄС vel ΧΟС | ἐπεὶ τα initium interpretationis anteceden-
tium poetae verborum esse opinatur Lobel; ipse malim (ll. 28–30)
ἔπειτα | [ἀπὸ τοῦ ʽχ]άρις πρέπειʼ ἕως | [τοῦ . . . ‖ 30]Λ vel]Μ,
vix]Α ‖ 31 ΙΑΓΗΝ[, ΑΝΤΗΝ[vel sim. ‖ 32 Ι[hasta ‖ 33]Π? ‖
35]ΤΗΠΥ[? ‖ 40 sq. τανυ-|[άκης ἀντὶ τοῦ τανυ]ήκης suppl. Lobel,
Sn.

TESTIMONIA

VITAE ATQVE ARTIS BACCHYLIDIS

1. Suda Βακχυλίδης, Κεῖος, ἀπὸ Κέω τῆς νήσου. πόλεως δὲ Ἰουλίδος . . . Μείδωνος (Μέδωνος codd.: Neue) υἱὸς τοῦ Βακχυλίδου τοῦ ἀθλητοῦ παιδός· συγγενὴς Σιμωνίδου τοῦ λυρικοῦ, καὶ αὐτὸς λυρικός.

2. Strabo 10, 5, 6. 486: (de Ceo insula) ἐκ δὲ τῆς Ἰουλίδος ὅ τε Σιμωνίδης ἦν ὁ μελοποιὸς καὶ Βακχυλίδης, ἀδελφιδοῦς ἐκείνου (inde Steph. Byz. s. v. Ἰουλίς). cf. Ael. V.H. 4, 15 et Syrian. 1, 47 Rabe (v. ad 18, 2)

3. Etym. Gen. (Magn. 582, 20): Μειδύλος· οὕτω δὲ λέγεται ὁ πατὴρ Βακχυλίδου παρὰ τὸ μειδιῶ Μειδύλος, ὡς παρὰ τὸ φειδώ, ἐξ οὗ καὶ τὸ φείδομαι, Φειδύλος.

4. a) Euseb. Ol. 78, 2 = 467 a. Chr. n.: Bacchylides et Diagoras atheus plurimo sermone celebrantur.

b) Euseb. Ol. 82, 2 = 451 a. Chr. n.: Crates comicus et Telesilla ac Bacchylides lyricus clari habentur.

1—3 Est igitur stemma familiae Bacchylidis hoc:

Leoprepes (Sim. fr. 77 D.)   Bacchylides athleta (Suda)

Simonides   filia ∞ Meidon (Suda)
vel Meidylus (Et. M.)

Bacchylides poeta

Μίλων pater Bacchylidis nominatur in epigr. de IX poetis (Schol. Pind. 1, 11 Drachm.), *Μείδων* recte scripsit Heyne, quod nomen in ipsa Iulide apparuit (IG. XII 5. 610. 26 saec. III. a. Chr. n.); de nomine *Μείδων-Μειδύλος* cf. M. Leumann, Glotta 32, 1953, 221.

4 a) cf. Chron. Pasch. 162b (304, 6): Βακχυλίδης ἤκμαζεν (Ol. 74, 4 = 480 a. Chr. n.). Sync. 247d (470, 15). quomodo haec testimonia inter se concilianda sint, magna cum sagacitate demonstrat Severyns p. 18—25: recedunt omnia ad chronographum quendam (Apollodorum?) qui Bacchylidis ἀκμὴν ad eum annum rettulit, quo Hiero celeberrimam illam victoriam adeptus est (sc. 468), quam B. carmine tertio celebravit.

[c] Euseb. Ol. 87, 2 = 431 a. Chr. n.: Bacchylides carminum scriptor agnoscitur.]

5. Eustath. prooem. ad Pind. 25 (Schol. Pind. 3, 297, 13 Dr.) de Pindaro: καὶ Σιμωνίδου ἤκουσε, νεώτερος μὲν ἐκείνου ὤν, πρεσβύτερος δὲ Βακχυλίδου. quibus verbis usus Thom. Mag., Vita Pind. (1, 5, 4 Dr.): νεώτερος μὲν ἦν Σιμωνίδου (sc. Pindarus) πρεσβύτερος δὲ Βακχυλίδου.

6. Plut. de exilio 14, 605 C: καὶ γὰρ τοῖς παλαιοῖς ὡς ἔοικεν αἱ Μοῦσαι τὰ κάλλιστα τῶν συνταγμάτων καὶ δοκιμώτατα φυγὴν λαβοῦσαι συνεργὸν ἐπετέλεσαν . . . (afferuntur exempla) Βακχυλίδης ὁ ποιητὴς ἐν Πελοποννήσωι.

---

7. Pind. pae. 4, 23: (loquitur Ceos) γινώσκομαι δὲ καὶ Μοῖσαν παρέχων ἅλις.

8. a) Schol. Pind. O. 2, 154 sqq. (ad Theronem) σοφὸς ὁ πολλὰ εἰδὼς φυᾷ· μαθόντες δὲ λάβροι παγγλωσσίᾳ κόρακες ὡς ἄκραντα γαρύετον (-έτων Bergk) Διὸς πρὸς ὄρνιχα θεῖον] 154 c) (BCDEQ) ἀποτείνεται δὲ πρὸς τὸν Βακχυλίδην· γέγονε γὰρ αὐτῷ ἀνταγωνιστὴς τρόπον τινὰ καὶ εἰς τὰ αὐτὰ καθῆκεν. 157 a) (A) οἷον ὡς κόρακες πρὸς αἰετὸν ἀντιβοῶντες, οὕτως οἱ μαθόντες πρὸς τὸν φύσει σοφόν. αἰνίττεται Βακχυλίδην καὶ Σιμωνίδην, ἑαυτὸν λέγων αἰετόν, κόρακας δὲ τοὺς ἀντιτέχνους. 158 d) (DQ) εἰ δέ πως εἰς Βακχυλίδην καὶ Σιμωνίδην αἰνίττεται, καλῶς ἄρα ἐξείληπται τὸ γαρύετον δυϊκῶς.

---

[c] Sync. 257 c (489, 7): Βακχυλίδης μελοποιὸς ἐγνωρίζετο (Ol. 88 = 428 a. Chr. n.) (e Iul. Africano, cf. HGelzer, Sext. Iul. Africanus u. d. byz. Chronogr. 1, 180). hoc testimonium non ad poetam sed ad tibicinem quendam Bacchylidem (de quo cf. schol. Aristoph. Nub. 331 et Sud. s. v. σοφιστής) referendum esse demonstrat G. S. Fatouros, Philol. 105, 1961, 147 sqq.]

Re vera Bacchylidem maiorem natu fuisse demonstrat Körte, Hermes 53 (1918) 141. carmina quorum tempora definiri possunt haec sunt: 13 (485?), 17 et 18 (478–470?), 5 (476), fr. 20 C (475/4), 4 (470), 3 (468), 1 et 2 (464–454), 6 et 7 (452); cf. Körte, RE Suppl. IV 64, 26.

5 Eustathium haec colligere ex iis, quae in chronicis (cf. t. 4) invenerit, recte statuit Körte l. l. conf. Sud. Διαγόρας· . . . τοῖς χρόνοις ὢν μετὰ Πίνδαρον καὶ Βακχυλίδην, Μελανιππίδου πρεσβύτερος. ἤκμαζε τοίνυν οη′ ὀλυμπιάδι (468–465). hic Pindarum et B. aequales esse conicitur.

6 cf. Körte, Herm. 53 (1918) 145.

7 et 8 de Bacchylide Pindari aemulo cf. Jebb p. 13. Körte RE Suppl. IV 64, 59. Wil. Pind. 318.

7 haec verba non solum ad Simonidem, sed etiam ad B. referenda esse videntur; quae contemptim dicta esse vix recte putat Wil. Pind. 325.

8 a) cf. Bacch. fr. 5 ἕτερος ἐξ ἑτέρου σοφὸς κτλ. Wil. Pind. 248.

b) Schol. Pind. P. 2, 97 (ad Hieronem) ἐμὲ δὲ χρεὼν φεύγειν δάκος ἀδινὸν κακαγοριᾶν] αἰνίττεται δὲ εἰς Βακχυλίδην· ἀεὶ γὰρ αὐτὸν τῷ Ἱέρωνι διέσυρεν. ibid. 131a καλός τοι πίθων παρὰ παισίν, αἰεὶ καλός] ταῦτα δὲ ἔνιοι τείνειν αὐτὸν εἰς Βακχυλίδην· εὐδοκιμῆσαι γὰρ αὐτὸν παρὰ τῷ Ἱέρωνι. 132c ἢ οὕτως· ὥσπερ ὁ πίθηκος σπουδάζεται παρὰ τοῖς παισὶν φαῦλος ὤν, οὕτω καὶ Βακχυλίδης παρὰ παισὶ μὲν ἄφροσιν εὐδοκιμείτω, παρὰ σοὶ δὲ σοφῷ ὄντι πίθηκος ἔστω. ibid. 163b χρὴ δὲ πρὸς θεὸν οὐκ ἐρίζειν, ὃς ἀνέχει τοτὲ μὲν τὰ κείνων, τότ᾽ αὖθ᾽ ἑτέροις ἔδωκεν μέγα κῦδος] κἀγὼ οὖν εἴξω τῷ Βακχυλίδῃ τὰ νῦν, παρὰ θεῶν εὖ πράττοντι, καὶ οὐκ ἀντιβήσομαι †τῇ προαιρέσει ἐπιπλεῖστον. ibid. 166d στάθμας δέ τινος ἑλκόμενοι περισσᾶς ἐνέπαξαν ἕλκος ὀδυναρὸν ἑᾷ πρόσθε καρδίᾳ] ἡ ἀναφορὰ πάλιν πρὸς Βακχυλίδην. εἴληπται δὲ οὕτως ἡ διάνοια, διὰ τὸ παρὰ τῷ Ἱέρωνι τὰ Βακχυλίδου προκρίνεσθαι ποιήματα, καί φησιν ὅτι φέρειν δεῖ τὰ συμπτώματα τῆς τύχης. cf. 171c et 171d.

c) Schol. Pind. N. 3, 143 (ad Aristoclidem) κραγέται δὲ κολοιοὶ ταπεινὰ νέμονται] δοκεῖ δὲ ταῦτα τείνειν εἰς Βακχυλίδην· ἦν γὰρ ὑφόρασις αὐτοῖς πρὸς ἀλλήλους. παραβάλλει δὲ αὐτὸν μὲν ἀετῷ, κολοιῷ δὲ Βακχυλίδην.

9. a) Auct. π. ὕψους 33, 5: τί δ᾽; ἐν μέλεσι μᾶλλον ἂν εἶναι Βακχυλίδης ἕλοιο ἢ Πίνδαρος καὶ ἐν τραγῳδίᾳ Ἴων ὁ Χῖος ἢ νὴ Δία Σοφοκλῆς; ἐπειδὴ οἱ μὲν ἀδιάπτωτοι καὶ ἐν τῷ γλαφυρῷ πάντη κεκαλλιγραφημένοι, ὁ δὲ Πίνδαρος καὶ ὁ Σοφοκλῆς ὁτὲ μὲν οἷον πάντα ἐπιφλέγουσι τῇ φορᾷ,σβέννυνται δ᾽ ἀλόγως πολλάκις καὶ πίπτουσιν ἀτυχέστατα.

b) Anth. Pal. 9, 184 (anonymum): Πίνδαρε, Μουσάων ἱερὸν στόμα, καὶ λάλε Σειρήν, Βακχυλίδη . . .

c) Anth. Pal. 9, 571, 4 (anonymum): λαρὰ δ᾽ ἀπὸ στομάτων φθέγξατο Βακχυλίδης.

d) Galenus in Hippocr. prorrhet. 1 p. 41, 4 Diels loquitur de grammatico insano qui ante omnes Sappho et Bacchylidem dilexisse videtur: ἤκουσα . . . γραμματικοῦ (sc. παραφρονοῦντος) βιβλίον ἀναγιγνώσκειν οἰομένου Βακχυλίδειον ἢ Σαπφικόν.

10. ὑπόμνημα Βακχυλίδου ἐπινίκων᾽ scripsit Didymus (cf. ad 1,8 et p. XV de pap. **M**). Ptolemaeus affertur in schol. ad fr. 20A, 19, Aristarchus, Callimachus, Dionysius Phaselita in schol. ad c. 23, 1 (v. p. 128).

11. De imagine Bacchylidis cf. R. Lanciani, Rend. della R. Ac. dei Lincei, cl. di sc. mor. 6 (1896) 6—8.

9 Bacchylidis nomen etiam in ceteris catalogis lyricorum affertur, cf. H. Färber, Die Lyrik in der Kunsttheorie der Antike II 22sqq.
10 Πτολεμαῖος ὁ Ἐπιθέτης laudatur Schol. Pind. O. 5, 44; Πτολεμαῖος Ὀροάνδου cognomine Πινδαρίων affertur a Suda s. v. Πτολεμαῖος Ἀλεξανδρεύς (cf. Körte, Herm. 53, 1918, 124), sed Πτολεμαῖον Ἀσκαλωνίτην in schol. ad fr. 20 A, 19 nominari putat Erbse qui suppl. καρτε[ρά τ᾽, ὀξύν]ειν conferens Herodian. II. pros. A 280

INDICES

INDEX PAPYRORVM

---

1) Uncis inclusi nomina eorum qui suis locis fragmenta in-
seruerunt.

INDEX AVCTORVM

INDEX AVCTORVM

Verba Bacchylidis attribuuntur

INDEX VOCABVLORVM[1])

Asterisco (*) notata sunt vocabula aliunde non cognita,
cruce (†) dubia

1) Indicem verborum editionis secundae confecit Guilelmus
Crönert

138

ἀμέτερος: -ον f. 2. 1 -ας 5. 144;
18. 5 (f. 60. 7) -āι 5. 90 -αν
1. 51? -ας (plur.) 12. 3
*ἀμετρόδικος: -οις 11. 68
ἀμίαντος 3. 86
ἀμπαύω v. ἀναπ.
ἀμπελοτρόφος: -ον 6. 5
Ἀμυνθαονίδας f. 4. 51
Ἀμύντας: -α f. 20 B 17?
ἀμύσσω: -ει 18. 11 ἄμυξεν 17. 19
ἀμφάκης: -ες 11. 87 -εα f. 4. 72
ἀμ[φάκει 1. 79
(ἀμφανδόν f. 60. 25?)
ἀμφί c. acc.: 10. 34; 11. 18;
14 B 5; f. 50?; c. dat.: 1. 149;
10. 44; 17. 105. 124; 18. 53
(tmes. 19. 7)
ἀμφιβάλλει 18. 6 -έβαλεν 17. 112
βάλωσιν ἀμφὶ 19. 7
ἀμφικτίων: -όνων 12. 35
ἀμφικύμων: -ονα 16. 16
ἀμφιπολέω: -λεῖ f. 11. 3
ἀμφιτίθημι: -τίθει Epigr. 1. 4
Ἀμφιτρίτα: -αν 17. 111
Ἀμφιτρύων: -ος 5. 156
Ἀμφιτρυωνιάδας 5. 85; 25. 25
-αν 16. 15
ἀμφότερος: -αισιν 5. 188
ἀμώμητος: -ον 5. 147
ἄν 1. 180; 5. 97. 135; 17. 41;
19. 3; ⟨ἄν⟩ 5. 193; cf. κε
ἀνά c. acc.: 5. 66; 13. 75 (anas-
tr.?); c. dat.: 3. 50
ἀναβολά: cf. ἀμβ.
ἀνάγκα f. 20 B 6 -η f. 20 A 20
-αν 11. 72; 17. 96 -āι 11. 46
ἀναδέω: -δησάμενος 10. 16
ἀνάθημα: cf. ἄνδ.
*ἀναιδομάχας: -αν 5. 105
ἀνακάμπτω: ἀνεκάμπτετο 17. 82
ἀνακαρύσσω: ἀγκ]άρυξαν 10. 27
ἀνάκεστος: -[οις f. 20 D 9
ἀνακομίζω: ἀγκομίσ⟨σ⟩αι 3. 89
ἀναμείγνυμι: ἀμμειγνυμένα
f. 20 B 9
ἀναμιμνᾱσκω: ἀνέμνασεν 2. 6
ἄναξ 3. 39. 76; 5. 84; 9. 45;
13. 118; 17. 78; 18. 2 ἄνα
f. 4. 58

*ἀναξίαλος 20. 8
*ἀναξιβρέντας 17. 66
*ἀναξίμολπος: -ον 6. 10
*ἀνάξιππος: -ον 14 B 10
ἀναξι]φόρμιγξ: -γγος 4. 7?
*(ἀναξίχορος: -οι f. 65. 11)
ἀναπάλλω: ἀνέπαλτο 11. 65
ἀνάπαυσις: -ιν 19. 36
ἀναπαύω: ἄμπαυσεν f. 20 D 11
ἀμπαύσας 5. 7
ἀναπέμπω: ⟨ἀν⟩έπεμψε 3. 62
ἀναπτύσσω: -ύξας 5. 75
†ἀναστέφω: -φθε]ῖσιν 13. 60?
ἀνατείνω: ἀντείνων 11. 100
ἄντειναν 13. 138 ἀντείνασα
f. 17. 4
ἀνατέλλω: ἀνατε[λλομένας 13.
127
[ἀνατίθημι: ἀνέθηκε Epigr. 2. 1]
ἄνατος: -οι f. 23. 2
(ἄναυδος: -ον f. 60. 35)
ἀναφαίνω: -ων 13. 76?
ἄνδημα 8. 30
ἄνδηρον: -ήροις 1. 54
ἀνδροκτόνος: -ον 18. 23
ἄνεμος 5. 65 [-μων Epigr. 2. 2]
ἀνήρ 5. 191; 8. 23; 18. 7 (f.
62a 8) ἄνδρα 3. 69; 10. 48;
13. 201; 18. 31 -ός 1. 162
f. 29 -ί 3. 88 f. 20 C 11?
(f. 62a 16) -ας 1. 120 -ῶν
10. 38; 13. 189; 14. 8. 17;
25. 23; 14 B 3; 18. 40 f. 14. 2
(f. 60. 33) ἀνέρων 13. 196
ἄνδρεσσι(ν) 5. 96; 11. 114 f.
20 C 6 -άσι f. 20 B 10
ἀνθεμόεις: -εντι 16. 5 -εντας
13. 88
ἄνθεμον f. 20 C 3
ἀνθεμώδης: -[δεα 19. 39
†ἀνθέω: -εῦσι f. 4. 57
ἄνθος: -εα 3. 94; 13. 60; 16. 9
f. 4. 63 -έων 11. 18; 13. 70?
92 ἄνθ[εσιν 10. 16
ἄνθρωπος: -ων 1. 161. 169;
8. 22; 9. 18. 88; 10. 48; f. 1.
2; 18; 20 B 24; 20 C 21 -ους
f. 20 C 24?; 20 E 13; 34 -οι-
σι(ιν) 5. 30; 7. 9; 10. 12; 14. 1;

INDEX VOCABVLORVM

INDEX VOCABVLORVM

βία: -αν 5. 181; 17. 23. 45 -ᾱι
5. 116; 11. 91; 18. 10 (f.
66. 2?)
βιάω: -ᾱται 13. 200; f. 1. 2
βίος: -ον f. 11. 3 -ου (f. 65. 25)
-ωι 1. 169
βιοτά: -άν 5. 53
βλέπω: -εις 17. 75
βλέφαρον 5. 157 -[άρωι 11. 17
-άρων f. 4. 77
βληχρός: -άν 13. 227 -ᾶς 11. 65
βλώσκω: cf. ἔμολον
βοά: βοᾶι 9. 68 -άν 35
[βοαθόος Epigr. 2. 3]
βοάω: βόα]σε 17. 14 βοά[σω
13. 103
Βοιώτιος: -οισιν f. 21. 4
Βοιωτός 5. 191
Βορέας 13. 125 -α 5. 46
βορεάς 17. 91
βορηΐος: -αι 17. 6
βούθυτος: -οις 3. 15
βουλά: -ᾶι s. -ά 9. 90 -αῖσι
11. 121
βουλεύω: βούλευσεν 5. 139
βοῦς 19. 16 βοῦν 16. 22 βοῦς
(acc.) 11. 104 βοῶν 5. 102;
10. 44; f. 4. 65; 21. 1
βοῶπις: -ιν 11. 99; 17. 110
βραχ[ύς 3. 74
βρίθω: -θοντι (3. plur.) f. 4. 79
βρίσει 10. 47
Βρισηΐς: -ΐδος 13. 137
(βρόμος: -ω[f. 64. 24)
βρον[τ? 29a 4
βροτός: -ῶν 1. 152; 3. 66. 91;
5. 63. 87. 109. 190. 194;
9. 22. 85; 11. 35; 13. 62. 202;
17. 32; 18. 2; f. 33; 54 (62a
1) -οῖσ(ι) 9. 74 (?); 17. 118
f. 11. 1; 26. 2
*βροτωφελής: βροτω[φε]λέα 13.
191
βρύω: -ει 3. 15 -ει[29c 1 -ουσι
3. 16 -ουσα 13. 179 -οντ[α
19. 44 -οντες 6. 9
βωμός: -όν 10. 30; 11. 41. 110;
13. 58; f. 4. 52? -ῶν f. 4. 64

γᾶ: γᾶν 11. 70; 13. 180 γᾶς
15. 63 γᾶι 5. 42; 8. 19
γαῖα 13. 153 -αν f. 24. 5 -ας 1. 6
5. 24 -ᾱι 9. 38
γαμβρός: -ῶι 17. 50 -όν 1. 8
γάμος: -ωι 17. 115
γάρ 3. 5. 22. 51. 83; 4. 4; 5. 46.
54. 97. 122. 129. 162. 197;
9. 27. 53; 10. 1. 39; 11. 47.
59. 64; 12. 4; 13. 175; 17. 5.
41. 103; 18. 12. 43; 24. 7
f. 5. 2?; 12; 14. 1; 20B 19;
26; 35; 55. 1; 56 (60. 12;
62a 16) [Epigr. 2. 3]
γᾶρυς: -υν 5. 15; 25. 10; f. 20B
2 -υϊ 15. 48
γαρύω 3. 85
γε 1. 170; 5. 4. 55; 9. 3. 25. 82;
11. 23; 13. 83; 16. 13
f. 20C 19
γέγω]νεν 3. 37
(γείτων: -ονας f. 64. 8?)
*γελανόω: -ώσας 5. 80
γέμω: -ουσαν 16. 4
γενεά: -άν 11. 74 -ᾶς 9. 49
γένος 1. 140; 17. 93
γεραίρω 13. 225 -ει 4. 3; 6. 14
-ουσα 2. 13 ἐγερα[ίρο]μεν 4. 13
γέρας 3. 12; 7. 8; 11. 36; 19.
14; 28. 5
γέρων: -οντα 3. 59
γεύω: -σαντο 9. 46
γῆρας 3. 89; f. 20A 10; 25. 3
Γίγας: -αντας 15. 63
γίνομαι: γένετο 19. 29
γινώσκω: γνώσηι 5. 3 γνῶν 152
[ἔγν]ω f. 20C 18
γλαυκός: -όν 8. 29 -ᾱι 11. 29
γλυκύδωρος: -ε 3. 3; 11. 1 -ρον
5. 4
γλυκύς: -ύ 1. 175 -εῖα 5. 151
f. 20B 6; 21. 4 -εῖαν 2. 12
-ιστον 3. 47
γλῶσσα: -αν 5. 195; 10. 51
γνάμπτω: ἐ[γνάμ]φθη 13. 52
γνήσιος: γ]νησίων 9. 83
γνώμα: -αι 11. 35 -ας (acc.) 3.
79 -αισι f. 33
γύαλον: -λοις 14B 6

144

152

INDEX VOCABVLORVM

158

165

INDEX VOCABVLORVM

INDEX VOCABVLORVM

τρίτατος: -ᾱι 1. 112
τρίτος: -ον 4. 4
Τροιζήνιος: -ία 17. 58; f. 4. 58 ?
Τροία: -ας 9. 46
τροχοειδής: -έα 9. 32
Τρώς: -ῶες 13. 133; 15. 50 -ας
  27. 38 -ων 15. 42
τρω[... f. 20 B 28
τυγχάνω: τεύξεται 10. 38
  τύχον (1. pers.) 5. 144 τυχών
  13. 67; 18. 29; f. 20 B 25
  τυχόν 9. 83 -όντες 15. 12
  (Τυδεύς f. 41)
τυφλός: -ᾱ 5. 132
τύχα 10. 47 -αν 17. 132 -ᾱι 5.
  52; 11. 115 -αις 9. 51
τῶ (propterea) 17. 39
τῶς 5. 31

ὕβρις: -ιος 13. 44 -ιν 17. 41;
  Ὕβρις 15. 59
ὑγίεια: -είας 1. 165
ὑγρός: -οῖσιν 17. 108 (-σι ?)
ὕδωρ 3. 86
υἱός 11. 15; 13. 123 (?); 16. 28;
  17. 86; 19. 26 -έ 5. 79; 13. 68;
  17. 20; 18. 15 -όν 2. 14; 4.
  42; 5. 62; 25. 19 υἱό[. 20. 11
  dat. υἷι (?) 3. 77 υἷε[ῖ ? 26.
  5 υἷας 13. 100
ὕλα: -αν 11. 93
ὑμέτερος: -αν 5. 11. 32
ὑμνέω: -εῦσι 11. 13 -εῖν 5. 33;
  9. 6 -έων 8. 18 ὕμνει (imp.)
  3. 3 ὑμνήσει 3. 97 ὕμνησον
  5. 179 ὑμνήσας f. 20 C 8
  *ὑμνοάνασσα 12. 1
ὕμνος 6. 11 -ον 5. 10; 9. 78 -οι
  f. 4. 80 -ους 4. 10 -ων 9. 83;
  13. 223; 16. 4 -οισιν 19. 8
  ὕμν[... 8. 13
ὑπαί c. gen. 13. 139
ὕπατος f. 20 E 7
  (ὑπέρ f. 60. 7) ὕπερ (post gen.)
  18. 51 (lect. dub.)
ὑπεράφανος: -ον 17. 49
ὑπέρβιος: -ον 13. 75; 18. 19
  ὑπέρ[βι]ε 3. 37
Ὑπερβόρεοι: -έ[ους 3. 59

ὑπέρθυμος: -ον 13. 103 ὑπερθύ]-
  μωι 9. 37
ὑπέρ[μορα? f. 20 A 6
ὑπέροπλος 9. 13
ὑπέροχος: -ον 17. 68 -ωι 3. 5;
  19. 44
ὑπέρτατος: -ον 3. 84; 11. 36;
  17. 79
ὑπερφ[ία]λος: -ον 13. 158 -οι
  11. 78 -ους 15. 62
ὕπνος f. 4. 77 -ου 1. 50?
ὑπό c. acc.: 17. 30; c. gen.: 5.
  43; 10. 48; 13. 154; 17. 17
  (f. 65. 10?); c. dat.: 3. 17;
  13. 125. 166 (f. 60. 11); cf.
  ὑπαί et 3. 75
ὑπόκλοπος: -ον f. 26. 1
ὑσμίνα: -αν 13. 144
ὕστερον (adv.) 10. 53 (?); 16. 53
ὑφαίνω: ὕφαινε (impf.) 17. 51
  ὕφαινε (imp.) 19. 8]υφαινεσ[
  29 a 3 ὕφα[νε 16. 24 ὑφάνας
  5. 9
ὑφαιρέω: -εῖται 9. 18
*ὑψαυχής (υφαυ- A) 13. 84
*ὑψιάγυια: -αν (adi. fem.) 13. 71
*ὑψιδαίδαλτος: -ων 3. 18
*ὑψίδειρος: -ρου 4. 4
ὑψίζυγος 1. 156; 11. 3; f. 20 D 8
ὑψικέρα (adi. fem. cf. καλλι-
  κέρα): -αν 16. 22
ὑψιμέδων 15. 51 -οντος 1. 2
ὑψίνοος: -νόου 13. 44
ὑψίπυλος: -ον 9. 46
ὑψιφανής: -ῆ 14. 5
ὑψόθεν f. 20 D 1
ὑψοῦ 5. 18; 9. 84 ὑψοτάτω f. 20
  B 10

φαεσίμβροτος: φαεσιμ[βρότωι
  13. 128
φαίδιμος: -ίμοισι 18. 47
φαίνω 13. 224 φαίνων 13. 76
  φαῖνε (impf.) 9. 31 (ἐ)φάνη
  17. 119; f. 2. 2 φαινω[? 24. 3
Φάϊσκος: -ον 11. 14
φάλαγξ: -γγας 15. 42
φαμί 1. 159; 13. 54 φατί 27. 36
  φασίν 5. 155 φάμ]εν (inf.)

169

INDEX VOCABVLORVM